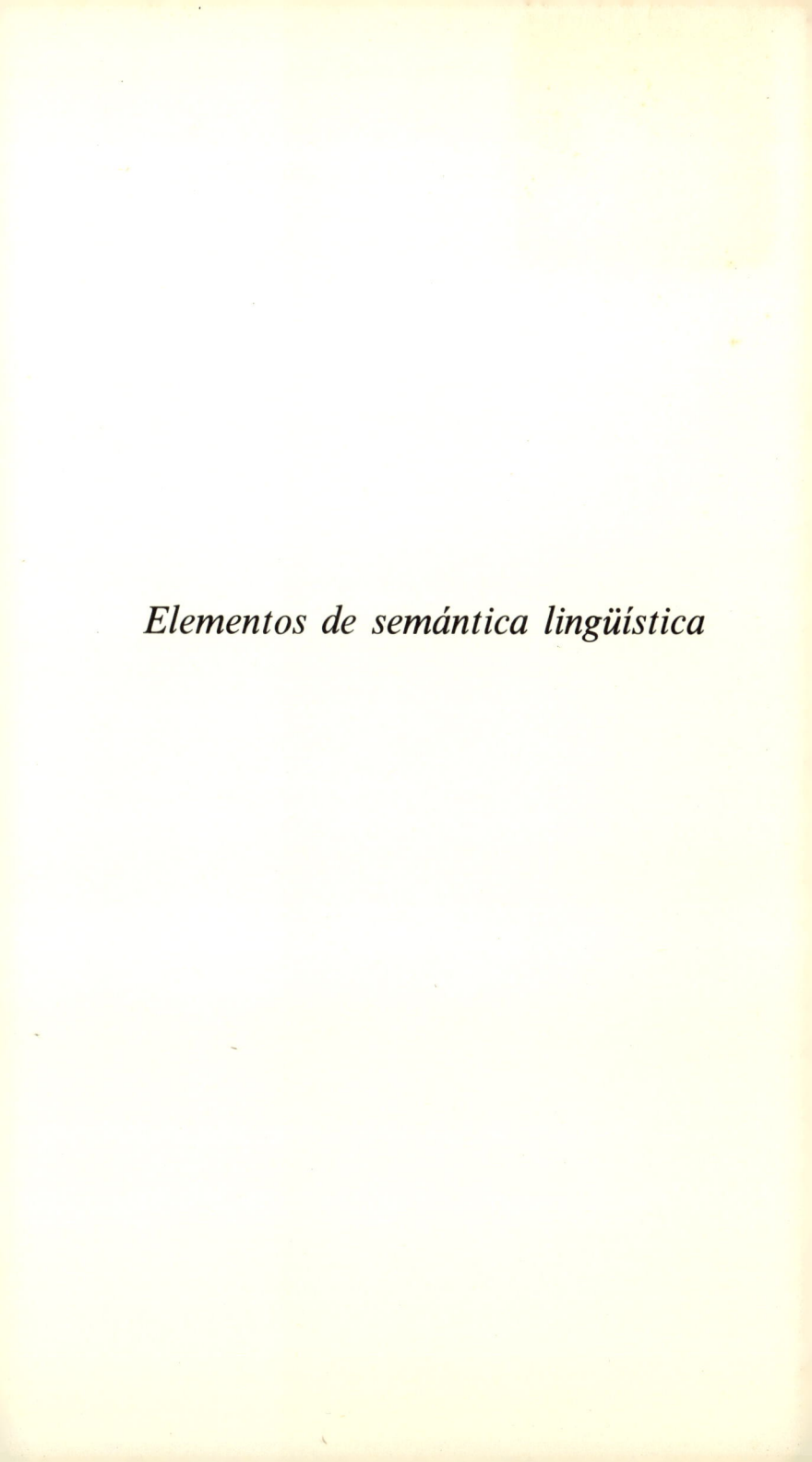

Elementos de semántica lingüística

Ramón Trujillo

Elementos de semántica lingüística

EDICIONES CÁTEDRA, S. A. Madrid

Ediciones Cátedra, S. A., 1976
Cid, 4. Madrid-1
Depósito legal: M. 35.123 - 1976
ISBN: 84-376-0079-0
Printed in Spain
Impreso en Velograf. Tracia, 17. Madrid-17
Papel: Torras Hostench, S. A.

Índice

INTRODUCCIÓN	11
ELEMENTOS DE SEMÁNTICA LINGÜÍSTICA	
Semántica y funciones del lenguaje	17
La naturaleza de las unidades semánticas	37
Las constantes semánticas y su relación con la expresión	55
La identidad	67
Las variantes semánticas	80
Los límites en la lengua y en la realidad	86
Conjuntos abiertos y cerrados	90
El método de la conmutación en semántica	94
Conmutación y combinación	103
Las estructuras léxico-semánticas o campos	117
El método combinatorio	129
Los hechos de distribución en semántica	142
Objetividad y métodos en el análisis semántico	148
Otros aspectos que atañen a la delimitación de las unidades semánticas	159
La expresión y sus unidades	162
El contenido y sus unidades	170
Las técnicas de diferenciación	175
Sobre las oposiciones graduales	185
Las unidades semántico-sintácticas	190
Categorías y funciones	199
Las unidades sintácticas	211
La oración como forma de contenido	215
La forma en sintaxis: plano del esquema y plano semántico	225
Sobre la llamada *polisemia*	236
Conclusión: las agrupaciones de unidades	250

A mis alumnos.

Introducción

La semántica no existe aún como una ciencia claramente delimitada y ni siquiera como una parte bien acotada dentro de la lingüística, a pesar de la importancia que hoy se le reconoce de una manera general. Naturalmente, este libro no tiene la pretensión de dejar nada «definitivamente» resuelto: queda todavía mucho por hacer. Reúne sólo las reflexiones de un profesor sobre un conjunto de problemas semánticos, en los que trabaja desde hace tiempo, y no pretende sentar ningún tipo de doctrina revolucionaria, como es lo usual, sino, por el contrario, ofrecer a la consideración de los sabios algunas ideas, dudas y puntualizaciones, con el objeto de que, entre todos, saquemos a la semántica de la confusión que hoy la invade. Espero que estas ideas den lugar a otras mejores y que mis sugerencias sean recogidas por mentes más rigurosas.

No es, pues, este libro un compendio o resumen de todas las ideas, hipótesis y opiniones que han circulado y circulan en el mercado bajo el confuso rótulo de «Semántica». Para ello basta con recurrir a cualquiera de los manuales clásicos conocidos. Tampoco esgrimimos ninguna bandera estructuralista o generativista. No nos gustan las banderas. Las huellas más fuertes son, evidentemente, las de F. de Saussure y de algunos de sus discípulos. Por ello serán muy frecuentes las citas de los *Prolegómenos a una teoría del lenguaje*, de L. Hjelmslev[1], dado que sus puntualizaciones sobre ciertos conceptos, como el de *forma*, que nosotros hacemos extensivo a nuevos aspectos, resultan fundamentales para la comprensión de los problemas lingüísticos que plantea, no ya el estructuralismo, sino el conjunto de doctrinas que conocemos con el nombre de gramática transformacional.

Este libro, además, se impone dos limitaciones rigurosas: dentro de la gama semántica que ofrecen las diversas funciones

---

[1] Traducción española, Madrid, 1971. Citaremos siempre *Prolegómenos*.

del lenguaje, sólo nos atenemos al aspecto «denotativo», con exclusión de los demás. De la misma manera, independientemente de la consideración de los temas semánticos ya clásicos, centraremos nuestro máximo interés en el problema —poco estudiado, por otra parte— de la «segmentación» semántica, es decir, del deslinde de las unidades significativas con que opera una lengua, teniendo en cuenta *la no coincidencia radical entre las magnitudes de expresión y su número y las de contenido y el suyo*. De ahí que revitalicemos los conceptos de invariantes y variantes, aparentemente caducos, ya que el problema inicial y sin cuya solución no habrá jamás semántica, consiste en hacer inventario, para cada lengua, del conjunto de sus unidades de significación, y, al mismo tiempo, en reconocer qué unidades comprobadas no son más que realizaciones diversas de las unidades ya diferenciadas que constituyen ese inventario, sin el cual toda teoría sobre el significado de los signos concretos o de las oraciones sería imposible. Se trata, nada más, que de establecer cuáles y cómo son las unidades que los hablantes conocen y manejan, haciendo abstracción de la infinita variedad de sus realizaciones concretas: siempre se llega a la vieja distinción saussureana *langue-parole*, mantenida, como es natural, por la nueva lingüística, aunque con ligeras precisiones. Sólo queremos aquí ahondar un poco sobre la naturaleza de la *competencia* léxico-semántica de los hablantes de cualquier lengua natural. Descartamos la semántica de la *performance* porque su objeto es indefinido, como el número de las actuaciones humanas posibles. Curiosamente, casi todo lo que se ha dicho en torno al llamado componente semántico, se refiere únicamente a la interpretación, y, de rechazo, a la actuación concreta. La novísima «semántica generativa» se ha percatado de esto hace ya tiempo, pero no ha dado soluciones satisfactorias a los problemas de estructura semántica. Todo sigue siempre en el nivel de la representación formal o lógica. Se quiere buscar un modelo que imite la competencia semántica de los hablantes, o la estructura semántica de los enunciados, sin saber previamente cómo es la forma del significado de los signos o de las oraciones de una lengua dada, reduciéndolo todo a unos cuantos problemas lógicos, relacionados con la ambigüedad, sinonimia y polisemia sintácticas.

Como lingüista, me interesan profundamente hasta las más sutiles peculiaridades de la estructura de las lenguas, y no me conformo con reducirlas a simples sistemas de *denotata* y de las relaciones universales que pueden establecerse entre éstos, haciendo abstracción de todo lo demás. No soy matemático, ni mi cometido son las simplificaciones a ultranza: nuestra ciencia no puede conformarse con una caricatura de su objeto, sino que, por el contrario, debe conllevar la honesta pretensión de resolver todos los problemas que se le planteen, por minúsculos que parezcan en un determinado nivel de generalidad. No hay «estructuras profundas» que trasciendan a las lenguas, salvo que decidamos prescindir de la naturaleza propia de éstas, reduciéndolas puramente a sistemas de denotación. Es un presupuesto falso que el aspecto semántico sea universal, es decir, un inventario de significados iguales para todas las lenguas, de suerte que lo peculiar de cada una consista en un conjunto de reglas que lleve hasta la representación definitiva de los juicios, también universales, manifestados explícita o implícitamente en las oraciones. Yo no puedo proceder como los matemáticos, desdeñando aquellas magnitudes, por pequeñas que sean, que no se ajusten a mi modelo. La lingüística no tiene más remedio que ser una ciencia distinta.

Sin embargo, la aportación chomskiana es fundamental, pero más como planteamiento de problemas que como solución de éstos. El mismo concepto de «estructura profunda» habría tenido sentido, concebido como la forma del significado sintáctico, para cada tipo o esquema oracional; pero resulta una trivialidad, pensado como un conjunto de relaciones elementales entre magnitudes semánticas «aprioristicas», es decir, dadas como tales sin más que una caracterización muy general, basada en rasgos universales, ya conocidos desde la época de las primeras gramáticas. No puedo menos de sonreír con amargura cuando veo aplicar a la enseñanza del español alguno de estos balbucientes trasuntos «profundos», expresados, como es natural, «superficialmente» por una disparatada cadena del tipo «l- manzana *past* ser -d- comer por Adán»[2] como si las magnitudes 'articulo', 'pasado', 'comer', 'por', etc., estuvieran ya definidas desde la eternidad. Lo único aprovechable, para un lingüista (no para un lógico o un matemático), del concepto de «estructura profunda», tal como puede entreverse a través de la literatura especializada, es el concebirla como una hipótesis que supone, por ejemplo, una oración abstracta, y, por tanto, inexistente, que relaciona *el niño leyó el libro* con *el libro fue leído por el niño*, supuesto que ambas oraciones

---

[2] Cfr. R. L. Hadlich, *A Transformational Grammar of Spanish*, New Jersey, 1971, pág. 16.

sean producto de la aplicación de reglas diferentes. Esta hipótesis sí lleva camino de ser fecunda para la lingüística, porque nos puede conducir, como veremos a lo largo de estas páginas, a la determinación de estructuras de contenido sintácticas, no necesariamente coincidentes con los esquemas oracionales, y, aclarar al mismo tiempo, cómo uno solo de estos esquemas puede ser susceptible de expresar diversas formas de contenido sintáctico, por medio de determinadas marcas semánticas que aparecen en los elementos concretos del enunciado. La revolución chomskiana es importante y los lingüistas podrán sacar provechosas enseñanzas de ella y descubrir nuevos caminos para la investigación. Sin embargo, debe desconfiarse de los aficionados que han invadido este terreno y sembrado la confusión entre los estudiosos.

También queremos dejar claro que prescindimos aquí de toda explicación o aclaración sobre los conceptos básicos de la lingüística actual, perfectamente conocidos para cualquiera que haya comenzado a adentrarse en los rudimentos de nuestra ciencia.

Por lo que se refiere, en fin, a la bibliografía sobre la materia, he decidido ahorrar las habituales listas de títulos. En cualquier manual sobre tema lingüístico podrán encontrarse toda clase de referencias. De todas formas, una lista bibliográfica sin comentario ninguno no sirve para nada. Lo que hemos hecho nosotros aquí es, precisamente, comentar unos cuantos libros en los que hay materia que ha excitado nuestra reflexión.

Elementos de semántica lingüística

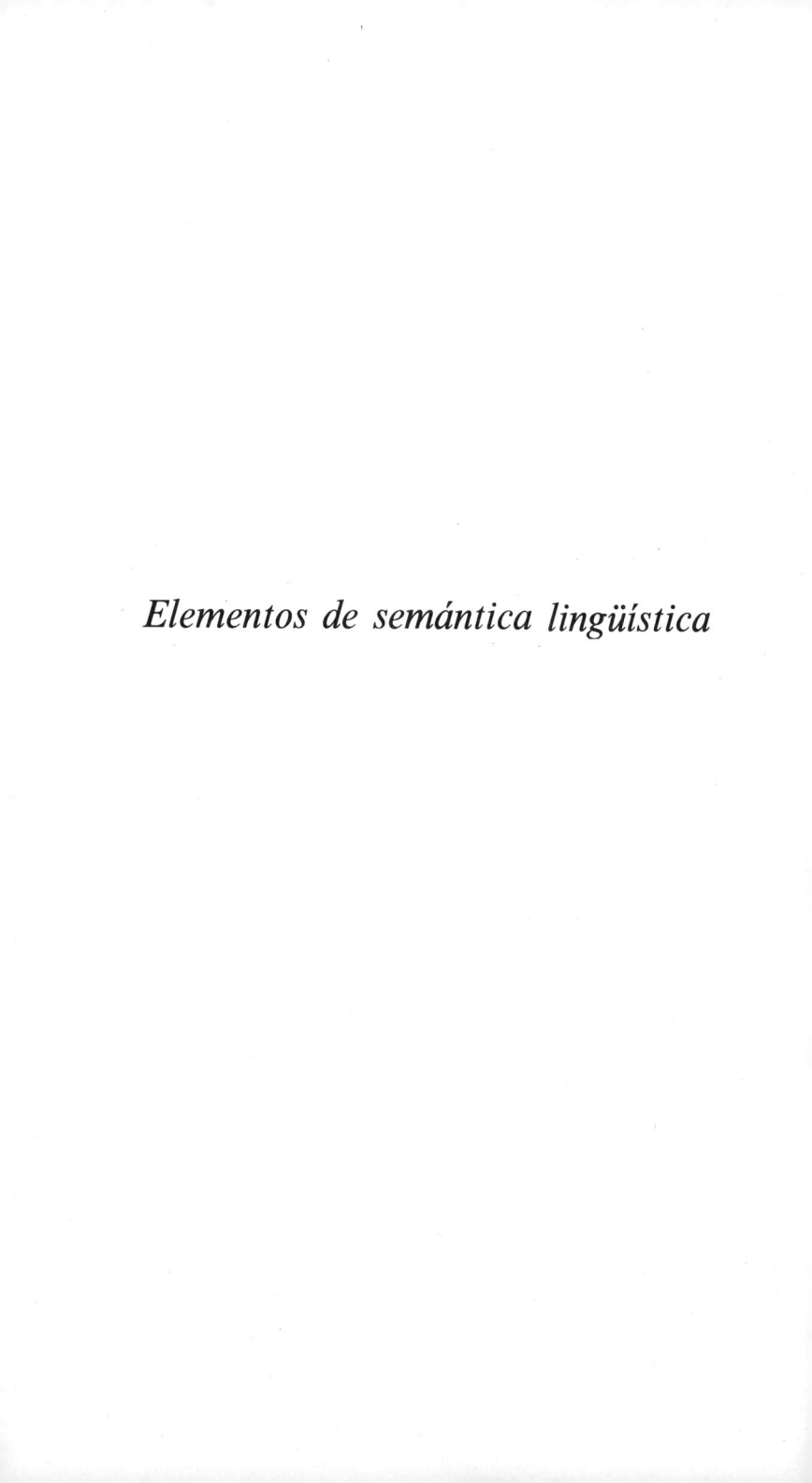

Semántica y funciones del lenguaje

Si comenzamos por unas breves consideraciones acerca de las llamadas funciones del lenguaje es porque, en primer lugar, éstas implican distintas perspectivas semánticas; luego, porque el concepto mismo de función (y de clase de función) presenta aún facetas que deben precisarse; por otra parte, porque, como repetiremos luego, nosotros vamos a tomar, por ahora, el punto de vista correspondiente a una sola de estas funciones, dejando para mejor ocasión las otras perspectivas; y, por último, porque la noción de *forma*, fundamental para explicar el concepto de función, lo es también para la semántica, no en el estrecho sentido de «expresión», o algo por el estilo, sino en el de estructura interna de cada significado delimitable dentro de una lengua, de acuerdo con el código por el que ésta se rija. Por este último concepto —el de *forma*— vamos a empezar, dado que todas las disquisiciones que siguen lo llevan implícito y sólo resultarán inteligibles si antes se ha aclarado esta cuestión.

Durante toda la gran época del estructuralismo, la dicotomía saussureana *langue/parole* se mantuvo como uno de los pilares fundamentales de la lingüística y no ha habido manual que no dedicase algún espacio a la famosa distinción, muchas veces, incluso, sin acertar con exactitud en la delimitación de ambos conceptos. Con la moda generativa, las viejas ideas, aplicadas a la nueva perspectiva, y ligeramente retocadas, han seguido siendo pilares básicos de la actual lingüística, y no hay autor que no distinga minuciosamente entre *competence* y *performance*, y aun entre éstos y los del maestro ginebrino. La *forma*, naturalmente, se relaciona con la *langue*, o, si se quiere, con la *competence*, pero no tiene nada que ver con sus contrarios, *parole* y *performance*.

Nosotros entenderemos el concepto de *forma* a la manera de Saussure y de los que, en este aspecto, han seguido su pensamiento. Todas las unidades lingüísticas, sean de expresión, como los fonemas, o de contenido, como los monemas o los esquemas sintácticos, tienen su forma específica, en el plano que les corresponde. La forma de cada unidad sólo podrá concebirse como el conjunto de rasgos o cualidades objetivas —en el sentido de «captables» por el oyente como unidades de su lengua— que marcan sus fronteras con respecto a las demás, esto es, como los límites de su variabilidad funcional, o, dicho de otra manera, como las características que mantienen su identidad, dentro de la multiplicidad real de los actos lingüísticos concretos. Por eso, una forma no sólo puede estar integrada por componentes fonológicos (los rasgos que definen a un fonema, por ejemplo), sino también, y aun exclusivamente, por rasgos de contenido o de significado. El único requisito necesario para que un conjunto de rasgos pueda considerarse como una forma es que le corresponda una diferenciación propia y específica en el plano opuesto[1]. Si decimos que tal fonema se define por los rasgos *a*, *b*, *c*, es porque esta combinación expresa unos límites, dentro de los cuales todos los sonidos que se produzcan serán comprendidos por los hablantes de la lengua en cuestión como ocurrencias de ese fonema, es decir, como sus repeticiones. O, si decimos que tal elemento semántico se define por los rasgos de contenido 'x', 'y', 'z'; será porque esta combinación es reconocida como una entidad distinta de otras combinaciones, gracias a diferencias significantes específicas e inconfundibles para los usuarios de la lengua de que se trate. Las formas, pues, aunque todas ellas abstractas, puesto que no se dan más que como «modelos», pueden representarse tanto por conjuntos de rasgos fonológicos como por conjuntos de rasgos semánticos, donde los elementos de expresión no juegan ningún papel: lo que interesa para que 'A', unidad de contenido, sea una forma de este plano es que al conjunto de sus rasgos delimitativos 'x', 'y', 'z', corresponda un mecanismo significante diferencial, sea éste una determinada agrupación de fonemas, un especial contorno sintáctico, etc. Todo esto es fundamental y debe tenerse en cuenta para la comprensión de lo que sigue: *nosotros no contraponemos forma a significado:* se trata de conceptos de orden diferente. Lo que sí afirmamos desde ahora es que sin un estudio exhaustivo de los mecanismos significantes será siempre imposible hacer una semántica de *formas*. Esto y no una contraposición

---

[1] Los que no significa otra cosa que el hecho en cuestión pertenece al código que utilizan los hablantes.

entre «forma» y «significado» es lo que creemos que debe entenderse cuando Adrados afirma que «la investigación de la forma debe ir por delante: esto resulta hoy evidente. Pero no menos evidente es que la investigación de la forma debe culminar en la investigación del significado»[2]. Nosotros, sin embargo, para no confundirnos con las terminologías, hablaremos de forma independiente de los conceptos de significante y significado, con los que no se confunde.

Y puesto que este libro se limitará a unas reflexiones sobre las unidades semánticas, queremos ahora dejar claro que sólo haremos semántica denotativa, dejando de lado las «semánticas» correspondientes a las demás funciones del lenguaje. Para ello, y para entendernos, hagamos unas breves consideraciones al respecto.

Cuando hablamos de la función de algo no nos hacemos cuestión realmente de lo que ese algo es, sino de para qué sirve, para qué se utiliza y qué papel cumple dentro del mecanismo de su utilización. Incluso un objeto dado puede tener más de una función. La espada, por ejemplo, pudo desempeñar funciones distintas: defensa, adorno, indicación de la calidad social de su dueño. Un fabricante de espadas habría de tener en cuenta estas funciones para confeccionar adecuadamente su mercancía. La primera función —la defensa— requeriría determinadas condiciones de dureza, filo, tamaño y peso; la segunda —el adorno— impondría determinados revestimientos, materiales de empuñadura, etc., y así sucesivamente.

Sin esfuerzo comprendemos que la espada, como objeto independiente, podría ser descrita prescindiendo de las mencionadas funciones. Pero ¿describiríamos entonces realmente una espada o, simplemente, un objeto natural, o, al menos, como si fuese natural? ¿No será la espada una de esas cosas que incluyen en su esencia su función?

Los objetos creados por el hombre —a diferencia de los naturales— incluyen siempre alguna función, sin la cual no podríamos describirlos adecuadamente, ni siquiera desde el punto de vista puramente físico, ya que ignoraríamos el hecho esencial de la jerarquía de las mismas propiedades objetivas, pues, efectivamente, una parte de éstas sería determinante —significativa— con relación a la función, mientras que otra parte sería simplemente secundaria y, por tanto, no significativa, es decir, no deter-

---

[2] Vid. *Estudios de semántica y sintaxis*, Barcelona, 1975, pág. 144.

minante de la función. Por eso el desconocimiento de la función impedirá la adecuada descripción del objeto. Es lo que ocurre, por ejemplo, con objetos como la pintura rupestre: ¿es arte?, ¿es magia?, ¿es otra cosa diferente? Podemos analizar todos sus elementos, describir cada uno de los ejemplares sin olvidar nada: lo que no podremos saber nunca es *el orden de los detalles*, si ignoramos la función del conjunto. Ni sabremos tampoco qué detalles forman parte de la intuición perceptiva total, ni cuáles otros, por no pertenecer a ella, podrían haber faltado o, incluso, haber sido sustituidos por otros diferentes. Considerarla «obra de arte» puede no ser más que un prejuicio, ya que puede que ordenemos los datos siguiendo un esquema que no corresponda al código utilizado. Las cosas realizadas por el hombre tienen un sentido que sólo puede ser descifrado si conocemos el código utilizado para su realización. La finalidad, la funcionalidad, pues, no son las cosas mismas creadas, pero está en ellas, reside en ellas, en parte de ellas, y está vinculada a ciertas propiedades sensibles de esas mismas cosas.

En todo producto humano la funcionalidad es reconocida por los receptores-usuarios a través de ciertas señales codificadas o marcas —esto es, conocidas previamente por la comunidad que las maneja—, que *se mantienen constantes* en una serie de objetos, que, por tal razón, son clasificados como una misma y única clase: es lo que hace que una serie de objetos se consideren bajo la especie *espada*; otros, bajo la especie *silla;* otros bajo la especie *poema*, etc. La función, pues, está en los objetos, pero no son los objetos. ¿En qué reside entonces? Aunque la función no sea un objeto material, ¿no descansará en hechos o particularidades materiales? Porque, de lo contrario, ¿cómo podríamos percatarnos de su existencia a través de los sentidos?

Es evidente que toda función descansa necesariamente en cualidades de los objetos y que, gracias a ellas, podremos clasificarlas, de la misma manera que los objetos pueden ser también descritos y clasificados como tales objetos, independientemente de su funcionalidad, partiendo de sus propiedades. Sólo que en un caso se clasifican funciones y en otro objetos, con independencia de que puedan poseer o no función. La base, pues, de la clasificación funcional es idéntica a la de la clasificación material de los objetos: ordenación conforme a cualidades sensibles comunes. Sólo hay una diferencia: al clasificar funciones hay que saber qué cualidades objetivas las representan, de acuerdo con una convención explícita o implícita, mientras que al clasificar objetos basta únicamente con atender a propiedades objetivas comunes, sin atribuirles ningún valor funcional. Nosotros podemos, por ejemplo, clasificar los sonidos que emite un determinado instrumento, atendiendo a la frecuencia de las ondas. Lo mismo podemos hacer con una sonata de Mozart. Pero en este segundo caso podemos también, conocido el código utilizado, comprobar qué relaciones, qué sucesiones y qué contrastes han asumido la función comunicativa.

Es evidente que existen objetos que pueden ser descritos desde dos puntos de vista diferentes. Bien en cuanto objetos, esto es, inventariando todas sus características, bien en cuanto funciones, es decir, inventariando sólo las características objetivas en que éstas se reconocen. Esto es esencial si nos queremos situar en una perspectiva realista, ya que los usuarios de un objeto funcional lo perciben sólo en tanto que tal: la percepción se estructura sobre la base de las cualidades objetivas funcionales y no sobre las demás, dando lugar a un objeto mental especial. No captamos los objetos funcionales como formas físicas, a través de las sensaciones que impresionan nuestros sentidos, sino como formas abstractas, constituidas por el conjunto de las propiedades funcionales y de sus relaciones internas. Lo que llamamos /b/ en español no corresponde físicamente a un solo sonido, sino a un número indeterminado de sonidos, entre los cuales, los más extremos y diferenciados son el oclusivo de *ambos* y el fricativo de *rabo*. Físicamente, insisto, se trata de sonidos diferentes, pero para el punto de vista perceptivo de un hablante español se trata en todo caso de una misma cosa. Un español oye /b/ en tanto que función; no en tanto que sonido físico: su atención se centra, no en la forma física de cada /b/ que oye, sino en la forma funcional. Por eso no se percata de la diversidad. Para él la forma de /b/ no radica en la totalidad de los datos físicos que en cada caso impresionan sus sentidos, sino sólo en aquellos que dentro del código que maneja resultan pertinentes, es decir, en este caso, responsables de la función comunicativa del lenguaje. Decir *basa* con la /b/ de *ambos* o con la de *rabo* no aporta ninguna diferencia de información a su finalidad comunicativa. En cambio, para el hablante será esencial la sonoridad de /b/, que le permite distinguir *basa* de *pasa*, o la falta de nasalidad, que le permite diferenciarla de *masa*, o el carácter labial, que le permite distinguirla de *tasa*. Estas tres características físicas —sonoridad, falta de nasalidad, labialidad—

sí serán para nuestro hablante esenciales para su finalidad comunicativa, puesto que no le es indiferente decir *basa, pasa, masa* o *tasa*. Diremos que la forma de /b/, en tanto que objeto funcional, descansa en esas características objetivas, mientras que cualesquiera otras quedan excluidas y más allá del nivel de la percepción. El hombre fabrica objetos destinados a cumplir un fin, una función, la cual existe sólo en relación con unas características físicas, destinadas, en virtud de un código acordado, a hacerla reconocible. Podemos beber agua de una botella, jarro o estanque, pero no reconocemos en estos objetos tal función, aunque puedan servirnos esporádicamente para ese fin. Y llegamos con esto a un punto que nos parece esencial: la función, para existir como tal, sólo puede descansar en unas características *objetivas exclusivas*, que únicamente sirvan para ella y que la diferencien, incluso, de otras posibles funciones. Por eso, función no se confunde con «servir para». La función es un «servir para algo», pero esta aptitud ha de tener unos índices formales específicos. Una cosa, sin embargo, puede servir para algo sin que esto constituya en sí función alguna. La botella puede servir para beber agua, pero su función es encerrar líquidos, pongamos por caso; /b/ puede servir para reconocer un elemento de una serie (3b, frente a 3c, etc.), pero su función radica en distinguir enunciados *(cebo* de *cepo*, por ejemplo: *preparé el cebo / preparé el cepo)*.

Por todo ello parece imprescindible, como primera medida, distinguir estas dos modalidades del «servir para algo», según que esta aptitud dependa de unas propiedades específicas, distintivas y exclusivas —distinguiendo *naturaleza* de *función*—, o no. En el primer caso se tratará de funciones formales; en el segundo, de funciones ocasionales, externas o no formales.

La distinción es, desde luego, científicamente importante, porque mientras las primeras pueden ser reconocidas por los usuarios sobre la base de unas propiedades objetivas concretas y, por tanto, susceptibles de descripción objetiva; las segundas no son reconocibles en sí mismas, precisamente por carecer de tales propiedades objetivas exclusivas. Su reconocimiento depende de cada situación concreta y de hechos externos al objeto mismo. Por esta razón, tales funciones no pueden ser descritas en términos objetivos, es decir, como pertenecientes al objeto descrito, la lengua. Y si la función no puede ser reconocida, mediante un código, en el objeto mismo, es evidente que no existe, al menos como propiedad de ese objeto, sino como hecho externo.

Esto nos lleva, más allá de las funciones de los objetos, al terreno de su manipulación: lo único que podemos hacer es describir la actuación de las personas, los comportamientos humanos, pero no analizar funciones. Si queremos conservar el nombre de función para estas actividades, tendremos que añadirle algún epíteto (falsas funciones, funciones externas). Será preferible hablar de actuación o manipulación. Y aquí rozamos ya con el problema de la distinción *langue / parole, competence / performance*.

Si, por ejemplo, decimos que el lenguaje tiene una función denotativa, esto es, de transmitir contenidos diferenciados referentes al mundo externo, hablamos efectivamente de una función formal, ya que descansa sobre determinadas propiedades objetivas del segmento fónico: si la diferencia informativa entre *preparé el cebo* y *preparé el cepo* existe, es precisamente en función de ciertas características objetivas reconocibles en /b/ y en /p/. En cambio, si decimos que el lenguaje tiene también una función lógica, es fácil demostrar que se trata de una función externa, de una manipulación posible, ya que en el enunciado que consideramos «lógico» no se encuentra ninguna característica objetiva en la que podamos reconocer tal función, pues no hay ningún tipo de predicación necesariamente indicadora de tales valores. La frase *dos y dos son cuatro* tiene la misma estructura y los mismos elementos formales que *dos y dos son seis*. El expresar la verdad o la falsedad, lo lógico o lo ilógico, son cosas que pueden hacerse con el lenguaje, actuaciones cuyo sentido específico no depende de condiciones objetivas del lenguaje mismo. Se trata de falsas funciones o funciones externas, como el ejemplo de la botella. El lenguaje puede servir para muchas cosas; es, sin duda, el instrumento humano por excelencia, pero no todas las cosas que pueden hacerse con el lenguaje son funciones suyas, sino funciones externas, derivadas o comprendidas en su función primordial, que es la comunicación.

La necesidad de basarse en condiciones internas, objetivas, es evidente. Así, Frédéric François[3] nos dice que la tarea del lingüista consiste en «saber en qué medida la diferencia de los usos se traduce en una diferencia lingüística. Si se consideran las variaciones léxicas se podrá, evidentemente, encontrar un número infinito de subgrupos: por ejemplo, la acción sobre otro podrá dividirse en convencer, seducir, asustar, etc.»[4]. Piensa este autor que

---

[3] «Le langage et ses fonctions», en *Le Langage*, Encyclopédie de la Pléiade, París, 1968, págs. 3-19.
[4] *Op. cit.*, pág. 15.

es difícil buscar un principio coherente de clasificación para los distintos usos. Lo que importa, para él, «no es comprobar diferencias de elementos lingüísticos (vocabulario del amor, diferente al del temor), sino diferencias en la organización misma de la lengua, dependientes de la diversidad de estos usos»[5].

La cuestión de las funciones es vieja y repetida, pero se presta aún a discusión, precisamente por no haberse delimitado bien los criterios adoptados. Podemos considerar al lenguaje como instrumento susceptible de cumplir más de una función, cosa que no resulta contradictoria con su naturaleza, ya que, como objeto, puede contener series de características objetivas diferentes para funciones también diferentes.

Aunque nos referiremos fundamentalmente al lenguaje natural, conviene tener en cuenta, pues nos permite entrever paralelismos interesantes y clarificadores, otros tipos de lenguaje, diferentes del que manejamos en nuestra vida cotidiana.

Un lenguaje no es más que un conjunto de reglas y principios que permiten tratar a una materia o sustancia dada para hacerla portadora de una o varias funciones formales; es decir, capaces de generar signos comprensivos de tales funciones. Caben en este concepto los lenguajes artísticos —escultura, música—, los lenguajes prácticos de señales, los lenguajes lógicos y matemáticos y, por supuesto, el lenguaje por antonomasia. Ha logrado así el hombre formalizar funciones muy diversas, no necesariamente contenidas en el lenguaje natural. La función artística —llamémosla así— ha encontrado, de esta manera, su formalización en la escultura, por ejemplo, utilizando como materia objetiva la piedra o el mármol; pero también en el poema, la tragedia o la novela, empleando como materia objetiva un lenguaje natural. Claro es que en este último caso nos encontramos con la constitución de un lenguaje sobre otro lenguaje. Y ya se presenta aquí un serio interrogante: ¿es una función del lenguaje la de generar otros lenguajes derivados? ¿O estos otros nuevos lenguajes —los artísticos, por ejemplo— establecen ellos mismos su función sobre la base de caracterizar determinados aspectos del lenguaje natural, como índices objetivos de ella, independientemente de sus funciones primarias? O dicho de otra manera: ¿la función estética pertenece al lenguaje primario o sólo al lenguaje artístico secundario, constituido sobre aquél? Si la obra de arte pertenece al

---

[5] *Op. cit.*, pág. 15.

lenguaje secundario, ¿descansará su funcionalidad artística sobre elementos objetivos del lenguaje primario, destinados a tal fin, o más bien, como parece verosímil, sobre elementos objetivos seleccionados desde el punto de vista del código utilizado en el lenguaje secundario? Es decir, ¿las funciones formales del lenguaje secundario son externas con respecto al lenguaje primario? Si el lenguaje secundario sólo utiliza al otro como materia prima es evidente que puede emplear todas las posibilidades de éste (o alguna de ellas), independientemente de que se trate o no de elementos funcionales. Su tarea consistirá realmente en fijar objetivamente las características de su funcionalidad artística, aunque éstas no tengan por qué ser funcionales en el lenguaje primario, sino simplemente darse en él como datos objetivos. Esta mayor o menor implicación en el lenguaje primario nos permite comprender por qué hay obras literarias perfectamente traducibles, prácticamente sin perder nada de su esencia, mientras que otras se resisten a tal manipulación. En el primer caso, parece evidente que las condiciones objetivas, representativas de la función, no son exclusivas de una lengua determinada, mientras que en el segundo está claro que tales condiciones objetivas han sido seleccionadas —al menos en su mayoría— entre propiedades privativas de una cierta lengua.

Siendo esto así, como lo es, resulta muy difícil determinar las condiciones objetivas de la función artística en la obra literaria, al menos si queremos tomar como punto de partida las condiciones objetivas que determinan las funciones en el lenguaje primario, supuesto que ya las hayamos establecido exhaustivamente. Porque no sabemos si todas las condiciones objetivas de un lenguaje secundario están basadas en funciones formales del primario correspondiente, aunque intuimos que no tiene que ser necesariamente así, salvo que exista alguna función en el lenguaje primario capaz de generar, por su sola virtud, las funciones del lenguaje secundario[6].

La preocupación por las funciones del lenguaje no es reciente.

---

[6] Pero no hay que confundir la «capacidad» con la función que puede generarse. Lo que ocurre es que el lenguaje primario «permite» la constitución, sobre él, del secundario. Un sistema lingüístico, como ha señalado E. Coseriu, («Sistema, norma y habla», 4.1, en *Teoría del Lenguaje y Lingüística general*, 2.ª ed., Madrid, 1967), es «un conjunto de vías cerradas y vías abiertas, de coordenadas prolongables y no prolongables». Al sistema pertenecen las condiciones formales que permiten la viabilidad, pero no los productos concretos viables.

Ya Humboldt concebía a éste como una ἐνέργεια —fuerza creadora— y no como un ἔργον —producto creado—. Empieza por insistirse sobre el carácter afectivo frente al lógico de la Gramática tradicional y por darle especial importancia al papel del interlocutor, de donde el valor del lenguaje como actividad, como medio de actuación. Bréal hace ver, al tornar el siglo, que la principal esencia del lenguaje radica en la «utilidad»[7]. Bally, discípulo de Saussure, insiste en la necesidad de analizar el aspecto afectivo[8], mientras los lingüistas rusos y americanos, por su parte, atienden preferentemente a su importancia social y práctica.

Karl Bühler, en su *Teoría del lenguaje*[9], cimenta su concepción sobre la base de funciones evidentes: *Representación* (Darstellung), relativa a la transmisión de contenidos objetivos; *apelación* (Auslösung), o capacidad para actuar sobre el interlocutor, y *síntoma* (Kundgabe), o disposición para manifestar la interioridad subjetiva del hablante.

En cuanto a la primera de estas tres funciones no hay la menor duda de que se cumple en todas las lenguas como función formal, en el sentido que hemos establecido. La posibilidad de transmitir contenidos diferenciados tiene su base real en condiciones objetivas del lenguaje mismo. Recordemos cómo tales condiciones, representadas por la diferencia material de /p/ y /b/, eran suficientes para distinguir dos comunicaciones de contenido diferente: *preparé el cebo* / *preparé el cepo*. De la misma manera, la diferencia de contenido entre 'singular' y 'plural' aparece materializada en la -s de *perros* (frente a *perro*) o en la -n de *cantan* (frente a *canta*).

En cuanto a la segunda función, la apelación o actuación sobre el oyente, tiene en nuestra lengua morfemas precisos, es decir, índices materiales que permiten reconocerla sin error: las formas de imperativo *(salid)*, las formas de subjuntivo en frase no subordinada y precedidas de negación *(no salgáis)*. Posee además unos determinados esquemas de entonación y puede ser reconocida en ciertas fórmulas sintácticas habilitadas para tal fin: *no tocar*, *no matarás*, *¡a salir!*, etc.

La tercera función, el síntoma, no posee en nuestra lengua representación en el nivel de los fonemas mismos, ni en el de los

---

[7] Vid. *Ensayo de Semántica*, traducción española, Madrid, s. a.
[8] Vid. *Traité de Stylistique Française*, Heidelberg, 3.ª ed., 1951.
[9] Traducción española Revista de Occidente, Madrid, 1950.

morfemas gramaticales. Sin embargo, puede ser percibida en ciertas condiciones objetivas del enunciado, válidas para toda una comunidad hablante. Se trata ahora de ciertos matices codificados de la entonación, del ritmo de la frase, de la articulación de los sonidos e, incluso, de la ordenación de los componentes oracionales.

Como puede suponerse, en el uso concreto de la lengua estas funciones se entrecruzan. En un enunciado apelativo aparecen normalmente rasgos sintomáticos y nunca estará del todo ausente la función representativa, relativa a la identidad conceptual del enunciado.

Sin embargo, las dos últimas funciones no parecen siempre del todo evidentes: su base objetiva es más precaria. F. François duda de su relevancia, ya que no descansan en elementos discretos (fonemas, morfemas, etc.) y, por tanto, «no pueden distinguirse mediante criterios precisos»[10]. A pesar de ello, hemos visto que, para la función apelativa, el español, por ejemplo, posee morfemas precisos. En cambio, para la función sintomática sólo disponemos de elementos no discretos, como la entonación o la intensidad, evidentemente difíciles de describir en su justo valor, pero efectivamente lingüísticos ya que se trata de cualidades codificadas. El propio François reconoce que éstas varían según las lenguas, aunque se hallan «muy próximas a la expresividad natural de la voz»[11]. Sin embargo, mientras haya diferencia entre lenguaje y naturaleza, tal diferencia ha de ser relevante para el lingüista, que si bien puede establecer una jerarquía en la importancia de los hechos funcionales, no puede descartar aquellos que ocupen un puesto inferior o secundario.

Agustín García Calvo[12], al estudiar las funciones del lenguaje en relación con las diversas modalidades de la frase y luego de hacer un examen histórico de la cuestión, señala cuatro: *expresiva, impresiva, declarativa* y *estética*. Ninguna, según él, excluye a las demás[13], aunque el punto de vista aplicado puede poner de relieve una de ellas en particular.

La función expresiva coincide con la sintomática de Bühler; la impresiva, aproximadamente con la apelativa: se trata del

---
[10] *Op. cit.*, pág. 16.
[11] *Op. cit.*, pág. 17.
[12] «Funciones del lenguaje y modalidades de la frase», *Estudios Clásicos*, 24, tomo IV, 1958, págs. 329-50.
[13] *Op. cit.*, párr. 33.

lenguaje como instrumento capaz de «modificar la realidad de una dirección que nos interesa»[14]. No es más que una actuación sobre el oyente. «Pero esta misma función —nos dice García Calvo— puede tratar de realizarse directamente sobre las cosas. Tenemos con esto la función mágica del lenguaje»[15]. Y añade más adelante: «siendo la magia mimética el principal tipo de actividad mágica [...] es natural que el fenómeno de la onomatopeya sea uno de los más notables que responden a esta forma de la función impresiva del lenguaje»[16]. Para García Calvo, la función estética resultante es la menos exclusiva del lenguaje y depende de la función impresiva, vinculada a su vez con la mágica. «Pues el empleo utilitario del ritmo lingüístico por la magia —nos dice— se transforma en juego al convertirse la magia en poesía; y, sin embargo, siempre sigue teniendo la poesía al mismo tiempo un valor mágico, sea entusiástico o catártico»[17].

La función declarativa es, para García Calvo, la esencial del lenguaje y no duda en llamarla también lógica: «es el lenguaje no por relación al hablante ni al interlocutor, sino por relación al pensamiento, es decir, a sí mismo»[18]. Claro es que, como hemos visto, no se trata realmente de una función lógica, sino de una función de delimitación conceptual, ajena, como ha hecho ver E. Coseriu[19], a las categorías de la lógica. Nos encontramos con la función representativa de Bühler.

Al enfoque de García Calvo no es, desde luego, extraña la preocupación formal, esto es, la indagación de condiciones objetivas que en el lenguaje mismo se hayan especializado para tales funciones. Por ello se pregunta si a cada una de estas cuatro funciones corresponde realmente un tipo de frase, situándose así en el puro nivel sintáctico (lo cual supone ya, en el fondo, una limitación). Piensa que la función expresiva se da efectivamente, al menos en la poesía y en el lenguaje hablado, pero duda de que haya frases puramente impresivas o estéticas, pues todas éstas son, al mismo

---

[14] *Op. cit.*, párr. 15.
[15] *Op. cit.*, párr. 16.
[16] *Op. cit.*, párr. 18. Esta función impresiva sólo se corresponde aproximadamente con la apelativa de Bühler, porque no sólo se trata aquí de influir en la conducta del oyente, sino de impresionar o dirigir en un cierto sentido la orientación del significado que se le comunica.
[17] *Op. cit.*, párr. 28.
[18] *Op. cit.*, párr. 26.
[19] «Logicismo y Antilogicismo en la Gramática», en *Teoría del lenguaje y Lingüística General*, ya citado.

tiempo, expresivas. Cree que puede hablarse de frases simplemente impresivas y expresivas. «Estas tienen —nos dice— como característica negativa [...] el no darse en ellas el hecho esencial de las frases propiamente lógicas, la predicación»[20], con lo cual, evidentemente, descubre un hecho formal —un esquema de frase—, independientemente de que la función expresiva pueda encontrarse presente en frases auténticamente predicativas. Él mismo reconoce en la frase declarativa la presencia de factores expresivos, impresivos y rítmicos. Y nos dice, por último, que «no podemos en realidad hablar de frases puramente lúdicras, [...] Hablaríamos [...] de frases meramente expresivas-impresivas-lúdicras, de las que la característica es también la falta de predicación [...] y la relevancia del ritmo»[21].

Ahora bien, así como las funciones expresivas e impresivas pueden reconocerse, para una comunidad dada, en una serie de factores codificados y perfectamente reconocibles objetivamente por los hablantes, como ya hemos visto, no resulta la cosa tan clara, ni para el propio García Calvo, en lo que se refiere a la pretendida función estética o lúdicra, ya que, en primer lugar, aparece confundida con las demás y, en segundo, no posee una base objetiva codificada para tal fin, pues la falta de predicación no la incluye (ni la excluye) y el ritmo, en sí mismo, es una propiedad evidentemente codificada, pero no con tal sentido específico. Nos encontramos con que, en realidad, los factores estéticos —o mágicos, si se quiere— que puede contener un segmento dependen de una manipulación individual de las condiciones objetivas del lenguaje. Tal actuación puede hacerse en función de un código literario, independientemente del código lingüístico, o, incluso, sin código alguno de referencia, ya que puede ser reconocida o intuida directamente, en relación con la especial construcción del texto: el valor estético secundario depende ahora de un equilibrio de factores, tanto de expresión como de contenido. Se trata, evidentemente, de una función superpuesta, como en el caso de nuestro ejemplo de la botella.

Fijémonos ahora en que esta manipulación o función segunda, la estética concretamente, tiene su fundamento en determinadas condiciones psíquicas del ser humano: intuición del tiempo, el movimiento o la forma, como condiciones «a priori» del gusto.

---

[20] *Op. cit.*, párr. 43.
[21] *Op. cit.*, párr. 45.

El hombre ha inventado códigos capaces de engendrar signos que actualicen estos imperativos, de suerte que los instintos puedan ser «dominados» y, por tanto, conocidos. Sólo llegamos a ser conscientes de ciertos aspectos de nuestra personalidad bajo la intuición de las formas que puedan representarla (de la misma manera que, del pensamiento, a través de las formas del lenguaje natural). Hay un sometimiento del instinto al imperio de las formas. El arte no es más que la racionalización de un impulso, o, mejor, la traducción de ese impulso en términos de una materia dada; pero, entiéndase bien, no la «explicación» de ese impulso, sino su fijación a una sustancia cualquiera, lo que supone la utilización de determinadas condiciones objetivas para hacerlas responsables de la función. Por eso la obra artística es siempre una materia que se presenta como una forma. (Todo lenguaje artístico transmite su significación en función de su propia naturaleza, por lo que no cabe nunca su traducción a otro tipo de lenguaje, cuyas condiciones objetivas funcionales son, naturalmente, diferentes.)

Volviendo al lenguaje verbal nos encontramos con que Jakobson ve las funciones[22] partiendo de los factores constitutivos de cualquier acontecimiento o circunstancia de habla[23]. El hablante o *emisor* —según Jakobson— envía un *mensaje* al oyente o *receptor*. Para que este mensaje actúe necesita: a) un *contexto* que pueda ser verbalizado; b) un *código*, completa o parcialmente conocido por emisor y receptor; c) un *contacto* o canal físico y conexión psicológica entre emisor y receptor. En el acto de la comunicación se entrecruzan, pues, todos estos factores: *emisor*,

---

[22] Vid. «Linguistics and Poetics», en *Style in Language*, editado por Thomas A. Sebeok, The M.I.T. Press, 1964. (Traducción española: *Estilo del lenguaje*, Madrid, Cátedra, 1974.)

[23] Con esto vuelve a desenfocarse el problema, porque el criterio, aunque lo parezca, no es lingüístico: una cosa son los hechos observables en la lengua y otra las circunstancias en que se verifica la comunicación. Con el mismo derecho utiliza P. Guiraud (vid. «Les fonctions secondaires du langage», en *Le Langage*, Encyclopédie de la Pléiade, París, 1968, págs. 438-512), refiriéndose a las funciones secundarias, el criterio de la comunicación en tanto que tal, en sus diversas posibilidades, aunque se centra fundamentalmente en la función métrica y en las poéticas, que analiza en *expresiva*, *prosódica* y *metafórica*. Tales criterios, sin duda interesantes, exceden el marco estrictamente lingüístico en que hemos decidido situarnos. La importancia de las funciones secundarias es evidente, pero sobrepasa la competencia de la lingüística propiamente dicha, entendida como la ciencia del aspecto formal del lenguaje natural.

receptor, contexto, mensaje, contacto y *código.* Cada uno determina, a su vez, una función diferente en el lenguaje: «La estructura verbal de un mensaje depende principalmente de la función predominante»[24].

La orientación hacia el contexto, hacia la referencia, implica la función *referencial* (la *representación* de Bühler). La orientación hacia el hablante o emisor nos lleva a la función *emotiva* o expresiva (el *síntoma* de Bühler). Si la perspectiva es la del oyente o receptor tenemos la función *conativa* (la *apelativa* de Bühler: imperativo, vocativo, etc.).

El propio Jakobson reconoce que estas tres funciones son las esenciales, pero cree que «ciertas funciones verbales adicionales pueden inferirse fácilmente de este modelo ternario. Así, la función mágica, de encantamiento, es principalmente cierta clase de conversión de una tercera persona ausente o inanimada en oyente de un mensaje conativo»[25]. Sin embargo, con esto no salimos, lingüísticamente hablando, de la función conativa. Por este procedimiento, es decir, partiendo de lo que hemos llamado *manipulación* del lenguaje, llega a delimitar las demás funciones, ateniéndose, como referencia a los factores presentes en el acto de la palabra.

Si la orientación se dirige hacia el contacto o canal podemos fijar nuestra atención en mensajes cuya única finalidad es establecer, prolongar o interrumpir la comunicación. Se trata simplemente de comprobar si el canal funciona. De ahí las frases banales sobre el tiempo, la cháchara de los niños, etc., que sólo tienen por objeto atraer la atención del interlocutor o confirmar que esta atención continúa. A este tipo de manipulación lo llama Jakobson función *fática*, siguiendo la terminología de Malinowski.

Si la orientación recae sobre el código, es decir, si el lenguaje se emplea para hablar del código mismo o para aclarar algún aspecto de éste, piensa Jakobson en una función *metalingüística*. Frases como «*con* es una preposición y *más*, un adverbio» desempeñarían esta función. El idioma puede volverse sobre sí mismo, hacerse objeto de sí mismo. Pero ¿es ésta una verdadera función o, simplemente, una posibilidad entre muchas? ¿Posee alguna lengua condiciones objetivas especializadas únicamente para esta función? Nos parece que no[26]. El hecho de que pueda haber pala-

---

[24] *Op. cit.*
[25] *Op. cit.*
[26] «Nada permite afirmar —nos dice F. François *(op. cit.)*— que a cada

bras destinadas a ese fin no prueba nada, ya que con base en el sentido concreto de las palabras podríamos establecer infinitas funciones.

Jakobson nos dice, por último, que «el enfoque hacia el mensaje como tal, el enfoque para su propia consideración, es la función poética del lenguaje»[27]. La función poética reside así, según nuestro autor, en el lenguaje, por lo cual «cualquier intento de reducir la esfera de la función poética a la poesía o de confinar la poesía a la función poética sería una sobresimplificación ilusoria. La función poética —dice— no es la única función del arte verbal, sino solamente su función dominante, determinante, mientras que en todas las demás actividades verbales actúa como un constituyente subsidiario, accesorio. Esta función, por promover la palpabilidad de los signos, ahonda la dicotomía fundamental de los signos y los objetos. Por lo tanto, al tratar de la función poética, la lingüística no puede limitarse al campo de la poesía»[28]. Efectivamente, el lograr esa «palpabilidad» —separando lengua de realidad— es algo que se hace, que puede hacerse, con el lenguaje con mayor o menor éxito; pero ¿es una verdadera función suya?

La función poética, según Jakobson, se basa en dos principios de la técnica del discurso: *selección* y *combinación*. Pero antes de seguir, debemos recordar que estos principios son la base formal de la función representativa o denotativa: en *ama al padre* se selecciona *ama* en lugar de *odia*, por ejemplo, en función de lo que se quiere denotar y con el mismo fin se combina la preposición *a*, que, al faltar, denotaría algo diferente. Claro es, sin embargo, que la selección podría haber servido para matizaciones semánticas más sutiles *(quiere, adora al padre)* y la combinación, para dar más relieve a un determinado elemento o por razones rítmicas *(al padre adora, al padre lo adora,* etc.). Ahora bien, tanto la selección como la combinación pueden ser manipuladas independientemente de la denotación referencial, para lograr un enunciado que, en cierto modo, contenga algo más que la mera referencia, es decir, un valor secundario diferente, que puede, incluso, llegar a ser el esencial para la intención del que lo emite o para la com-

---

una de estas funciones corresponda un comportamiento lingüístico particular: así, una proposición organizada de una cierta manera podrá ser referencial o metalingüística.»

[27] *Op. cit.*
[28] *Op. cit.*

prensión del que lo recibe. Puede así lograrse un valor expresivo, impresivo o simplemente estético, al seleccionar elementos imprevistos y al combinar rítmicamente los elementos seleccionados.

Para ilustrar esto podríamos «simular» la génesis de unos versos lorquianos. Así, una frase muy general, como *durante la noche*, puede acercarse a la intuición concreta mediante una transformación que acerque a la experiencia particular del fenómeno denotado: *cuando las estrellas se reflejan en el agua*. Se pasa así de una visión general, abstracta, a una visión concreta, ligada a la experiencia de las noches reales junto al río o al mar. Pero sobre este enunciado, y sin dejar de denotar lo mismo, puedo seleccionar nuevos elementos que lo conecten con otras experiencias, y lograr así un complejo semántico que remita, simultáneamente, a varias estructuras distintas. Al lograr el equilibrio entre éstas, alcanzamos un enunciado de valor *pluridimensional*. Puede, por ejemplo, sentirse el «reflejo» como 'penetración' y verbalizarse por medio de *clavar: cuando las estrellas se clavan en el agua*. No es imposible multiplicar las combinaciones, añadiendo determinaciones que remitan a nuevos planos de experiencia y utilizar el ritmo para lograr la cohesión fonético-fonológica: *cuando las estrellas clavan / rejones al agua gris*[29]. Las sucesivas manipulaciones nos han permitido superponer planos semánticos diversos, ninguno de los cuales excluye a los demás: la denotación primera —'durante la noche'— queda ahora en segundo plano y lo que nos encontramos es una nueva significación, *resultante del equilibrio de esa denotación primaria con las nuevas referencias semánticas introducidas*, más la estructura rítmica, fruto de la combinación definitiva[30]. Es evidente que sobre el nivel de las funciones primarias —cada una con sus posibilidades especializadas de significar— se ha construido otro secundario, cuyo significado no depende ya directamente de aquellas funciones, sino de un equilibrio entre las magnitudes semánticas y de expresión, de una parte, y la denotación, de otra. En la obra de arte literaria aparecen varias cosas: a) los elementos lingüísticos o magnitudes de la lengua (código): fonemas, lexemas, formas de contenido,

---

[29] De Federico García Lorca: *Romancero gitano*, romance 12, «Muerte de Antoñito el Camborio».

[30] Lo estético radica fundamentalmente en ese equilibrio entre la denotación y los demás factores introducidos, a los que se opone. La significación se presenta así como un equilibrio y no como una referencia.

esto es, constantes semánticas de los signos; b) la denotación del conjunto, esto es, lo que el conjunto cuenta, narra o refiere; c) la significación del conjunto en tanto que tal conjunto, con independencia de sus elementos componentes. Esta significación o forma de contenido[31] no es nunca una *cosa*, sino un equilibrio, es decir, una forma abstracta, susceptible de infinitas interpretaciones individuales. El significado estético, frente al discursivo, no es lineal y unívoco (una sola referencia contextual o situacional), sino pluridimensional: apunta simultáneamente a una serie de planos. No es una cosa, sino una relación abstracta entre cosas. Por eso no puede traducirse: la obra artística significa sólo en su forma global y en función de sus elementos componentes. Claro es que estos elementos componentes de la función estética son siempre cualidades objetivas, seleccionadas en virtud de un plan o de un código. Lo que no podrá afirmarse nunca es que tales condiciones objetivas, presentes siempre en el texto artístico, estuvieran especializadas de antemano para la función estética que cumplen. Su especialización se ha producido en virtud de un código ajeno a los elementos mismos utilizados.

Todo esto se ve claro cuando nos salimos de la obra literaria y observamos cualquier otro tipo de producción estética en que la materia prima no haya sido el lenguaje. Si nos fijamos en la escultura o en la música descubriremos que también aquí hay una forma de contenido. Lo que ocurre es que esta forma ya no es discernible en términos de lenguaje natural: falta ahora la denotación, que es sustituida por una «realidad». La piedra para la escultura, y los sonidos, para la música, no son en sí mismos denotativos. Ahora bien, si no hay denotación, ¿qué queda, por ejemplo, en la escultura? De un lado, la naturaleza mineral; de otro, la manipulación de esa naturaleza. Pero sólo con eso no hay obra estética. La manipulación tiene que crear esa función. La Venus de Milo no es un trozo de mármol, pero tampoco la imagen de una mujer. Es sólo una función: su belleza es captada independientemente del ideal de belleza femenina que rija en tal o cual época. Allí sólo hay un equilibrio entre la piedra y la naturaleza humana, pero ese equilibrio es un ente abstracto. Cuanto más se acerque a la naturaleza humana, mejor; siempre que, proporcionalmente, se acerque al mismo tiempo lo más posible a la naturaleza mineral.

---

[31] Vid. R. Trujillo, «À propos du concept de forme du contenu», en *Cahiers de Lexicologie*, 20, I (1972), págs. 3-11. Allí precisamos este concepto, esencial en Semántica.

Sin ese compromiso no hay arte. Podría haber una imitación perfecta —a modo de fotografía— que dejase en suspenso los atributos del mármol; o podría haber, por el contrario, un logro defectuoso que dejase en suspenso los atributos humanos: la obra de arte habría fracasado. Sólo a condición de ser piedra es bella la Venus, pero también sólo a condición de haber sido vencida la piedra por una nueva naturaleza que se le opone y que la suplanta.

Podríamos igualmente pensar que por muy buen retratista que fuera Velázquez, mejor lo habría hecho un buen fotógrafo. Pero nos equivocaríamos de medio a medio. La fotografía capta la realidad como naturaleza; el pintor fija en la naturaleza material de sus colores algo que no es naturaleza. Establece un equilibrio entre la naturaleza captada y la naturaleza empleada, y crea una nueva realidad, que, como en el caso de la estatua, no es una cosa que se confunda con estas dos naturalezas, sino una función resultante de un equilibrio. La significación no es más que ese equilibrio: de ahí el error de los que quieren ver en la pintura sólo una de sus naturalezas (la anécdota o la técnica).

Lo que llamo equilibrio no es más que el fruto de una oposición entre las cualidades objetivas utilizadas. Significación y equilibrio vendrán a ser lo mismo. El valor de /b/ no es más que un equilibrio con /p/, /m/, /d/, etc.; el valor de 'frío', un equilibrio opositivo con 'caliente'; el valor de la Venus, un equilibrio determinado entre la naturaleza humana y la mineral. Pero lo importante es comprobar aquí que el equilibrio es siempre una cosa diferente de las realidades en que se manifiesta: es una función y al mismo tiempo una forma.

La función estética (o poética) descansa, pues, en condiciones objetivas, sin confundirse con ellas; pero tales condiciones no han de estar ya predeterminadas necesariamente en la materia «poetizable». Pueden pertenecer tanto a la naturaleza propiamente dicha, o, en el caso del lenguaje, a sus condiciones funcionales, pero también a las no funcionales (o sea, no especializadas para tal función): porque una cosa son las funciones del lenguaje y otra muy distinta las funciones de los elementos del lenguaje en el conjunto de la obra literaria. Aunque los métodos para describir uno y otro lenguaje —el natural y el de la creación literaria— puedan ser paralelos en gran medida, ya que ambos son lenguajes, no conviene confundir la jerarquía de las funciones ni el concepto mismo de éstas, pues mezclaríamos lo que es estrictamente lingüístico con otros hechos externos que no son siquiera privativos del lenguaje natural.

Las funciones sólo existen, como hemos visto ya, en virtud de condiciones objetivas, presentes en el lenguaje y especializadas en relación con un código acordado para tal fin. La combinación y la selección no son privativas de la función poética. Otra cosa muy distinta es que la función poética las utilice como medio. No se trata, en el caso de la función poética (como en el de las funciones fática y metalingüística), de una verdadera función del lenguaje, pues no reside en él, sino de una función «artificial».

Sea, pues, cualquiera la función que se examine, bien propia del lenguaje, bien relativa a la conducta humana con respecto al lenguaje (o a otros objetos), siempre la característica diferencial será, como se desprende de todo lo que hemos visto, semántica: todas las funciones, «falsas» y «verdaderas», no son más que maneras de significar. Por ello para cada función podrá haber una «semántica» —o, si se quiere, una «fonología».

La naturaleza de las unidades semánticas

La división en planos —*expresión* y *contenido*, o, precisando quizá más, *significante* y *significado*— está justificada metodológicamente por la necesidad de delimitar las unidades que componen una lengua, no sólo en el sentido de elementos mínimos, sino también en el de signos o estructuras mínimas sintácticas. El conocimiento de los elementos básicos —cuyo número es por fuerza limitado, como la capacidad humana, y seguramente la de una máquina— es necesario para cualquier tipo de descripción que quiera hacerse de una lengua, bien con una perspectiva puramente descriptiva, bien generativa. La competencia de los hablantes no es meramente sintáctica: para engendrar frases no sólo se requiere un conocimiento de los tipos de relación posibles y de los esquemas-significante [1] a través de los cuales se manifiestan, sino también un conocimiento de los signos individuales —formas de contenido— con sus posibilidades relacionales y sus valores recíprocos dentro de un paradigma determinado. Formulada una noción de competencia para el nivel de la gramática, tal como lo hacen los generativistas, ésta no vale enteramente porque no es extensible al léxico, ya que, como señala J. Rey Debove [2] «todo sujeto hablante de una lengua dada no sería capaz de comprender toda frase nueva más que a condición de conocer el léxico en su totalidad». La competencia no sólo se refiere a la sintaxis —formas, esquemas básicos y relaciones entre ellos—, sino también a los elementos léxicos: su delimitación y valor, y, por tanto, sus posibilidades de entrar en toda suerte de relaciones como constantes, y, consecuentemente, como elementos siempre identificables. Sin un conocimiento de las magnitudes constantes y previamente conocidas no puede generarse ningún tipo de frase

---

[1] Entendemos por «esquema-significante», el significante sintáctico, compuesto no por elementos de expresión, sino por abstractos elementos de contenido.
[2] Cfr. «Le domaine du dictionnaire», en *Langages*, 19, 1970.

que reúna todos los requisitos de una gramaticalidad verdaderamente completa, ya que ésta no depende únicamente, como se sabe, del conocimiento sintáctico general. El conocimiento sintáctico se completa, en última instancia, con el de las propiedades semánticas de los signos individuales, pues son los núcleos semánticos y exclusivamente éstos los únicos susceptibles de constituir relaciones sintácticas[3]. Es evidente que manejamos inventarios limitados de constantes sintácticas, semánticas o fonológicas y que cada miembro de uno de esos inventarios está compuesto por rasgos que, a su vez, proceden también de conjuntos cerrados.

Resulta, por ello, esencial para la ciencia lingüística separar lo constante de lo variable, ya que el hablante no opera con lo variable, ni suele tener conciencia de ello: la variabilidad es un hecho que se presenta en el habla —la *parole* de Saussure o la *performance* de Chomsky— y que depende de la interacción de las unidades constantes entre sí y con respecto a la situación de experiencia que se intenta comunicar. El que comunica algo lo hace por medio de elementos constantes, idénticos para todos los miembros de una comunidad hablante homogénea. Es en estos elementos constantes donde la ciencia lingüística ha de detenerse[4], tratando de identificarlos entre la variedad de sus manifestaciones, de la misma manera, aunque por distintos procedimientos, que lo hacen los hablantes usuarios. Al fin y al cabo, el usuario de una lengua está entregado siempre a este tipo de análisis identificador, aunque no tenga conciencia de ello (salvo, quizá, en los casos en que la identificación no descanse en mecanismos codificados, o cuando tales mecanismos no resulten en un caso concreto manifiestos: una frase, por ejemplo, que admita más de una descripción estructural —es decir, un significante sintáctico polisémico— sin que haya en el contexto algún factor que permita decidirse por una u otra; o el caso, idéntico, de un significante polisémico que no se encuentre en una posición contextual suficientemente diferenciada: así el ambiguo *un niño vivo*,

---

[3] Es obvio, sin embargo, la necesidad de completar la concepción de Martinet, en el sentido de añadir una articulación sintáctica, que sería la primera.

[4] No olvidemos que, por ahora, sólo nos interesa la semántica «denotativa». Las demás semánticas, sobre todo las que corresponden a la actuación, por no mencionar las de los signos no verbales, son «lingüísticas» sólo en cierta medida, ya que implican siempre el análisis de comportamientos humanos.

en contraste con los contextos no ambiguos *el niño es vivo* y *el niño está vivo*).

Para Hjelmslev, «lo importante es que, estemos por el momento interesados especialmente en la expresión o especialmente en el contenido, no comprenderemos nada acerca de la estructura de una lengua si no tenemos constantemente en cuenta ante todo la interacción de los dos planos. Tanto el estudio de la expresión como el del contenido son un estudio de la relación entre la expresión y el contenido; las dos disciplinas se presuponen mutuamente, son interdependientes, y no pueden, por tanto, aislarse una de la otra sin serio daño»[5]. También para nosotros esto es rigurosamente cierto, con la única salvedad de que los dos planos no son necesariamente el de la expresión y el del contenido, sino, con más precisión, los del significante y el significado[6], entendiendo, además, que en el caso de los significantes-esquema es fundamental la fijación de las constantes semántico-sintácticas que puede admitir cada uno[7] y las variaciones de que también es susceptible cada uno de acuerdo con ciertas reglas precisas. Toda descripción lingüística ha de comenzar, pues, por separar lo constante de lo variable, lo que es función —semántica, sintáctica o fonológica— de lo que sólo es manifestación de esa función. De ahí la importancia, dentro de cualquier sistema lingüístico, de distinguir entre las invariantes o constantes y las variantes. Toda lingüística concreta habrá de establecer las invariantes de una lengua dada. Es requisito preliminar.

Es natural que la teoría de las invariantes y variantes siga en los *Prolegómenos* a la de los dos planos. Sólo sobre la base

---

[5] *Prolegómenos*, XIII.

[6] No hay más remedio que considerarlo así, ya que, en lengua, el significante sintáctico o significante-esquema no es una secuencia fonológica, sino de magnitudes de contenido, como *nombre*, *verbo*, etc.

[7] Para un significante-esquema, igual que para un significante fonológico, puede haber una cierta diversidad de relaciones semánticas —polisemia—, muchas de las cuales sean discernibles mediante algunas reglas, en tanto que otras quedarán sujetas a la interpretación situacional. Las primeras serían estructuras lingüísticas distintas, puesto que su diversidad estaría codificada, al tiempo que las otras serían variaciones libres de una sola estructura, ya que su diferencia no reposaría en ningún código y quedaría siempre a la zaga del discurso y de la situación circundantes. Así, si en ciertos sintagmas nominales, el núcleo posee el rasgo 'verbal', su relación con el complemento puede resultar semánticamente equivalente a la de *sujeto-verbo* o a la de *verbo-objeto* (*la llegada del profesor* $\simeq$ *el profesor ha llegado*, *la sustitución del profesor* $\simeq$ *han sustituido al profesor*), cosa que no ocurre si dicho rasgo está ausente.

de los planos, como quiera que se entiendan, puede establecerse un método eficaz para delimitar las unidades que componen una lengua, aunque este método no lograra en principio más que la mera delimitación de unidades diferentes sin alcanzar la esencia misma de las diferencias, cosa esta última capital para nuestro propósito, pues la semántica, lo mismo que la fonología, debe ser no sólo capaz de identificar unidades distintas, sino también de describir la esencia íntima, la composición, de cada una de estas unidades, sobre la base de las características sustanciales que asumen la función distintiva. «Este adentrarse en la estructura del signo —afirma Hjelmslev[8]— es condición indispensable para llevar a cabo el análisis con precisión y, especialmente, para reconocer las figuras de que se compone un signo lingüístico [...] Es en este punto cuando reconocemos las entidades finales que son básicas para el sistema, las entidades con las cuales ha de sernos posible demostrar que se construyen todas las demás entidades.»

Se trata, pues, de determinar las únicas unidades verdaderas, es decir, con existencia funcional. Claro es, sin embargo, que para nosotros estas unidades no son sólo los signos individuales y las figuras que los componen —aunque consideramos que los signos individuales son esenciales y no secundarios o pertenecientes a una etapa final en que venga a plasmarse la oración definitiva—, sino también los signos-esquema, los signos sintácticos, los cuales, quiérase o no, son también signos por sí mismos y no simples agregados de signos individuales o de figuras. Y todo esto, a pesar de las reservas que hace Hjelmslev a propósito de la sintaxis, que, al parecer, para él no es más que la consecuencia de la aplicación de las propiedades sintagmáticas y paradigmáticas de los signos individuales. «La sintaxis convencional —nos dice— (entendida como el estudio de las conexiones entre palabras) es, en su mayor parte, un estudio de variedades del plano del contenido de la lengua, aunque, como tal, no exhaustivo. Puesto que cada desmembración de las variantes presupone unas invariantes registradas, la sintaxis no puede mantenerse como disciplina autónoma.»[9] Lo cual no resulta del todo convincente, pues considerar «variedades» (esto es, variantes solidarias, mutuamente presupuestas: *sujeto*, por ejemplo, presupone *predicado* y viceversa) a las funciones oracionales es situarse en el nivel de los

---
[8] *Prolegómenos*, XIV.
[9] *Prolegómenos*, XVI.

signos aislados —aun teniendo en cuenta sus propiedades relacionantes— y pensar que toda la sintaxis depende de las propiedades sintagmáticas de los signos, dejando de lado los esquemas sintácticos, los cuales, sin duda alguna, poseen funciones específicas, distintas de las aptitudes combinatorias de los signos, ya que, en el fondo, tales aptitudes combinatorias no hacen en este nivel más que posibilitar o no su inclusión en los esquemas sintácticos[10]. Es ésta una verdad tan evidente que no necesita prueba: el signo *blanco*, por ejemplo, que es adjetivo por su valor semántico, en primer lugar, y, en segundo, por las posibilidades de «posición» y combinación que aquel valor primario le concede, puede aparecer en esquemas totalmente diferentes, como *la blanca nieve cubría las montañas, la nieve es blanca, compré la blanca, vestía de blanco, lo blanco destaca*, etc. Es evidente que en todos estos casos el signo *blanco* mantiene su identidad: no deja de ser nunca lo que es. Lo único que observamos es que admite una serie de funciones sintácticas[11] que si bien son «variedades», o mejor, variantes para el signo *blanco* en particular, no lo son en tanto que funciones sintácticas de determinados esquemas: estas funciones, que no son meras posiciones, son invariantes sintácticas perfectamente delimitables y susceptibles de admitir sólo determinados tipos de formas de contenido individuales, mientras que rechazan otras. El hecho de que los signos individuales entren como constantes para unas variables que lingüísticamente son entidades sintácticas delimitadas —invariantes—, ya que cada signo posee un determinado tipo de posibilidades sintácticas, esto es, de variaciones factibles sin dejar de ser el mismo signo, la misma invariante, no quiere decir que las funciones sintácticas mismas sean variantes, o «variedades», salvo que, como he dicho antes, consideremos el problema sólo desde el punto de vista de los signos individuales, tomados como las únicas invariantes de contenido posibles. Pero entonces no habría sintaxis; sólo una morfosin-

---

[10] Todo depende del punto de vista. Es evidente que para un nombre dado las funciones de sujeto, objeto, etc., no son más que posiciones combinatorias; pero si hacemos abstracción de los elementos concretos o de las categorías mismas, nos encontramos con el otro plano de la estructura sintáctica, cuyas características son en gran medida hechos funcionales dentro de cada lengua, independientemente de las propiedades de los signos individuales o de las categorías que los incluyen.
[11] De la misma manera que rechaza otras: **la pared es blanca por el pintor*, **el pintor blanca la pared*, etc.

taxis, concebida como el estudio de los signos y de sus posibilidades de combinación, que serían únicamente posibilidades de variación. La variación determinada por las funciones sintácticas, es decir, por ejemplo, la que hace que tal o cual elemento sea en un momento dado *sujeto* u *objeto directo*, no define al elemento, sino que describe una posición del elemento en cuestión. A las variantes las divide Hjelmslev[12] en «libres» o *variaciones* y en «limitadas» o *variedades*. «Las *variaciones* se definen como variantes combinadas, puesto que ni ellas presuponen, ni las presuponen a ellas, entidades definidas en cuanto coexistentes en la cadena; las variaciones contraen combinación. Las *variedades* se definen como variantes solidarias, puesto que una variedad dada siempre presupone, y la presupone a ella, una variedad dada de otra invariante (o de otro ejemplar de invariante) de la cadena...» De esta manera *sujeto* sería una variedad porque sería una variante de un signo concreto —invariante—, definida por su relación solidaria en la cadena con *predicado*, otra variedad de una variante individual presupuesta por la variedad *sujeto*. Sin embargo, repito, esto no quiere decir que *sujeto* y *predicado*, tomados abstractamente como funciones no sean también invariantes (invariantes sintácticas que resultan de los esquemas como tales esquemas, como entes abstractos con entidad real, ya que delimitan con precisión ciertas relaciones de contenido). El propio Hjelmslev afirma que «no sólo las entidades, sino también las funciones tienen variantes, de modo que la distinción entre variantes e invariantes se aplica a los funtivos en general»[13]. Si las funciones tienen variantes es porque son en sí mismas invariantes, aunque no pueden deducirse por conmutación porque sus posiciones en la cadena son naturalmente diferentes. «Si imaginamos —dice Hjelmslev (lugar citado)— un texto dividido en períodos, éstos en frases, éstas en palabras, etcétera, y un inventario por cada análisis, podremos observar que en muchos lugares del texto tenemos "un mismo" período, "una misma" frase, "una misma" palabra, etc.: puede decirse que hay muchos ejemplares de cada período, de cada frase, de cada palabra, etc. A estos ejemplos los llamaremos *variantes*, y a las entidades de las que son ejemplo, *invariantes*.» En efecto, si muchas frases pueden ser una misma frase, o, lo que es lo mismo, muchas oraciones una misma oración, es porque existen

---

[12] *Prolegómenos*, XVI.
[13] *Prolegómenos*, XIV.

invariantes, modelos, distintos y de diferente orden que los signos individuales. No conviene, por tanto, confundir las invariantes individuales, particularmente las del contenido, con las invariantes sintácticas, esquemas abstractos o funciones abstractas de estos esquemas. Por eso decimos que de nociones como *sujeto*, *predicado*, *oración*, etc., no puede afirmarse que sean variedades más que si nos situamos en el nivel de los signos individuales, que poseen la capacidad semántica adecuada para asumir cada función. Si, por el contrario, hacemos abstracción de los signos individuales, tales nociones no son en absoluto variantes —variedades—, sino invariantes, modelos, ya que son entidades definibles como diferenciales. Su calidad de invariantes resulta evidentemente de una condición esencial de éstas: la de establecer unos límites precisos en una sustancia, esto es, darle forma, cosa que se comprueba por el simple hecho de que tanto los esquemas oracionales como los elementos abstractos que comportan —sujeto, objeto, etc.— sólo admiten unos determinados signos —formas de contenido— o unas determinadas relaciones entre ellos, mientras excluyen otros u otras. Si una entidad abstracta como *sujeto* sólo admite determinados signos, mientras rechaza otros (admite, por ejemplo, *puerta*, pero rechaza *veíamos*) es que tal entidad posee una forma, una forma de contenido. «Una *forma de contenido* no es una significación, sino una posibilidad finita de significaciones, o, dicho de otra manera, un límite semántico que excluye otras formas de contenido, de la misma manera que una forma de expresión no es un sonido, sino una posibilidad finita de sonidos, o, si se prefiere, un límite que excluye otras formas de expresión.»[14] Y la forma, como veremos, es el criterio más claro para determinar las invariantes o unidades operativas, ya que éstas son rigurosamente formas. Todo lo que suponga una delimitación dentro de lo variable —una delimitación reconocible, claro está— es una forma y, por tanto, una invariante.

De todas maneras, este modo de tratar a las magnitudes sintácticas como variedades, poniéndolas en correlación con los signos o formas de contenido individuales, tal como lo hace Hjelmslev, resulta altamente instructivo y aleccionador. Los partidarios acérrimos de la sintaxis como único núcleo central de las

---

[14] Vid. R. Trujillo: «À propos du concept de forme du contenu», en *Cah. Lex.*, 20, I, 1972.

lenguas tienen mucho que aprender aquí: el discurso sólo se desarrolla a partir de las condiciones semánticas de los signos individuales y no hay sintaxis fuera de estas condiciones básicas, como tampoco la hay —y esto hay que reconocerlo también— sin la existencia de los signos sintácticos o patrones abstractos.

Para llegar a la delimitación de las unidades del código —invariantes—, aplica Hjelmslev dos principios: el de economía y el de reducción. Se trata de registrar el menor número de elementos, no sólo por necesidades metodológicas —nunca sería acertado subordinar el objeto del análisis a las conveniencias del método—, sino porque esto supone ajustarse a la realidad: es necesario identificar las entidades que se registran en cualquier análisis, es decir, reducir lo que es mera manifestación particular y accidental a la entidad de la cual es manifestación. Las entidades concretas que pueden registrarse en los textos son teóricamente infinitas, tanto en el nivel fónico como en el semántico. Particularmente en este último nivel existe una notable —y quizá infinita— variabilidad, dependiente de las relaciones en el contexto y de las relaciones con la experiencia a que el enunciado lingüístico hace referencia. La ciencia lingüística se reduciría a un inventario infinito, nunca acabado, de magnitudes fónicas o conceptuales y no podría por ello aspirar a ningún resultado interesante. El principio de reducción consiste, por tanto, en la identificación de todas aquellas magnitudes que, hecha abstracción de sus realizaciones concretas, se pueden definir y estudiar como una única y sola cosa. Ya veremos, sin embargo, que esta tarea implica, en el orden semántico enormes dificultades, porque es difícil fijar un criterio universalmente válido en este terreno. Incluso en el terreno de la expresión, donde los estudios han sido más numerosos y el objeto mucho más simple, se han dado vacilaciones de criterio verdaderamente notables. Diferenciar, en el plano del contenido, entre lo que es mera variación de una única unidad y lo que son unidades diferentes, resulta mucho más difícil y problemático, ya que, por otra parte, es poco o nada lo que se ha conseguido hasta el momento, engañados los investigadores unas veces por la identidad de las expresiones y la confusión que el vago concepto de polisemia entraña, y otras por las circunstancias distribucionales que acompañan a la variabilidad misma. Ya veremos luego diversos tipos de confusión de esta clase, relativas a la identificación de unidades de contenido diferentes y a las dificultades que entraña el encontrar un criterio de aplicación unívoco y general, procurando que sea, además, lo más sencillo posible.

De acuerdo con el principio de reducción será posible, como señala Hjelmslev, identificar varios tipos de frase, de período, de palabra, como variantes de unidades únicas. Cabe entender que, por ejemplo, *la rosa es blanca* y *la casa es grande* son ejemplares diferentes de la misma entidad, de igual manera que *la llegada del tren* o *la partida de Juan*. Ahora bien, ¿cómo aplicar el principio de reducción? ¿Sobre qué criterio unimos y separamos? Hjelmslev se detiene con lo que tiene a mano: los descubrimientos de la fonología, mientras que en lo que se refiere al plano del contenido opera realmente a ciegas, ya que no dispuso entonces, ni dispondría aun hoy, en este terreno, de conjuntos de análisis más o menos coherentes y dignos de confianza. Hjelmslev alude siempre a los métodos de reducción desarrollados de una manera diversa por dos escuelas diferentes, la de Londres y la fonológica que nace del Círculo de Praga, aunque haciendo ver que ninguna ha tenido en cuenta las funciones en tanto que relaciones contraídas por unidades que conmutan en una misma posición[15] y que pertenecen, por tanto, a una misma clase. Para la escuela fonológica, la definición del fonema se hace en razón a su función distintiva, aunque los criterios de diferenciación semántica resultan difíciles de fijar y parece preferible referirlos exclusivamente a la llamada función representativa (es decir, una base denotativa, igual que para la semántica que ahora nos interesa). La escuela de Londres prefiere no incorporar la noción de función distintiva a la definición del fonema, al comprobar que hay fonemas incapaces de establecer entre sí dicha función, como ocurre en inglés con /h/ y /ŋ/ que no pueden alternar nunca en la misma posición[16]. La escuela de Londres, en consecuencia, toma como base la posición: se distinguirán todas las magnitudes diferentes que se registren en la misma posición, con lo cual se corre el riesgo de una delimitación imprecisa de las unidades. Cada fonema será así el conjunto de todas sus variaciones, aunque es evidente que los límites de estas variaciones sólo podrán establecerse sobre la base de la función distintiva. Lo que ocurre es que así no se

---

[15] *Prolegómenos*, XIV.
[16] La función distintiva de cada uno de estos fonemas se da sólo en sus inventarios respectivos, que no son los mismos, como ocurre, por ejemplo, en el plano sintáctico, con formas como *sujeto* y *objeto directo*, cuya función distintiva no descansa precisamente en su posibilidad de alternar o conmutar entre sí.

define cada fonema, o, al menos, sólo se define acumulativamente, error éste que resulta mucho más visible, aunque es de la misma naturaleza, en las definiciones que suelen dar los diccionarios del contenido de los signos: siempre nos encontramos ante el conjunto de sus variaciones o, mejor, ante el de sus variaciones más normales y frecuentes. Al prescindir de la función distintiva en la definición del fonema —es decir, reducirlo sólo a los rasgos sustanciales— es evidente que se ha tomado como base más segura la realidad fónica, esto es, se les ha considerado fundamentalmente como objetos físicos. Las semejanzas físicas entre variantes de expresión son, por lo general, claramente visibles —cosa que no ocurre, como veremos, con las semejanzas conceptuales entre variantes de contenido—, aunque, sin embargo, puedan darse desviaciones notables. Piénsese en las variantes dialectales del fonema /s/ en español, con realizaciones físicas tan distantes como [s] y [h], y sin que por ello dejen de ser manifestaciones del mismo fonema, como prueba el hecho de que la variante [h], característica de la posición implosiva, pueda alternar con [s] según siga o no vocal en el decurso. En el habla canaria de algunas zonas, por ejemplo, [loh niñoh] frente a [los animáleh][17]. En otras áreas dialectales donde, paradójicamente, los hechos parecen organizarse distinta manera, como ocurre en el andaluz oriental, que desconoce, en posición implosiva, la alternancia [s] ~ [h], este último elemento pasa a constituir una posible realización de un fonema /h/ que puede aparecer tanto en posición explosiva como implosiva[18]. Esto demuestra que la afinidad sustancial o física entre elementos que pueden aparecer en las mismas posiciones no es el único criterio válido para diferenciarlos o para identificarlos[19]. La identificación de dos elementos no puede basarse exclusivamente en razones de proxi-

---

[17] Vid. M. Alvar, *El español hablado en Tenerife*, Madrid, 1959; R. Trujillo, *Resultado de dos encuestas dialectales en Masca*, La Laguna, 1970; A. Lorenzo, *El habla de Los Silos*, Santa Cruz de Tenerife, 1976.

[18] Vid. E. Alarcos Llorach, «Fonología y fonética» (A propósito de vocales andaluzas), en *AO.*, VIII, págs. 193-205.

[19] E. Alarcos habla del «realismo fonético» como criterio fundamental: «Por tanto, la sustancia fonética, y no la sola distribución, debe ser el criterio que decida la agrupación de variantes bajo un mismo fonema.» (Vid. *Fonología española*, 4.ª ed., págs. 44-45.) Sin embargo, en el caso de [s] ~ [h], variantes, es sólo el valor de la función lo decisivo, ya que el parecido fonético no existe realmente. El criterio de la proximidad «sustancial» es, a pesar de todo, como veremos, fundamental en semántica.

midad sustancial, aunque ésta, como veremos, no sea en absoluto desdeñable, sino que ha de incorporar también los factores relativos al valor funcional. Alarcos prefiere atenerse, para la identificación de entidades distintas, a la semejanza sustancial, criterio interesante aunque no resuelva el problema de [s-] y [-h], que pueden identificarse como variantes de una misma y única entidad, a pesar de que —y esto es preciso también reconocerlo— en las zonas donde [-h] funciona como variante de /s/, siempre es posible la mutua sustitución y, en ciertas condiciones, incluso obligatoria (si sigue vocal, por ejemplo), cosa que no podrá ocurrir nunca si las unidades no son identificables entre sí. Tengamos en cuenta este criterio que adopta Alarcos sobre la similitud sustancial, porque, como veremos, tiene capital importancia en la identificación de las unidades semánticas.

Comparando los dos criterios comentados y citados por Hjelmslev sobre los métodos de identificación de fonemas, sacamos en claro las siguientes conclusiones:

a) La identificación puede hacerse sobre una base sustancial, teniendo en cuenta las distintas posiciones o inventarios, pero esto implica un par de inconvenientes bastante serios. En primer lugar, pueden aparecer unidades sustancialmente muy diferentes, que, sin embargo, no sean más que variantes de una sola; en segundo lugar, la definición de las unidades tiene que resultar por fuerza acumulativa: cada una vendrá definida en rigor por la suma de sus variaciones comprobadas (no se usa la función distintiva como criterio definidor, aunque sí como criterio seleccionador de las variaciones). Llevado este criterio a sus últimas consecuencias —por ejemplo, al plano del contenido— resulta confuso si se quiere distinguir lo variable de lo constante, es decir, aquello que se mantiene invariable en oposición a sus variaciones reales y a las circunstancias contextuales de todo tipo que las caracterizan. Este criterio, aplicado, por ejemplo, a la definición de las unidades que constituyen el léxico, lleva a soluciones deficientes y, en el fondo, se relaciona con el hecho de que no se haya dado aún con un método claro para hacerlo, porque, al fin y al cabo, el método ha sido el mismo que se ha usado en fonética. Y cuando, por fin, en lexicología han soplado aires teóricos renovadores, los criterios de delimitación y de análisis semántico no han superado el nivel de los rasgos más generales que definen las clases de palabras, sin operar nunca con criterios de identificación bien elaborados. La misma gramática generativa, al incorporar el léxico —lo que, de hecho, supone reconocer la existencia de una sintaxis léxico-semántica—no ha hecho hasta la fecha, que sepamos, otra cosa que manipular con los rasgos semánticos más generales, de alcance sintáctico indiscutible, manejados desde antiguo por la vieja gramática tradicional, lo que equivale no a la identificación de unidades léxicas propiamente, sino a la de clases de unidades léxicas. Un análisis de este tipo, aunque postulado, no se ha llevado adelante con éxito, y así la definición formal de las unidades del léxico ha quedado apenas indicada, pero nunca realizada seriamente para ninguna lengua concreta, lo que significa el fracaso rotundo de las concepciones léxicas propias de la G. G. T.

b) La identificación puede hacerse sobre la base de la función distintiva, lo cual no implica, ni mucho menos, que se desentienda de las variaciones sustanciales. De esta manera nunca podrá ocurrir que dos elementos sustancialmente diferentes —o muy diferentes— puedan ser considerados como entidades distintas *si su función y valor son los mismos*. Tampoco podrá ocurrir, por esta vía, que la definición de las entidades invariantes o constantes sea acumulativa: no será nunca el inventario de todas las variaciones que posean el mismo valor funcional en cada una de sus posiciones posibles, sino el conjunto de las propiedades sustanciales —y sólo sustanciales— en las que se reconoce la función distintiva, es decir, de las propiedades —fónicas o conceptuales— que se mantienen constantes en todas las variaciones y que, al cambiar o desaparecer, conducen a entidades distintas, no identificables con ellas. Se podrán identificar como idénticas todas aquellas unidades en las que se encuentren presentes todos los rasgos —absolutamente todos— que definen a una unidad previamente delimitada, considerando como no pertinentes a todos aquellos otros que puedan registrarse y que sean imputables bien a la situación, bien al contexto lingüístico, esto es, a la influencia del valor de los elementos vecinos, entendiéndose bien que debe distinguirse en este caso entre valor y «presencia». El valor, cualidades sustanciales formalizadas, influye determinando rasgos adicionales a la definición de la invariante: así, el valor de la nasal implosiva determina el rasgo del alófono oclusivo del fonema /b/, aun cuando no pertenece a su forma; de la misma manera, el valor 'abstracto' de *razonamiento* influye sobre *inteligente (razonamiento inteligente)*, produciendo un rasgo contextual 'realizado con inteligencia', que, no parece pertenecer a su definición formal. De esta manera influye el valor de los elementos contextuales en las invariantes, determinando rasgos adicionales que no poseen el valor de constantes. Claro es que aquí se plantea un problema adicional: ¿por qué 'realizado con inteligencia' no es un rasgo definidor de *inteligente*, dado que el rasgo 'que posee inteligencia', y que podría considerarse como el constante, no está presente en este ejemplo, con lo que, de camino, se demuestra que no es el definidor, ya que sólo lo sería de la frase *un niño inteligente* o de otras análogas? ¿Por qué suponer que el contexto para establecer el valor de esta función sea el de 'aplicado a personas' y no el de 'aplicado a objetos abstractos'? ¿O es, simplemente, que se trata de dos unidades diferentes, registradas también en inventarios diferentes? Es decir, que *inteligente* alternaría entonces en un inventario con *listo, talentudo*, etc., y en otro con *agudo, sabio, discreto*, etc., donde no podrían aparecer *listo* y *talentudo*. El único criterio a seguir para todos estos elementos que «modifican» un mismo sentido del contenido es evidentemente el de analizarlos *en el único tipo de inventario en que pueden aparecer todos ellos*, es decir, en este caso, en el que se define como 'aplicado a personas' y considerar a los otros inventarios posibles como accidentales y por tanto compatibles sólo con un número restringido de las unidades del inventario que conforman una misma sustancia del contenido. De esta suerte, los cambios de valor experimentados en distintas posiciones, pueden considerarse como variantes de la constante semántica fundamental, dependientes lógicamente[20] del valor de los elementos del contexto. Con esto quedan resueltos los interrogantes que antes nos planteábamos y el hecho de que las unidades sólo pueden analizarse dentro de una unidad de función. Lo que influye sobre las invariantes, que naturalmente se presentan como variantes, es, pues, el valor, tal como lo hemos entendido, es decir, como influencia lógica y motivada —explicable directamente— de los elementos vecinos, o, a lo sumo, de la situación.

Lo que hemos llamado antes «presencia» no influye directamente en la determinación de variantes. La presencia alude a una

---

[20] Entendemos por dependencia «lógica» del contexto aquella que sólo sea imputable a él, siempre que opere de la misma manera con unidades de idéntica clase. Por otra parte, los rasgos 'realizado con inteligencia' y 'que posee inteligencia' son ambos variantes, si se mira bien, de un rasgo más abstracto que podríamos figurar como 'inteligencia + función adjetiva' y que aplicado a personas se entiende como una cualidad propia, mientras que referido a objetos abstractos se percibe como un modo de ser o de producirse.

relación arbitraria —que analizaremos al tratar de la distribución— capaz de «mostrar» un elemento distinto a través de un elemento aparentemente idéntico. Así, *listo* en *un libro listo* «muestra» un signo diferente del que aparece en *un niño listo;* o *dar* en *el niño da un libro* muestra un signo diferente del que aparece en *la tierra da frutos*, sin que en uno y en otro caso haya realmente influencia del valor de los signos relacionados: las diferencias producidas no son variantes porque no se deben a la influencia del valor de los signos vecinos, que produzcan desviaciones lógicas y explicables (al menos, sincrónicamente) de los elementos que hemos tomado en consideración. Lo que ha ocurrido es que determinados valores ('animado'/'inanimado') han operado aquí ciegamente, no motivadamente: han sido utilizados por la lengua como elementos diacríticos, carentes de sentido por sí mismos, de la misma manera que opera una diferencia fonológica. No puede hablarse aquí de influencia de valores, sino de mecanismos diferenciales abstractos, independientes del puro valor semántico, que «muestran» pero no «demuestran». Estos dos tipos de «influencia» deben diferenciarse bien, ya que de lo contrario se correría el riesgo de considerar los dos sentidos mencionados de *dar* como variantes, de la misma manera que hemos interpretado como tales a los distintos valores de *inteligente*. En este último caso, las posiciones diferentes son responsables directa y lógicamente de los cambios de valor sufridos por una unidad que no por ello deja de ser la misma (son puras consecuencias de la influencia semántica); en el otro caso no puede decirse que las posiciones diferentes sean «responsables» directa y lógicamente de los cambios de valor experimentados: son sólo indicadores, significantes, de valores diferentes, esto es, de signos distintos. En el primer caso, la diferencia está motivada —es el producto de una influencia—; en el segundo es inmotivada.

Se identificarán, pues, a) todas las unidades que, aun proviniendo de inventarios o contornos diferentes, puedan intercambiarse entre sí sin que se altere su función o su valor fundamental (el caso, por ejemplo, de la posibilidad de alternancia antes aludida entre [-] y [-h]), b) todas las unidades que, aun proviniendo de inventarios o contornos diferentes, deban su diferencia a la influencia directa de los elementos vecinos (es el caso, por ejemplo, de la variante [-h], que alterna en algunas zonas con [-s] cuando sigue vocal, para evitar su confluencia con las realizaciones normales del fonema /x/, el cual sólo aparece ante vocal;

o el caso de la variante 'realizado con inteligencia' que asume *inteligente* en contornos distintos de aquellos en que funciona todo el paradigma semántico —unidad de sentido— a que pertenece. En este caso el contorno de todo el paradigma es 'para personas', lo cual supone en todo el conjunto la presencia de dicho rasgo, unidad por unidad: la presencia de un contorno que excluya el rasgo 'persona' deja sólo como viable el otro rasgo componente, 'con inteligencia': la identificación, pues, de todas las variantes de *inteligente* se realiza sobre la base del rasgo funcional, siempre mantenido, 'con inteligencia'. Así, *niño inteligente* = 'niño con inteligencia', *perro inteligente* = 'perro con inteligencia', *razonamiento inteligente* = 'razonamiento con inteligencia', etc. Las posibilidades de variación son consecuencia también del valor semántico de la invariante: así observamos que, mientras *inteligente* admite las posibilidades de variación que hemos mencionado, otro elemento de su paradigma semántico, *talentudo*, rechaza variaciones del mismo tipo: *perro talentudo*, *razonamiento talentudo*. Ya veremos que las posibilidades de combinación de una invariante y, consecuentemente, sus posibilidades de variación son requisitos indispensables para definirlas, es decir, para establecer su identidad[21].

Definir una magnitud o las magnitudes de todo tipo, tarea esencial y preliminar de la lingüística, no es más que establecer la unidad de todas sus variantes, es decir, su identidad en el seno de tales o cuales invariantes. Esta tarea es esencial y preliminar, ya que no se puede realizar ningún tipo de análisis si no se han identificado y delimitado previamente las unidades que van a ser objeto de estudio, y que simplemente se describirán en función de los enunciados viables que pueden construirse con ellas. Por

---

[21] No hay más unidades funcionales que las que identifican los propios hablantes. El problema de la descripción lingüística consiste en agrupar los datos dispersos y heterogéneos dentro del ámbito de las unidades ya identificadas y en registrar todos los rasgos pertinentes. El criterio distribucional sólo lleva a determinar la «ipsidad» de un elemento —si es A o B, por ejemplo—; nunca la identidad, esto es, qué rasgos lo componen. (Vid. observaciones de Coseriu a propósito de «The Importance of Distribution vs. Other Criteria in Linguistic Analysis», en *Proceedings of the Eighth International Congress of Linguists*, págs. 200-202, Oslo, 1958.) Para los hablantes, las unidades están siempre identificadas: al lingüista corresponde sólo describir los términos a que se reducen las identidades. Sin embargo, como veremos, para la averiguación semántica es importante conocer el mayor número posible de las combinaciones reales de un elemento, no ya para localizarlo o identificarlo, sino para descubrir su naturaleza interna.

esto pensamos que los intentos de la nueva lingüística generativa no pasarán de lo que sabemos hasta el momento, si no parten de un conocimiento estructural de las unidades que maneja una lengua, es decir, si no son capaces de identificar antes su peculiar naturaleza, sin reducirla sin más a meros conceptos o *denotata*, que lo mismo da. Y no es tarea fácil ésta, aunque pueda parecerlo a primera vista: bastantes dificultades ha encontrado ya la fonología, que, al fin y al cabo, opera con sistemas muy simples.

No digamos nada de la ciencia del contenido, donde los criterios de identificación tropiezan con dificultades que están muy lejos de haberse salvado. Basta con pensar, simplemente, en la identificación de signos: ¿son identificables las dos ocurrencias de *dar* en los ejemplos propuestos más arriba? Si se mira la cosa desde el punto de vista de la expresión —que es el que parece haber prevalecido hasta el momento—, podría pensarse que sí: se trataría de una sola unidad con variaciones en la sustancia de contenido que puede recubrir. La identificación se habría hecho sobre el plano fónico, criterio con el que indudablemente han operado y operan los diccionarios. Si, por el contrario, se mira la cosa desde el punto de vista del contenido, podría pensarse que no son identificables, ya que no se presentan como variaciones de una constante, siempre presente, sino como entidades enteramente diferentes (basta con acudir a la competencia de los hablantes).

Todo, sin embargo, depende del nivel que se adopte: las dos ocurrencias de *dar* se identificarán como pertenecientes a la clase *verbo* o a la subclase *verbo transitivo*, de la misma manera que se identificarían *dar* y *hacer* por iguales razones, como lo harían también *dar* y *entregar*, pertenecientes a un mismo paradigma semántico —conformación de una misma sustancia de contenido—. Pero no nos referimos aquí a la identificación de elementos como pertenecientes a una misma clase o subconjunto, sino a la identificación de elementos distintos como manifestaciones de una misma unidad, es decir, a la identificación de las invariantes a partir de sus variaciones: ¿qué son invariantes y qué variantes? Y no es que el análisis lingüístico se reduzca a esto: es que ha de comenzarse por aquí. Reconocidas las invariantes y sus posibilidades de variación, habrá que completar las definiciones particulares de cada una, aunque esto deberá hacerse teniendo en cuenta sólo las relaciones de cada invariante con todas aquellas otras frente a las que se delimitan sus propias funciones, tanto en lo que tienen de común, como en lo que les sirve de materia diferencial y teniendo en cuenta también las posibilidades de combinación y relación de cada una, es decir, sus posibilidades normales de variación. Se procederá relacionando cada unidad con la clase más general a que pertenezca, y luego con las subclases, cada vez más restringidas, que se vayan delimitando por sus diferentes propiedades, hasta llegar a una última subclase, en la que sólo entren los elementos que posean exclusivamente sus mismas propiedades combinatorias generales (o particulares).

De esta manera, el elemento estará ya definido en cuanto a la clase —conjunto de unidades que posean las mismas propiedades combinatorias en común, aunque no necesariamente las mismas cualidades sustanciales: los elementos de una clase o subclase no tienen por qué coincidir en la sustancia denotativa, sino sólo en las propiedades de relación—: sólo faltará completar su definición en cuanto a la sustancia denotativa, es decir, en cuanto a la materia conceptual delimitada por él[22]. Un signo estará definitivamente definido cuando se haya establecido su relación con los demás signos que conformen una misma sustancia de contenido, una misma «materia» referencial, aunque estos distintos signos pertenezcan —cosa que suele ocurrir— a clases diferentes, y contraigan, en consecuencia, relaciones sintagmáticas no siempre homogéneas, con lo que, además, se limitan considerablemente sus posibilidades de conmutación en ciertos contextos. Así, por ejemplo, determinada una clase como la de las preposiciones, y dentro de ella una subclase referida a un tipo de relación determinado, los componentes semánticos de cada uno de los miembros pueden llegar a ser incompatibles en determinadas situaciones: puede decirse, por ejemplo, *estará a las seis* y *estará hasta las seis*, pero sólo *estará hasta el verano* y nunca **estará al verano*. Pero aún nos falta mucho para llegar al problema de la definición diferencial de los signos. Volvamos al problema espinoso de su identificación previa, problema que, como hemos dicho antes, es

---

[22] Creo que debe distinguirse entre «sustancia denotativa» y «sustancia relacional», aunque una y otra estén estrechamente vinculadas, puesto que la formalización de la primera es la base de la formalización relacional, ya que, en gran medida, un elemento entra en una clase de acuerdo con la sustancia que delimita —sea un fonema o una forma de contenido: una determinada sustancia fónica clasifica a un elemento como vocal o consonante; una determinada materia semántica clasifica a un elemento como sustantivo o como adjetivo—. La pertenencia a una clase no es más que una consecuencia, a grandes rasgos, de la forma de contenido individual de cada signo.

preliminar en toda teoría lingüística: si no podemos decir cuáles son los elementos reales, las entidades invariantes con las que una lengua opera, y diferenciarlas de las circunstancias concretas bajo las cuales las conocemos, no será posible no ya una semántica que se precie de científica y coherente, sino tampoco una lingüística auténtica.

Las constantes semánticas y su relación con la expresión

Volvamos de nuevo a tratar de fijar el concepto de unidades constantes o invariantes y el de variación, y a examinar los problemas que entraña su delimitación, para tratar de establecer al final los tipos de variantes e invariantes que interesan a la semántica, es decir, los objetos primarios con que ésta habrá de operar.

Para Hjelmslev había que «considerar el factor distintivo como el pertinente para registrar las invariantes y distinguir entre variantes e invariantes»[1]. No creemos que pueda objetarse nada a esta manera de ver las cosas: los problemas que surgen son principalmente de orden práctico, al determinar qué es lo distintivo y qué procedimientos tiene una lengua para asegurar la diferenciación: el factor distintivo puede ser una diferencia de orden fónico (de fonema, de significante, etc.) o de orden semántico (una diferencia conceptual, una diferencia de esquema sintáctico, etc.). Para Hjelmslev, las invariantes resultan de la correlación solidaria entre los dos planos, expresión y contenido: «si consideramos signos en lugar de figuras, y no un signo en particular sino dos o más signos en correlación mutua, hallaremos siempre una relación entre una correlación de la expresión y una correlación del contenido. Si no se advierte tal relación, éste será precisamente el criterio para decidir que no se trata de dos signos diferentes, sino únicamente de dos variantes distintas del mismo signo. Si el cambio de una expresión de frase por otra distinta puede entrañar un cambio correspondiente entre dos contenidos de frase diferentes, habrá dos frases de expresión diferentes; si no, habrá dos variantes de la frase en la expresión, dos ejemplares distintos de una misma expresión de frase»[2]. Y añade poco más

---
[1] *Prolegómenos*, XIV.
[2] *Prolegómenos*, XIV.

adelante: «habrá dos invariantes del contenido si el cambio de una por la otra puede entrañar un cambio correspondiente en el plano de la expresión»[3]. De la misma manera se expresa Alarcos: «serán invariantes las magnitudes en las cuales a la diferencia de expresión corresponda una diferencia de contenido, o viceversa; y serán variantes las magnitudes en que a las diferencias de expresión o de contenido no correspondan otras diferencias de contenido o de expresión»[4]. Como se ve, todo el acento de la distinción se carga en el factor distintivo y realmente no puede ser de otra manera: la lingüística no puede ser ciencia más que del mecanismo diferencial del que los hablantes tienen conciencia —es decir, del que hacen uso consciente— y de las unidades diferenciadas por ese mecanismo. Todo estudio que intente ir más allá de esto no será lingüístico en sentido estricto, ya que, aunque opere con el lenguaje, no lo hace con el lenguaje en tanto que tal, es decir, tal como lo manejan los usuarios, sino con el lenguaje en tanto que realidad física o conceptual, similar a las demás que constituyen el mundo que nos rodea. Así el lenguaje puede hacerse objeto de la sociología, de la estadística, de la lógica, etc., pero no se tratará entonces del lenguaje como lenguaje, es decir, mirado desde la perspectiva de los hablantes, sino del lenguaje como objeto de otra clase, del que pueden intentar dar cuenta tanto el matemático, o el sociólogo, como el aficionado a la Estadística. Pero todas estas cosas quedan fuera de la función denotativa estricta y de los mecanismos que entraña, al ser ajenas a la conciencia de los hablantes. No se puede, por ejemplo, establecer invariantes estadísticas, ya que aunque un texto presente, naturalmente, tal tipo de constantes, éstas no lo son para el hablante y carecen para él de función: servirían, a lo sumo, al especialista como indicios, siempre difíciles de interpretar, relativos a hechos que escapan a la función comunicativa. Por eso, cuando se habla aquí del factor distintivo, nos referimos a todo tipo de diferencias (o de identidades) que sean tales para los usuarios de una lengua, y sin las cuales les sería imposible manejar ese mecanismo. No hay otros factores distintivos que los que se hallan en la conciencia (competencia) lingüística de los hablantes.

Sin embargo, aunque estamos perfectamente de acuerdo con que el concepto de invariante descansa sobre el factor distintivo

---

[3] *Ibíd.*
[4] Cfr. *Gramática estructural*, párr. 23.

y no sobre otra cosa diferente, pues de lo contrario tendríamos que definir cada una de las invariantes particulares como la suma de sus variaciones comprobadas —camino impracticable y confuso—, no estamos tan convencidos de que resulten exclusivamente de una correlación entre los dos planos, expresión y contenido, sino, a lo sumo, de una correlación significado-significante, que no coincide necesariamente con los mencionados planos, ya que el significante no siempre es puramente un agregado de figuras de expresión. Si convenimos, como no habrá más remedio que hacerlo, que los dos significados de *dar* de los ejemplos propuestos más arriba, son invariantes de contenido, esto es, signos distintos[5], tendremos que reconocer que la diferencia de ambas invariantes no resulta de una correlación de dos elementos del mismo plano, de una correlación entre significantes distintos que conmutan entre sí, *sino de la presencia en el esquema sintáctico de ciertos componentes semánticos*. Los significantes son los mismos, pero los signos, distintos en cada caso: basta con recurrir a la sustancia semántica conformada —y, por tanto, diferenciada— en los dos ejemplos, para comprobar su absoluta heterogeneidad. No comprendemos cómo Alarcos, que se muestra partidario de la identificación de dos unidades cuando coinciden más o menos próximamente en su sustancia y de la separación cuando difieren totalmente en ella[6], llega a afirmar que «*canto*» ('acción de cantar') y «*canto*» ('guijarro'), por muy diferente que sea su contenido, son un solo plerema, pues únicamente hay una ex-

---

[5] Lo que tampoco está claro en el seno de la G. G. T., ni de las teorías semánticas que se han desarrollado a su sombra. Desde Katz y Fodor, la base de lo que podríamos llamar «semántica léxica» ha sido el problema de las entradas de diccionario, que no pueden llevar más allá que a una semántica de los significantes, formada por reglas que permitirían «saber» —reglas mostrativas— cuándo, para A, ha de entenderse el significado 'y', cuándo el 'x', etc. En el fondo se trata de «recetarios» interpretativos y sólo sirven a los problemas de ambigüedad, provocada por la polisemia. (Vid. J. J. Katz y J. A. Fodor, «The Structure of a Semantic Theory», *Language*, 39, 1963.) Bien mirado se trata solamente de reglas de «superficie» que afectan únicamente al significante sintáctico, pero que desconocen totalmente la naturaleza de los sistemas de significación léxica y sintáctica. (Vid. U. Weinreich, «Explorations in Semantic Theory», en *Current Trends in Linguistics*, III, La Haya, 1966, págs. 395-477.) U. Weinreich cree, frente a Katz y Fodor, que cada elemento léxico es la combinación de un solo valor semántico con una sola forma de expresión: no hay, pues, distintos sentidos, sino distintas «palabras». Aquí estará luego la base para lo que se ha venido a llamar semántica generativa y de la cual hablaremos en su momento.

[6] Vid. *Fonología española*, loc. cit.

presión; igualmente en francés, *poids* «peso», *poix* «pez», *pois (petit)* «guisante» [pwa] no son más que un plerema, son sólo variantes de una misma invariante»[7]. Aunque en ciertos contextos los dos sentidos de *canto* puedan dar lugar a ambigüedades, se trata siempre de algo poco probable, ya que bien las propiedades semánticas de cada uno, bien las circunstancias contextuales, se encargarán siempre de mostrar cuál es el signo apropiado en cada caso. La ambigüedad es, por lo general, provocada para producir un cruce o significado complejo resultante de los signos en conflicto. Una frase como *los cantos de esta tierra* admite los dos sentidos y no es posible dirimir entre ellos sin el auxilio de factores externos al mensaje lingüístico, pero aunque aquí no se dé la correlación entre los dos planos, considerada por algunos como básica, es evidente que los dos sentidos de *canto* constituyen dos signos distintos, dos invariantes, pues el conjunto de sus contornos lingüísticos posibles es diferente y, por tanto, diferencial: uno de ellos, por ejemplo, será el único posible en frases como el *canto de los pájaros, la niña comenzó su canto, terminó el canto;* mientras que el otro será el único posible en segmentos como *canto rodado, el canto estaba en el suelo, un canto de dos kilos,* etc. Mientras *canto* 'guijarro' contiene los rasgos semánticos 'concreto' y 'no activo', *canto* 'acción de cantar' contiene los rasgos 'abstracto' y 'activo', que si bien no muestran su eficacia a través de una correlación de significantes —que aquí resulta imposible—, la muestran evidentemente a través de sus posibilidades de relación o de combinación y de la estructura de las relaciones semántico-sintácticas que contraen, que si pueden no resultar patentes en ciertas posiciones (como ocurre con los fenómenos de neutralización en que dos unidades perfectamente diferenciadas en un contorno, se confunden en otro), sí lo resultan en otras: así, *el canto del niño* puede tener como «variante» correlativa *el niño canta,* variaciones ambas de una única invariante semántico-sintáctica (un patrón relacional); o la otra «variante» correlativa *el niño tiene un canto,* variaciones ambas también de una única relación semántica entre signos. En el conjunto de las variaciones posibles de ambos homónimos descubrimos su cualidad de invariantes, que no se muestra en un caso aislado, pero sí en una suma de esquemas sintácticos que, como suma, resulta diferencial frente a otras sumas distintas. La diferencia no está aquí

---

[7] Vid. *Gramática estructural*, párr. 36.

en una correlación de significantes, en un contraste entre expresión y contenido, sino en una diferencia de esquemas sintácticos diferenciales, que son admitidos para un sentido y rechazados para el otro.

Lo mismo ocurre si nos referimos a los sentidos del significante *despierto*. Si queremos apoyarnos en una diferencia de expresiones conmutables entre sí, llegaremos de nuevo a la absurda conclusión de que sus sentidos no son más que variantes de una única invariante, que estaría representada por esa secuencia fonológica, inconsecuencia grave ya que lo que estamos tratando de dirimir es la identidad o no identidad de dos contenidos. La identidad sólo se da si tomamos el significante como elemento esencial del signo, es decir, como el único elemento capaz de identificar; pero si introducimos el significado, el problema de la identidad se complica. Si consideramos una secuencia como *un niño despierto*, nos encontramos evidentemente ante la ambigüedad que podría hacernos pensar que los dos sentidos 'inteligente' y 'que no duerme' no son más que variaciones de una misma unidad en el plano de la significación. Pero ocurre, por el contrario, que en el terreno del significante hay dos posiciones diferenciales, perfectamente delimitadas, donde cada uno de los dos sentidos es el único posible, y está, por tanto, formalmente delimitado: *es despierto/está despierto*. La ambigüedad se deshará en el caso de la primera frase según se aplique una regla o la otra. Y si la diferencia está aquí también avalada por factores de la estructura lingüística, no habrá duda de que nos encontramos ante cosas distintas, aunque la distinción no proceda de la imposible conmutación de significantes[8] —hay uno solo—, pero sí de la diferencia de significantes, entendidos de una manera amplia y coherente y no bajo los conceptos de contenido y expresión, demasiado estrechos: la diferencia de significantes no es aquí —como en el citado caso de *dar*— una diferencia de expresión, sino una diferencia de relación con signos —formas de contenido— distintos.

En los ejemplos de *dar* la «diferencia significante» radicaba, no en los elementos fonológicos, sino en la presencia de diversos rasgos semánticos o figuras de contenido ('animado-humano'/ 'inanimado'); en el ejemplo de *despierto*, la diferencia significante

---

[8] La existencia de una «diferencia significante» es básica para la determinación de entes lingüísticos. Cuando tales diferencias no existen, nos encontramos en el mundo de lo no codificado, de lo no delimitado: en el mundo de lo confuso.

radica en la presencia alternante de dos signos —no figuras— distintos *(ser/estar)*, aunque de igual función sintáctica: sólo difieren semánticamente. Sin embargo, la diferencia no es imputable al contraste semántico entre *ser* y *estar* (como lo sería, por ejemplo, en el caso de *ser/estar alto*, donde *alto* no cambia de identidad, al ser sus variaciones imputables lógicamente a los sentidos de ambos verbos), sino a una relación arbitraria en la distribución de estos verbos en relación con dicho significante. No han jugado aquí factores de expresión —*ser* y *estar* son formas de contenido— sino factores semánticos y sintácticos. El hecho es análogo, aunque no idéntico, al que hemos comentado a propósito de *dar*. Ni los dos signos del ejemplo de *dar*, ni los dos del ejemplo de *despierto*, guardan relación entre sí, pues no son conmutables en los mismos contextos, aunque tampoco son variantes, porque las diferencias no son imputables lógicamente al contexto, es decir, a la influencia real del contexto, sino a circunstancias arbitrarias, históricamente explicables. La diferencia es «mostrada» por el contexto mecánicamente, *pero no determinada por él*. Hay, pues, una diferencia de significantes, no entendida en el estrecho sentido hjelmsleviano de una diferencia fónica, sino en el sentido de procedimientos lingüísticos de cualquier tipo, habilitados para producirla o señalarla: los significantes no son aquí meras secuencias fónicas —es decir, del llamado «plano de la expresión»—, sino hechos sintáctico-semánticos que asumen la función distintiva de la misma manera que podrían hacerlo dos secuencias fónicas diferentes. Y si los significados están diferenciados por procedimientos técnicos que emanan del sistema mismo y que no son lógica sino arbitrariamente responsables de la diferencia, no cabe, desde luego, hablar de identidad entre ellos: no se trata de una misma cosa que «varía» de acuerdo con la influencia de los signos vecinos, sino de cosas diferentes que no «varían», y que se «presentan» bajo la forma de distribuciones y relaciones semántico-sintácticas diferentes. Para que dos magnitudes (de contenido) puedan identificarse, es decir, considerarse como la misma o como variaciones de la misma, es necesario que las diferencias, como hemos dicho, dependan de las influencias de los elementos vecinos: siempre que la variación pueda imputarse únicamente a la influencia semántica de aquéllos y no a otros factores, nos encontraremos ante variantes de la misma unidad.

Por eso hemos señalado antes la esencial diferencia entre los dos tipos de ejemplos *ser/estar alto* y *ser/estar despierto*: en el primer caso la diferencia de valor semántico de *alto*, según se combine con uno u otro verbo, es exclusivamente imputable a la diferencia semántica que se registra entre los verbos *ser* y *estar*, y paralela a ella (la oposición de sentido entre estos dos verbos es, pues, lógicamente responsable de las diferencias semánticas que presenta *alto:* los dos matices pueden identificarse como variaciones de un solo y único sentido fundamental, resultantes de la influencia de elementos del contexto); en el segundo caso, la diferencia de valor semántico no es «lógicamente» imputable a la diferencia entre los dos verbos alternantes en el contexto: no se trata de un mismo sentido que sufra la influencia de los sentidos vecinos, sino de dos sentidos diferentes, no identificables entre sí, y que no se relacionan con los valores diferentes y paralelos de *ser* y *estar*, sino que, por el contrario, se presentan bajo la forma de combinaciones arbitrarias con uno u otro verbo. Aquí, *ser* y *estar* no sólo aportan sus sentidos propios, sino que sirven de elementos diferenciadores de dos signos diferentes: son elementos diacríticos que apoyan la diferenciación, función ésta que, como sabemos, corresponde al significante de los signos. Las consecuencias de la conmutación entre *ser* y *estar* en el primer ejemplo son evidentemente diferentes de las que acarrea en el segundo: la diferencia ha servido, pues, a dos fines diversos: a) distinguir dos enunciados, de acuerdo con sus diferencias específicas y sólo con ellas, y b) distinguir dos enunciados en relación con un tercer signo: lo que conmuta en el segundo ejemplo, al hacerlo aparentemente con *ser* y *estar*, son dos formas de contenido, dos magnitudes semánticas perfectamente diferenciadas mediante tal procedimiento, y que no son otras que las que podríamos figurar como 'inteligente' y 'que no duerme'. Ahora bien, como estos dos valores dependen de una conmutación de elementos lingüísticos no hay duda de que están perfectamente diferenciados por procedimientos también lingüísticos. No podemos identificar lo que el sistema de la lengua diferencia. Y lo mismo podemos decir en los ejemplos aducidos de *dar:* los distintos sentidos no son imputables lógicamente a las diferencias semánticas de los sujetos (como sí lo serían, en cambio, los dos sentidos de *dormir* en *el niño duerme* y *el río duerme*, donde la variación de sentido es exclusivamente imputable a la conmutación —llamémosla así— de los componentes semánticos 'animado' e 'inanimado'. Identificamos el *dormir* del primer ejemplo con el del segundo, y, gracias a esta identificación, comprendemos los dos enunciados: el factor que determina la variación de la invariante en el contexto y su influencia es evidente). Los citados sentidos registrados para *dar* no se perciben como variaciones homogéneas y paralelas con relación al contraste 'animado'/'inanimado': el sentido entregar frente al sentido producir no guardan una relación proporcional con los dos factores semánticos que marcan la diferencia, 'animado'/'inanimado' (proporcionalidad que sí se da entre los sentidos aducidos de *dormir* y los mencionados componentes semánticos: *el niño duerme* es a 'animado', como *el río duerme* es a 'inanimado'. Sin embargo, no se puede afirmar que *el niño da un libro* es a 'animado' como *la tierra da frutos* es a 'inanimado'. En el primer caso la relación es proporcional y lógica; en el segundo, la relación no es proporcional ni motivada, sino inmotivada: no se trata del entregar por un 'animado' o por un 'inanimado', sino de dos cosas distintas. Sin embargo, en el ejemplo de *dormir*, sí es el *dormir* de un 'animado' frente al *dormir* de un 'inanimado': aquí lo que ha ocurrido es una variación en *dormir*, de 'animado' a 'inanimado', mientras que en el ejemplo de *dar* lo que ha ocurrido no es tal variación, sino un cambio entre los sentidos 'entregar' y 'producir', totalmente independiente semánticamente de los sentidos 'animado' o 'inanimado'. Estos, en el ejemplo de *dar* no actúan como contenidos en cuanto tales, sino, aunque parezca paradójico, como elementos del significante.

Vemos, pues, que la determinación de invariantes o la identificación de variantes como tales no puede hacerse exclusivamente sobre la base de la correlación expresión-contenido: estos conceptos han de ser ampliados a la noción de significante-significado que no se corresponde simétricamente con la correlación expresión-contenido.

Los dos sentidos de *dar*, 'entregar' y 'producir' difieren, además no sólo por la distinta distribución, sino también, y esto parece más importante, por la sustancia formalizada: mientras el primer sentido conforma la misma zona de contenido, de sustancia semántica, que, por ejemplo *regalar*, *entregar*, *donar*, *proporcionar*, etc., aunque con las correspondientes diferencias mutuas, el segundo sentido conforma la misma sustancia semántica que *producir*, aunque, por supuesto, no como su sinónimo absoluto: se dice igual *la tierra da frutos* que *la tierra produce frutos*, pero sólo *la fábrica produce coches*. Como se ve, estos dos signos que conforman la sustancia producir difieren por el contraste semántico 'espontáneamente'/no 'espontáneamente'. Todo esto nos indica cómo es enteramente distinta la sustancia conformada en los dos casos, es decir, cómo no hay nada común en los sentidos, lo que impide todo tipo de identificación, aunque el valor de las unidades sea el mismo o semejante, mirado desde un grado más alto de formalización lingüística (el tratarse, por ejemplo, de dos verbos, o, restringiendo más, de dos verbos transitivos, etcétera): es cuestión, en última instancia, de conformaciones de sustancias diferentes. En el ejemplo de *dar* un sentido se opone directamente a *entregar*, y el otro, directamente a *producir;* entran, pues, en dos sistemas distintos de oposición semántica, aunque mirado desde el punto de vista de las categorías más generales no difieran, pues a ese nivel *entregar* y *producir* son sólo dos verbos transitivos y, por tanto, se identifican. La identificación se hace más difícil y compleja cuando cambiamos de nivel de análisis: si en lugar de quedarnos en el de las categorías más generales, clase o subclase, descendemos a los conjuntos más reducidos, donde la identidad no se da entre factores generales de relación semántico-sintáctica, sino entre factores particulares de una sustancia concreta común —también, como veremos, con sus implicaciones sintácticas—, encontraremos que sólo podrán identificarse como variantes a aquellas magnitudes que impliquen sólo variación de una misma sustancia semántica, aunque cada variación se sitúe en un sistema de oposiciones semánticas diferentes, esto es, que contraiga relaciones con unidades que, a su vez, no guarden relación entre sí, como ocurre, por ejemplo, con *herir*, cuyos contextos más habituales suelen producir dos variaciones, una de las cuales se relaciona con *lastimar, arañar, golpear*, etc., y otra con *ofender, zaherir, agraviar*, etc. Este ejemplo mismo pone de manifiesto la claridad teórica del asunto, al tiempo que sus dificultades prácticas. Si no resulta del todo claro, en este caso es porque aunque *ofender* y *arañar* estén perfectamente diferenciados entre sí, no sólo se relacionan con dos variaciones contextuales de *herir* —*la palabra/el cuchillo hiere*, que quizá pudieran considerarse como no identificables entre sí—, sino también con el sintagma *hacer daño*, que los abarca a todos, y con el sustantivo *herida*, que puede variar de acuerdo con la influencia semántica del contexto —herida física, herida moral—. Se trata en este caso de variaciones similares a las que hemos apuntado para *dormir*, en los ejemplos puestos más arriba.

    Todo esto significa que la variación semántica *motivada* por el contexto —usos metafóricos, etc.— puede invadir zonas de designación diferentes y correspondientes a campos semánticos distintos. La infinita posibilidad creativa del lenguaje radica más en la aptitud que tienen los signos de un campo de invadir otros ajenos, produciendo así significaciones múltiples y «autodesignativas», que en la fría y matemática recursividad, verdad teórica y mentira empírica. Semejantes a los citados resultan los empleos de *cortar*, cuyos contornos, según sea el objeto directo bien abstracto o continuo, bien concreto o discontinuo producen variaciones del tipo 'interrumpir' y 'seccionar' respectivamente. En este caso, a pesar de la semejanza ideológica, parecería que no pueda hablarse de identificación —igualación de variantes— ya que aunque la diferencia pudiera imputarse lógicamente a la influencia semántica del contexto, los sentidos entran en relación de oposición «nuclear»[9] diferentes: *cortar/interrumpir las relaciones, cortar/, seccionar/, partir la carne*. Y llevando la cosa al extremo, porque entramos en el terreno de las expresiones fijadas, no hay ninguna razón para identificar *verde* en los contornos siguientes: *pared verde, fruta verde, viejo verde:* en el primer caso, *verde* conmuta con *roja, azul*, etc., en el segundo sólo con *madura*, en el tercero con *mujeriego*, etc. En los casos límite, no hay coincidencia en la designación, aun dándose la influencia lógica del contexto. Las variantes pueden permanecer, pues, en el mismo campo semántico —unidad de designación—, o desplazarse hacia otros, superponiéndose allí a los signos que los integran. Todo desplazamiento de este último tipo entraña siempre una alteración radical en el modo de significar, que deja de ser «lineal» para hacerse «relacional» o «dimensional». Lineal es el significado que se agota en sí mismo: *el sol es una estrella;* dimensional es el que no se agota en una designación, porque no se designa nada: autodesigna. Un complejo de designaciones, producido por el salto de una variante a otro campo, se transforma en un «equilibrio» semántico, que es a su vez significación, pero no denotación expresa. Recordemos el ejemplo lorquiano: «cuando las estrellas clavan / rejones al agua gris»: significado 'x'; designación: nada, o la contradictoria amalgama, en el campo de lo real, entre 'durante la noche', 'las estrellas clavan rejones', 'agua gris', etc. Los tontos buscan denotación —significado «externo»— en la poesía, en la música, en la pin-

---

[9] Son, en semántica, oposiciones nucleares las que se establecen entre elementos de igual designación. Este es un concepto ligado al de núcleo semántico irreductible (vid. pág. 68 y sigs.).

tura... Desde el momento en que se cruzan elementos semiológicos de distinto orden, la denotación o denotaciones pasan a ser un elemento más: la significación es ahora puro equilibrio resultante de todos los elementos puestos en juego (materia, denotaciones, presuposiciones, reglas del sistema, estructura de las unidades, etcétera) y, por tanto, el número de valores concretos que pueden recubrir, infinito, mientras que es uno e inmutable su valor abstracto.

El hecho de que las funciones pudieran ser las mismas para dos magnitudes que se dan en contornos diferentes y nunca en el mismo, no quiere decir que las podamos identificar: identificaríamos las funciones pero no las entidades particulares. *No conviene confundir una entidad determinada con su función:* ésta es siempre más general que aquélla. Por eso, aunque dos fonemas cuya distribución fuese distinta pudieran llegar a tener la misma definición estructural, cada uno en su correspondiente inventario, no podríamos identificarlos como la misma entidad —aunque sí quizá como la misma función—, porque una cosa es la función de un fonema y otra el fonema mismo como tal fonema, es decir, como entidad de expresión perfectamente delimitada frente a otras posibles entidades fónicas. Distinto es el caso de la diferencia de sustancia que se da dialectalmente en español entre las variantes del fonema /s/, [s-] y [-h], que si bien se diferencian por la distribución, la manifestación [-h] puede alternar con [-s] (aunque no al contrario): si ambas sustancias, por diferentes que sean, además de poseer la misma función consonántica, pueden alternar entre sí indiferentemente, es que naturalmente se identifican. Desde el momento en que esto no puede ocurrir —como en el caso del andaluz oriental—, la realización [-h] pasa inmediatamente a identificarse con la realización [h-] de un único fonema /h/[10]. En el primer ejemplo, bastaría la diferencia sustancial —distintas sustancias conformadas— para la no identificación, porque no hay, por decirlo así, ni siquiera parecido físico entre ellas, independientemente de que sus contextos mismos sean diferentes. En el segundo caso, la identificación se produce, a pesar de las diferencias sustanciales, porque hay semejanza funcional entre ellas y, en cierto modo, la alternancia en posición implosiva ([-s] ~ [-h]) depende «lógicamente» de la influencia de factores contextuales. En el tercer caso, al no ser posible [-s] tampoco es

---

[10] Vid. E. Alarcos, *Fonología y fonética,* ya citado.

posible su permutación —no hay semejanza funcional ni física— y el parecido sustancial nos invita a considerar a [h-] de una parte y a [-h] y sus variaciones de otra, como manifestaciones de una única entidad. Y con esto volvemos al principio: únicamente podremos considerar identificables como variaciones de una sola unidad a aquellas que sean el producto lógico y directo de la influencia semántica (o fónica) de las unidades vecinas o del sentido del contexto o la situación, pero nunca a los que se presenten marcados por factores mecánicos o automáticos, *puesto que éstos simplemente señalan unidades distintas; pero no influyen en su naturaleza*. Para el caso, incluso, de las variaciones semánticas que como en el ejemplo de *cortar* contraigan relaciones con unidades de orden diferente —sustancias conformadas diferentes— que no dependan de una misma forma de contenido fundamental, habrá de postularse la identificación y deberán considerarse como variantes puesto que van determinadas por hechos contextuales. Basta pensar, como caso límite, en el del ejemplo de *verde*, aducido más arriba; pero éste es sólo un ejemplo de «discurso repetido»[11], ya que las secuencias *fruta verde* o *viejo verde* son expresiones fijadas, suficientes por sí mismas para establecer la distinción. La consecuencia más importante que seguimos sacando es que en la identificación de signos —formas de contenido— no se puede tomar por base o criterio el mero significante: el que un significante tenga varios significados no quiere decir que éstos se identifican como variantes suyas. Esto supondría una grave confusión entre las formas del significado y los meros datos que constituyen esa forma. Las variantes entran en lo que Hjelmslev llamaba sustancia y comprenden todos los datos que puedan ser abarcados por una forma. Las invariantes pertenecen a la forma y sólo pueden ser definidas en virtud de límites que establecen en la sustancia, lo que significa que están condicionadas por el número de variaciones sustanciales que pueden admitir sin dejar de ser ellas mismas. Por eso podemos decir que la condición fundamental de las invariantes no es otra que la de establecer unos límites precisos en una sustancia, en unos datos empíricos, la cual sólo podrá variar dentro de esos límites.

---

[11] Como lo entiende E. Coseriu (cfr. «Structure lexicale et enseignement du vocabulaire», en *Les Théories linguistiques et leurs applications*, A.I.D.E.L.A., Nancy, 1967, págs. 9-50).

La identidad

El concepto de identidad es básico porque sin él no podemos realizar ninguna clase de análisis lingüístico. El hecho de que dos unidades se opongan —es decir, que puedan conmutar en el mismo contexto, alterando su valor— nos dice muy poco acerca de lo que esas unidades son: sólo nos indica que son diferentes, pero no nos descubre la cualidad específica de la diferencia. Para que la oposición de dos unidades (esto es, su relación conmutativa) pueda llegar a servirnos metodológicamente, es necesario que nos apoyemos en el concepto de identidad: sólo podremos delimitar unidades *concretas*, no abstractas, si nos apoyamos en la identidad y en los grados que ésta pueda admitir. Si queremos, por ejemplo, saber qué es el fonema /b/ en español, no avanzaremos nada relacionándolo con el fonema /l/ —al cual indudablemente se opone: *rabo/ralo*— porque la identidad entre ellos es muy remota —el ser consonantes—: tendremos que reducir la identidad al mínimo, es decir, llegar al punto donde identidad y diferenciación limitan entre sí: ahí descubriremos las identidades o variaciones y las diferencias o características diferenciales de la unidad invariante. Los componentes formales de su definición surgirán al oponerlo a aquellos otros fonemas que se identifican parcialmente con él: /p/, /m/, etc. Encontraremos, incluso, posiciones donde dos fonemas lleguen a ser idénticos, es decir, donde se produzca una suerte de «sinonimia» fonológica. Igual ocurre en el plano del contenido: sólo estaremos en el camino de establecer la entidad formal de un elemento cuando hayamos llevado la diferenciación al mínimo, es decir, cuando lleguemos al límite entre identidad y diferenciación.

Este proceso, sin embargo, sólo nos conducirá ante las unidades que vamos a analizar, pero no nos dirá *cómo* son estas unidades. Para esto hay que seguir otros caminos metodológicos. Esta primera aproximación es sólo delimitativa: qué unidades se identifican y confunden y qué unidades se diferencian sobre la base de una identidad común, es decir, se delimitan mutuamente y condicionan recíprocamente su valor. Así llegaremos, con Saussure, a comprobar la existencia de un «valor» como única esencia del significado. El maestro trató en vano de diferenciar el «valor» de la significación[1], sin percatarse de que son lo mismo y de que aquélla no es más que un puro «valor»: tratar de distinguir, como hace él, entre lo uno y lo otro resulta contradictorio con su afirmación fundamental de que el significado no es una cosa, y, si llevamos su pensamiento hasta sus últimas consecuencias, *no es una cosa ni es un concepto*, porque, dado por supuesto que las cosas nunca pueden ser significados, sino designaciones, es lógico que en su imagen mental sean siempre conceptos. Y esto implica un equívoco: cosa y concepto son lo mismo, en este orden de ideas, puesto que la mente no maneja cosas, lo que quiere decir que cuando Saussure nos dice del significado que no es una cosa, sino un concepto, no nos enseña nada verdadero[2]. Como veremos, «concepto» y «referente» son lo mismo: el concepto es el referente del signo, pero no su significado[3]. Con el concepto de «valor» Saussure se acercó mucho a la idea de significado, aunque sin alcanzarla. El referente o concepto es el núcleo, alrededor del cual gira el significado, formado por los rasgos diferenciales que el sistema lingüístico agrega. Todo significado consta de un núcleo conceptual más las marcas o rasgos que constituyen el valor. El núcleo conceptual, llamado por nosotros «núcleo semántico irreductible»[4] es el elemento común a todos los miembros de un campo semántico, y puede, incluso, constituir la totalidad del significado de un signo, como ocurre con los tecnicismos[5]. El valor lo encontramos en el marco de las diferenciaciones que establecemos en el seno de una identidad y es, como veremos, uno de los factores fundamentales para la inser-

---

[1] Cfr. *Curso de lingüística general*, Parte II, Cap. IV. En adelante, citaremos *Curso*.
[2] Cfr. *Curso*, Parte I, Cap. 1.
[3] Distinguimos entre significado, concepto y cosa, considerando que el primero es distinto del *concepto* y de la *cosa*, que no son más que dos modalidades, una abstracta y otra concreta, del referente. Las cosas y los conceptos son universales, así como las leyes del juicio; los significados son propios de cada lengua.
[4] Vid. R. Trujillo, «Las unidades semánticas y su delimitación», en *RSEL*, 5, 2 (1975), págs. 303-314.
[5] Vid. R. Trujillo, «El lenguaje de la técnica», en *Doce ensayos sobre el lenguaje*, Madrid, F. March, 1975.

ción de signos concretos en el marco abstracto de los esquemas sintácticos. Identidad y diferenciación se relacionan estrechamente y sólo dentro de estos conceptos podremos buscar no ya los límites de las unidades de todo tipo, sino su definición, es decir, el conjunto de los componentes formales de cada una.

Dos unidades se identifican, pues, si puede demostrarse que su diferencia no depende de ellas mismas, sino de factores externos a ellas. Es decir, que cabe pensar que el problema de la identificación sólo afecta a magnitudes comprobadas en contextos diferentes: la aparición en un mismo contexto será entonces un hecho de alternancia libre de variantes, que puede estar determinada por razones estilísticas, pongamos por caso. Debe entenderse, sin embargo, que cuando hablamos de factores externos determinantes de la variación nos referimos únicamente a aquellos factores que sean directa y lógicamente responsables de la misma y no a aquellos otros que sirven para «señalar» la diferencia, pero sin influir realmente en ella. Digamos que en el primer caso se «transfiere» algún elemento (componente) del elemento que influye al elemento que varía (el componente 'abstracto' de *razonamiento* influye en el *inteligente* de nuestro ejemplo; el componente 'inanimado' de *río*, en el sentido de *dormir* a que aludíamos más arriba); en el segundo caso no existe tal transferencia: el componente mostrativo de la diferencia sólo actúa como mostrativo (así, el componente 'inanimado' en nuestro ejemplo de *dar* no influye sobre un «sentido», sino que «muestra» un sentido que es en sí independiente de tal componente: el rasgo semántico 'inanimado' es indiferente al signo 'producir', que puede admitir tanto sujetos animados como inanimados). Hay que distinguir, pues, entre determinación de las variaciones dentro de una identidad —invariante— y la indicación de identidades distintas. No hay que olvidar, por último, el caso de las variaciones imputables directamente al contexto, y que contraen oposiciones inmediatas con elementos de campos diferentes, no abarcados por la unidad fundamental: en este caso se alteran las relaciones de las variantes —recordemos el ejemplo de *cortar*—, las cuales quedan así adscritas a relaciones estructurales diferentes. Estos hechos corresponden realmente a la modificación lingüística —diacronía—, que escinde una invariante —o las variaciones de una invariante— en unidades diferentes, en distintas identidades. Piénsese en el proceso que pudo haber seguido *agudo* al transferirse a personas, desde el momento en que las variaciones se alinearon por un lado con *discreto, sabio, prudente,* etcétera, y por otro con *afilado, puntiagudo, penetrante,* etc. La distinción quedó perfilada por la formalización de sustancias de contenido diferentes, ya establecidas por procedimientos formales, y garantizada desde el punto de vista del «significante» por su distinta distribución con respecto a los rasgos semánticos «arbitrarios» (no directamente responsables) 'animado (personas)'/'inanimado (concreto)': *persona aguda/ lanza aguda.* Desde el momento que una variación se estabiliza en un sistema de oposiciones diferente del que caracteriza a la invariante de referencia, deja de ser una variante, para convertirse en una invariante distinta: lo cual no quiere decir que dos sistemas semánticos se entrecrucen —cosa que suelen pensar los que confunden las invariantes de contenido con los significantes que las representan—, sino que un mismo significante puede entrar en distintos sistemas de oposición. No olvidemos ahora, sin embargo, que no se trata de significantes, sino de signos, y que un significante puede serlo de signos diferentes, de la misma manera que un signo puede tener varios significantes —variantes de expresión—, como ocurre con los significantes de 'imperfecto', -ba/-ía, que aparecen según circunstancias automáticas de distribución contextual.

La identificación de dos unidades no sólo puede darse entre magnitudes de contenido diferentes, sino también, como acabamos de ver, entre magnitudes diferentes de expresión. Hemos señalado el caso de los significantes {-ba} e {-ía}, como podrían señalarse, entre muchos, el de las variaciones del significante del signo 'plural', {-s}, {-es}, {ø}, etc. Se trata de variantes de expresión de signos gramaticales, determinadas bien por razones diacrónicas, bien por principios aún operantes. Los factores externos que determinan la variación pueden ser también semánticos: piénsese en la alternancia de preposiciones *a*/ø y *de*/ø, estudiada por nosotros[6]. La relación verbo transitivo-objeto se expresa en español mediante un significante —porque es un signo, claro está—; ahora bien, descubrimos este significante, aunque es normalmente ø, porque se cambia en *a* cuando determinadas condiciones semánticas del contexto lo exigen[7]. De la misma

---

[6] Vid. R. Trujillo, «Notas para un estudio de las preposiciones españolas», en *Thesaurus*, XXVI, 1971.
[7] Ya las había descubierto Bello, que nos habla de «personalidad y determinación», vid. *Gramática de la lengua castellana*, párr. 889 y ss.

manera, *de* como signo introductor de un complemento determinativo nominal, alterna con ø, al variar, igualmente, las condiciones semánticas del contexto. Tanto *de* como ø en estos casos representa el mismo valor relacional: la dependencia de un elemento nominal regido por otro elemento nominal. Ahora bien, la variante *de* (y no me refiero al otro signo que puede recubrir el mismo significante *de* y que encontramos en ejemplos como *viene de la ciudad*) es exigida automáticamente cuando el término regido implica una referencia externa al regente: *la casa de madera* (*casa* no implica a *madera*, ni *madera* está contenida en *casa*); no es exigida, en cambio, cuando el término regido no implica referencia alguna o sólo implica una referencia «interna», esto es, contenida en el regente (en *el rey soldado*, *soldado* no es un referente sino una ampliación semántica; en *la tía María*, *María* es un referente interno que únicamente «repite», precisando, al término regente). Es evidente que nos encontramos ante identidades representadas por significantes diferentes: $a = ø$, $de = ø$. El contenido, sin embargo, es siempre el mismo: la diferencia de expresión depende de circunstancias del contexto. Algo análogo, aunque quizá más discutible, ocurre con la pareja de preposiciones *de* y *desde*, cuya base de identidad es indudable: ambas significan en cierto modo 'procedencia'. Pero ¿es absoluta esta identidad o sólo hay una base común a la que se agregan rasgos diferenciales, responsables de dos invariantes? O, lo que es lo mismo, ¿son unidades distintas o una sola? Si nos fijamos en los contextos en que ambas pueden alternar sobre la base semántica de 'procedencia' (*viene de/desde su casa*, *mira de/desde su ventana*), comprobaremos que éstos no difieren en su significado. A lo sumo, una diferencia de matiz que seríamos incapaces de determinar objetivamente y que puede deberse —a mi entender— a la diferencia de los contextos donde estas dos preposiciones *no* pueden alternar. En cambio, si comparamos los contextos en que estas dos preposiciones se excluyen, descubriremos que cuando el contexto implica *necesariamente* 'extensión', sólo es posible *desde* (*desde su partida no lo veo*, *hay tres kilómetros desde aquí* —en este último ejemplo sólo sería posible *de* si la pusiéramos en correlación con *hasta*, que también implica 'extensión': *hay tres kilómetros de aquí a/hasta la ciudad*), mientras que cuando el contexto rechaza *necesariamente* 'extensión' sólo es posible *de*: *descendientes de campesinos*, *oriundos de Granada*, etc. Únicamente en el caso en que el factor semántico 'extensión' sea indiferente, resulta posible la alternancia de ambas preposiciones. Podríamos explicar la diferencia de matiz que observamos en esos casos *(viene de/desde su casa)* como el resultado de las connotaciones provenientes de los contextos privativos de ambas preposiciones. Pero ¿podríamos afirmar sin equivocarnos que la oposición semántica 'no extensión' / 'extensión' está contenida en las preposiciones *de/desde*, determinándolas como invariantes diferentes, o sólo en el contexto semántico, exterior a esas preposiciones? O, dicho de otra manera, ¿son *de* y *desde* la misma cosa —en su sentido de 'procedencia'— o son dos cosas diferentes? ¿Se identifican o se diferencian? ¿Qué es lo que se diferencia: *de* y *desde* o sus contextos respectivos? Es evidente que la aptitud combinatoria de ambas preposiciones es diferente y eso me hizo pensar en un tiempo[8] que tal diferencia era debida a una diversidad de contenido en cada una de las dos preposiciones. Pero ahora creo que si tal diferencia existiera se haría patente al sustituir (conmutar) una por otra, cosa que evidentemente no ocurre: cuando son posibles las dos, se identifican (las diferencias connotativas no hacen al caso, porque serían explicables a partir de los contextos diferenciales en que ambas se excluyen, sin contar con que estamos haciendo semántica denotativa): no hay diferencia discreta y, por tanto, mensurable, entre una y otra. La diferencia está en los contextos semánticos de una y otra. Si admitimos —y no podemos hacer otra cosa— que, por ejemplo, {-*ba*} e {*ía*} o {-*es*} y {ø} se identifican porque representan las mismas formas de contenido y que son variantes combinatorias determinadas por el contexto, no nos quedará más remedio, para ser coherentes con nuestros propios postulados, que admitir que también *de* y *desde* se identifican —son variantes combinatorias de una misma invariante—, dado que su diferencia viene determinada automáticamente o se revela por el contexto, en este caso semántico. Cabe, sin embargo, aún una objeción importante: hemos dicho que son variantes todas aquellas variaciones que sean exclusivamente imputables al contexto, siempre que estén lógica y directamente determinadas por él. Esto resulta claro en casos como el de {-*s*}, {*es*} o {ø}, o como en las muestras que hemos aducido más arriba, pero no, por ejemplo, en el de {-*ba*} e {-*ía*}, donde la elección depende de hábitos históricos no explicables sincrónicamente. Sin embargo, debe observarse que aquí se está tratando de variantes de expre-

---

[8] *Op. cit.*

sión y no de contenido y que sólo es para estas últimas para las que vale la noción de variación lógicamente determinada por el contexto: los significantes son siempre arbitrarios y sobre todo en cuanto significantes complejos —secuencias de figuras de expresión— y no cabe esperar en ellos más variaciones «lógicas» que las que resulten del enlace entre los fonemas (el caso de fonética sintáctica de {-s} y {-es}), pero no de las que resulten de un significado en relación con el significante o significantes que puedan representarlos. Por eso afirmamos que no hay contradicción en considerar variantes a *de* y *desde* por el hecho de que ambos significantes no estén lógica y directamente determinados por las diferencias semánticas que los implican. Las variantes son en este caso de expresión: la variación de significado está en los posibles contextos de la invariante, pero no en la invariante misma. Es esencial distinguir, pues, entre variantes de expresión, correspondientes a una misma magnitud de contenido —con sus correspondientes variaciones semánticas paralelas— y variantes de contenido no representadas por diferencias de expresión.

En este último caso se trata de variaciones imputables lógicamente al contorno semántico, aun cuando franqueen con frecuencia las barreras de sistemas semánticos diferentes, con matizaciones sutiles diversas. La variante de expresión, en cambio, no está determinada «lógicamente» por el contexto —salvo el caso de las diferencias fónicas procedentes de los enlaces en la cadena de fonemas—: su determinación es *arbitraria*, pero está vinculada siempre a un elemento semántico selector que puede ser diferencial en otras posiciones *(pelo* y *cabello* se diferencian —sobre otros rasgos— por el contraste 'humano'/ø), mientras que aquí se reduce a mero seleccionador de variantes, y no como componente de invariantes (recordemos el contraste 'extensión'/'no extensión', vinculado a la diferencia entre *de* y *desde)*. No hay que olvidar además, repito, que toda variante de expresión es correlato de una variante de contenido[9] y su estudio corresponde, por tanto, a la

---

[9] Se exceptúan, naturalmente, las estrictamente gramaticales, donde el automatismo de la distribución no va acompañado siquiera de un cambio de matiz semántico. Piénsese en variante como {-ba-} e {-ía-}. Sin embargo, desde el momento en que los elementos, aun siendo eminentemente gramaticales, contengan rasgos denotativos que conformen sustancias extralingüísticas, sus variaciones de expresión acarrearán alguna diferencia semántica, por pequeña que sea, como en el caso *de/desde*.

semántica. Todo esto nos lleva de la mano a un ejemplo que ya hemos comentado en otra ocasión[10]. Se trata de los adjetivos latinos *senex, vetus, vetulus* y sus contrarios *iuvenis, novus* y *novellus*, aducidos en una ocasión por Coseriu[11], como muestra de peculiares estructuraciones o formalizaciones del contenido y de donde se deducen, como rasgos diferenciales, 'para personas', 'para cosas' y 'para animales o plantas', punto de vista éste que sienta, además, la tesis de que los «clasemas» puedan actuar como semas —posibilidad que comentaremos más extensamente en su lugar—. Para Coseriu parece claro que, pongamos por caso, la sustancia 'viejo' recibía una conformación peculiar en latín, donde, a la diferencia de los rasgos semánticos mencionados, correspondían expresiones diferentes *(senex, vetus, vetulus)*. Sin embargo, el problema es evidentemente semejante al de nuestras preposiciones *de* y *desde:* son los contornos semánticos en cada caso, y no la libre elección, por parte del hablante, de contenidos diferentes, los que determinan la aparición de los distintos significantes. En ningún caso elige el hablante: es el contorno semántico el que exige automáticamente los distintos significantes. Por eso hemos afirmado[12] que se trata de variantes combinatorias de una sola invariante, 'viejo', opuesta paradigmáticamente a 'joven', aunque mostrada por dos grupos de variantes *(senex, vetus, vetulus/iuvenis, novus, novellus):* lo que se opone aquí son todas las variantes de una unidad a todas las variantes de la otra.

No deja, sin embargo, de ser cierto que a cada una de estas variantes —*senex, vetus, vetulus*— corresponden contenidos diferentes, pero éstos, como tales contenidos, son lógicamente imputables a los diferentes contextos semánticos en que aparecen. Lo que no son «lógicamente» imputables a las diferencias contextuales son los significantes. La diferencia de variantes —todas las variantes son diferentes aunque se identifican como resultantes exclusivas del contexto— puede resultar pertinente estilísticamente en un contexto que no sea el suyo propio y peculiar, como el caso señalado por el mismo Coseriu[13] de la aplicación «anormal» de algunas de estas expresiones: pero no es más que el resultado

---

[10] Cfr. R. Trujillo, *El campo semántico de la valoración intelectual en español*, La Laguna, 1970.
[11] Vid. «Pour une sémantique diachronique structurale, en *Tra. Li. Li.*, II, 1 (1964), págs. 139-186.
[12] *Op. cit.*
[13] *Op. cit.*

de las connotaciones que cada variante arrastra desde sus contextos habituales. Algo semejante, aunque más difuso, ocurre en el caso de *viene de su casa* frente a *viene desde su casa*, secuencias connotativamente diferentes —aunque denotativamente iguales—, a causa de los contornos privativos de ambas preposiciones. Lo mismo ocurre, por ejemplo, con los verbos alemanes *essen* y *fressen*, cuya alternancia (sustitución y no conmutación) depende del contraste de los rasgos semánticos 'persona'/'animal' en el sujeto. La sustitución no cambia el significado, sino el valor estilístico de la frase. Las diferencias semánticas de dos variantes de expresión dependen siempre de sus contextos, no de ellas mismas, y, por tanto, su mutua sustitución entraña un cambio secundario de sentido en el enunciado, ya que cada variante remite a sus rasgos semánticos determinantes. De esta manera tales rasgos pueden resultar «transferidos» a los contextos en que se sustituyan las variantes, creando en el investigador la ilusión de que éstas son invariantes, esto es, unidades distintas. Realmente no se han conmutado variantes —cosa imposible—, sino sus rasgos contextuales determinantes: de ahí el efecto estilístico que puede acarrear esta clase de sustituciones. Si en alemán se dice *dieser Mann frist*, lo que se ha hecho es atribuir a *Mann* el rasgo 'animal', normal en contextos como *dieser Tier frist*: no se ha conmutado *essen* con *fressen*, sino los rasgos contextuales de ambas variantes, *los cuales no son componentes de ellas, sino sus determinantes externos*. Si en español podemos hablar de la *altura* alcanzada por un árbol, de la *estatura* alcanzada por un niño, del *nivel* alcanzado por el agua de un estanque o por el vino de un tonel, o de la *alzada* de un caballo (descartando la posibilidad de que estos significantes puedan aludir a signos con valor diferente de 'altura física'), nos encontraremos con otro caso más de variantes de expresión, aunque esta vez con una diferencia con respecto a los ejemplos anteriores. Una de las variantes, *altura*, es enteramente libre y no depende de factores contextuales, mientras que las otras están restringidas por constricciones semánticas del tipo de los llamados *clasemas* ('para personas', 'para cosas', 'para animales'). Si nos guiamos por la opinión de Coseriu (para el caso de *senex*, *vetus*, etc.), podemos llegar a pensar que se trata de invariantes que se oponen entre sí por poseer rasgos semánticos específicos en su contenido: habría así tres miembros marcados, *estatura* ('para personas'), *nivel* ('para líquidos') y *alzada* ('para animales' o más concretamente, 'para caballos') y uno neutro, *altura*, que sería indiferente a estos rasgos y que podría sustituir, por tanto, a los marcados. Parecería así que *altura* sería el archilexema del conjunto y no la variante «fundamental» (es decir, aquella que está menos determinada por el entorno) frente a las variantes «accesorias», más rigurosamente determinadas[14]. Porque es evidente que *estatura* ('altura física'), *nivel* ('altura física') y *alzada* ('altura física') no poseen en sí mismos los rasgos 'para personas', 'para líquidos' y 'para animales', sino que, por el contrario, son estos rasgos los que determinan su elección y *automáticamente su exclusión cuando se refieren a sustantivos que rechacen tales rasgos*. Al ser excluidos automáticamente por factores del entorno semántico (no cabe **la estatura del árbol*, **el nivel del árbol*, o **la alzada de la casa*, al menos en el sentido de 'altura') es evidente que se trata de un condicionamiento *externo* en la aplicación de los significantes *estatura*, *nivel* y *alzada* con el valor de 'altura'. Si la determinación del significante es *externa*, esto es, provocada por factores semánticos del contexto y no por valores diferenciados de las unidades, no hay la menor duda de que se trata de variantes de expresión (entre la mayoría de las cuales el hablante no ha podido escoger) de una única forma de contenido 'altura física'. Además, así como en el caso de *estatura* o de *nivel*, el factor externo determinante es propiamente un clasema —'para personas', 'para cosas concretas'—, puesto que un clasema no es más que un rasgo semántico que establece una subclase dentro de una clase, de acuerdo con propiedades combinatorias idénticas para toda esa subclase; en el caso de *alzada* el factor externo determinante no es propiamente un clasema, ya que 'para caballos', —no 'para animales'— difícilmente puede considerarse como una propiedad semántica general que determine una subclase de distribución. Se trata, simplemente, de que *alzada* (en el sentido de 'altura') se halla fijado como variante exclusiva para *caballo*, lo cual permite que se pueda definir como 'altura del caballo'. Pero esto no quiere decir tampoco que 'para caballos' sea un sema específico y distintivo de *alzada*, sino la circunstancia contextual o situacional que determina su empleo «correcto» o normal con el valor 'altura'. Referido a personas produciría el mismo efecto que señalábamos para el alemán *fressen*, pero no, desde luego, una diferencia de contenido denotativo. El trastrueque de variantes

---

[14] Vid. F. Lázaro Carreter, *Diccionario de términos filológicos*, Madrid, Gredos, 1968, 3.ª ed.

produce siempre consecuencias estilísticas[15]: se cambia el matiz —el significado estilístico—, pero no el significado fundamental, del que el matiz no es más que una variación. Precisamente cuando Casares[16] define *alzada*, habla de una «estatura del caballo», haciendo así un uso «aproximativo» y anormal de *estatura*. Es lógico que los diccionarios separen en sus definiciones términos como los que venimos señalando y nos den definiciones «esencialistas», como «altura a que llega la superficie de un líquido», «estatura del caballo», etc., porque no manejan procedimientos rigurosos: sería mucho más lógico que una vez definida la identidad de un signo, se nos mostrase el empleo «correcto» de sus variantes —cometido esencial de una obra de carácter normativo—, ya que las variantes corresponden siempre a lo que Coseriu ha llamado *norma*[17]. Un diccionario debe informarnos acerca de cuándo y en qué circunstancias contextuales hemos de usar *nivel* en lugar de *estatura* o de *alzada*, por ejemplo, para que no confundamos nunca lo que es componente de un signo —forma de contenido— con lo que son sólo factores externos, rasgos contextuales, determinantes de sus posibles manifestaciones, en el caso de que pueda tener varias.

La identificación es, pues, un problema mucho más complejo de lo que parece y ha de preceder —y servir de base— necesariamente a la diferenciación. Si no logramos reducir el conjunto de los datos a invariantes, esto es, identificar todas las variantes de contenido y todas las variantes de expresión, no estaremos jamás en condiciones de poder emprender el análisis semántico de los signos de una lengua. El principio de economía —propugnado por Hjelmslev— es la condición indispensable para una acertada descripción y para no caer en un absurdo casuismo que lo inventariase todo indiscriminadamente.

Hemos visto que la identificación de magnitudes atañe tanto a la expresión como al contenido, o, precisando, al significante y al significado, pues el significante, como hemos visto en relación con los esquemas sintácticos, puede estar constituido también por magnitudes semánticas. Cabe hablar, por tanto, de variantes e in-

---

[15] Se trata siempre de «superposiciones» que destruyen la linealidad semántica del signo, estableciendo una relación, mejor o peor equilibrada, entre las distintas denotaciones producidas.
[16] Vid. *Diccionario ideológico de la lengua española*, Barcelona, 1966, 2.ª ed.
[17] Vid. «Sistema, norma y habla», en *Teoría del lenguaje y lingüística general*, Madrid, 1967.

variantes de expresión y contenido, de significante y de significado. Hasta ahora hemos visto y comentado hechos de variación en el plano del significado —aquellos que son lógicamente imputables a la influencia del contexto— y hechos de variación en el plano de la expresión que pueden tener motivación exclusivamente fonológica ([b] y [b̄]; {-s} y {-es}, etc.) o carecer de motivación sincrónica *(senex, vetus, vetulus,* o *altura, estatura, nivel, alzada)*. No hay isomorfismo entre las variaciones puramente fonológicas y las variaciones a base de significantes distintos, que carecen de motivación fónica, ya que estas últimas entrañan variaciones de contenido semejantes a aquellas otras, también de contenido, que no tienen significantes diferenciados. No parece haberse visto con claridad hasta el momento que, en el fondo, se trata siempre del mismo problema. El apego excesivo a los significantes ha llevado a considerar como hechos de diferente orden relaciones del tipo *senex/vetus/vetulus*, frente a relaciones del tipo 'dotado de inteligencia'/'hecho con inteligencia', no diferenciados por significantes distintos y que sólo resultan de los contextos diferentes de una misma invariante a la que corresponde un significante único *(niño inteligente, razonamiento inteligente)*[18]. La diferencia que existe entre estos dos órdenes de hechos es puramente externa y obedece a niveles distintos en el grado de formalización lingüística de las variantes: en el caso de 'viejo', para el latín aparecen formalizadas en la expresión tres de sus posibles variaciones de contenido; en el caso de *inteligente*, ninguna de sus variaciones se ha formalizado en la expresión. Contra esto se podría argumentar que si a la diferencia o variación ha correspondido una diferencia en el plano opuesto, se tratará siempre de invariantes y que no será una mera diferencia contextual la que distinga a ambos tipos de variación, sino una diferencia inherente: se trataría en tal caso de cosas distintas y no de dos manifestaciones de una misma cosa. Este razonamiento implicaría, sin embargo, un dogmatismo exagerado en la aplicación de las ideas de Hjelmslev, como ocurre —aunque el ejemplo sea inverso— en el caso de *canto* ('acción de cantar') y *canto* ('guijarro'), aducido por Alarcos (vid. supra): ni dos significantes iguales han de implicar necesariamente dos formas de contenido también iguales, es decir, sólo

---

[18] En general, los lingüistas se han mostrado reacios a reconocer otras formas que los significantes concretos, que sólo son formas en cierto sentido y hasta cierto punto.

dos variaciones, ni dos significantes distintos han de implicar necesariamente dos signos o formas de contenido también distintas. El hecho de que en unos casos la variación esté respaldada por la modificación del plano opuesto no diferencia fundamentalmente a un caso del otro: unas veces será un significante distinto y otras un contorno distinto, o, mejor dicho, el contorno siempre será distinto.

Las variantes semánticas

Lo que sí parece fuera de duda es que nunca ha estado muy claro el concepto de variante, al menos de variante semántica, la cual se presenta normalmente como efecto de la influencia del contorno: las variaciones de una invariante semántica no pueden, por lo común, intercambiarse entre sí. Aunque la variación tenga expresiones diferenciadas —siempre tiene, en cambio, «significantes» diferenciados, que son sus contextos peculiares—, se trata en todo caso de hechos secundarios (también están diferenciadas las variantes del fonema /b/ o las del morfema de plural), es decir, de hechos que sólo afectan a la condición material de las variantes y a su grado de formalización. Pero la diferencia es, sin duda, de grado, como lo es también la diferencia entre la forma de contenido gramatical y la léxica: en el primer caso, la estructura semántica —y la gramática es semántica— tiene expresión regular en el plano del significante (a constantes de contenido corresponden constantes de expresión); en el segundo caso, la estructura semántica carece de expresión regular en el plano del significante (no hay constantes de expresión para las estructuras léxico-semánticas, de suerte que éstas no resultan analizables como elementos separables del significante: así como la forma de contenido 'pretérito imperfecto' posee significantes específicos y separables {-ba} e {-ía-}, el componente semántico 'humano' no puede ser analizado como parte componente del significante *cabello*, aunque pueda ser descubierto en su relación con *pelo* y en las combinaciones «normales» de que es susceptible). Como se ve, en uno y otro caso hay estructura del contenido: lo que varía es el *grado* de conformación en el nivel del significante. Esto nos permite hacer divisiones arbitrarias, cómodas para la descripción, tanto entre lexicología y gramática como entre variantes no formalizadas en el significante y variantes formalizadas en el significante, o variantes de expresión; pero estas diferencias son sólo de grado, no de cualidad, y no afectan al sistema semántico en cuanto tal, sino a su expresión externa, a los mecanismos superficiales. Tanto las formas gramaticales como las léxicas tienen un contenido que afecta a sus posibilidades de relación; tanto las variantes de expresión de una forma de contenido, como las variantes de contenido sin expresión diferenciada, implican sólo la variación de una magnitud semántica fundamental o invariante: podremos darle un nombre a cada tipo, pues corresponden a distintos niveles de la estructura de una lengua; lo que no podremos hacer es considerarlas como cosas en esencia distintas.

No hay que confundir la identidad con la mera semejanza (es decir, la identidad lingüística con la asociación subjetiva): dos unidades pueden ser semejantes y no ser la misma ('herir'/'matar', 'inteligente'/'listo', o, en alguna lengua funcional, [h-] y [-h]), o ser desemejantes y ser la misma *(estatura- nivel- alzada, senex- vetus- vetulus*, o, dialectalmente, [-h] y [-s]). En las unidades de contenido, que tienen dos caras, el problema de las semejanzas y desemejanzas puede confundir, como hemos visto, por esa misma razón. Ya creemos haber resuelto, basándonos en el criterio de identidad, llevado a sus últimas consecuencias, interrogantes clave para la teoría semántica: ¿el *dar* de nuestros ejemplos es igual, semejante o diferente? ¿el *inteligente* de *niño inteligente* y *razonamiento inteligente* es igual, semejante o diferente? ¿el *despierto* de *está despierto* y *es despierto* es igual, semejante o diferente? Está claro que la identificación o diferenciación de los signos —unidades semánticas— no puede tener otra base que la puramente semántica: el significante no es aquí más que un mecanismo diferencial al servicio de los hechos semánticos y sólo merece atención desde este punto de vista en cuanto «procedimiento» técnico, pero no en cuanto dato para fijar la identidad o diferenciación de los signos, ni mucho menos para fijar su verdadero valor como unidades independientes.

Para la identificación de unidades debe haber coincidencia en la sustancia y en la estructura funcional (que no quiere decir coincidencia en la «posición»), es decir, poseer la misma sustancia formalizada (aunque, por ejemplo, dialectalmente [-h] y [-s] se identifican a pesar de conformar sustancias diferentes, porque de todas formas pueden sustituirse mutuamente sin alterar el valor del enunciado), y poseer la misma función, entendiendo ésta como las relaciones internas que contrae con otras unidades tanto sintagmáticamente como paradigmáticamente. Si se identifican en la estructura funcional *senex, vetus* y *vetulus*, cabe suponer que poseen la misma función semántica y la misma función sintáctica —determinar sustantivos—, lo que no tiene que ver con el hecho de que cada uno de estos términos sea seleccionado sintagmáticamente frente a los otros *desde fuera:* eso no afecta a su estructura interna, sino a un mecanismo distribucional exterior a ellas mismas. Su función sintagmática es idéntica, es decir, no deriva del esquema sintáctico, sino de factores semánticos insertados en ese esquema. Lo mismo podemos decir de *altura, estatura, nivel* y *alzada.* Si se identifican [-h] y [-s] es porque poseen igual función en cierto inventario: fuera de él ya no podrían identificarse, porque función y valor serían diferentes (acarrean un cambio de contenido), *r̄óha / r̄ósa.* Valor y función no pueden separarse y parece conveniente partir de la función: sólo se identificarán elementos que posean la misma función general, aunque sus contextos concretos no puedan ser absolutamente coincidentes, pero sí las funciones de los elementos contextuales: por eso se identifican en nuestros ejemplos [-h] y [-s], pero no [h-] y [-h]. Por lo mismo es incorrecto, como he demostrado en otro lugar[1], tratar de establecer la diferenciación sobre la base de una supuesta identidad funcional entre una determinada preposición y una correlativa preposición «cero», comparando dos contextos como *chupar de la pipa* y *chupar la pipa*[2]. Aquí la función de *de* no es la misma que la de su ausencia, porque los contextos, superficialmente idénticos, son estructuralmente diferentes, esto es, son dos esquemas sintácticos diferentes —dos significantes diferentes—. La cosa queda fácilmente demostrada al sustituir los complementos por referentes pronominales: *chupar de ella/chuparla.* Y si las funciones son enteramente diferentes no cabe querer hacer descansar la diferencia entre ambas frases en la presencia o ausencia de la preposición: la diferencia descansa aquí en primer lugar en la diferencia de las dos estructuras de frase y, consecuentemente, en las relaciones funcionales que se dan en su seno, y, en segundo lugar, en que el *chupar* de la primera *no es* el mismo signo que el *chupar* de la segunda: no hay tampoco aquí identidad (el español distingue por medios arbitrarios —no responsables «lógicamente»— dos signos distintos, *chupar* y *chupar de*, que no son,

---

[1] Vid. «Notas para un estudio de las preposiciones españolas», ya citado.
[2] Vid. M.ª Luisa López, *Problemas y métodos en el análisis de preposiciones*, Madrid, Gredos, 1970.

desde luego, meras variantes combinatorias, aunque pudiera parecerlo si sólo considerásemos el punto de vista del significante, de la misma manera que, como hemos visto, no lo son las dos ocurrencias de *despierto*, en *está despierto* y *es despierto*). Identificación y diferenciación sólo podrán establecerse, pues, sobre la base de la unidad funcional. Podremos establecer la diferenciación de invariantes cuando la alternancia de éstas *en el mismo contexto concreto* y en la misma función sea por sí sola capaz de producir una diferencia de sentido en el enunciado. Hablaremos, en cambio de variantes, cuando, manteniéndose las mismas funciones abstractas en el enunciado y la identidad estructural de éste, la diferencia se deba al cambio de elementos concretos dentro del enunciado, esto es, al cambio de valor de los elementos del entorno.

Sólo en el primer caso podrá hablarse de invariantes, *porque la diferencia dependerá exclusivamente de ellas mismas:* estará en ellas y no en factores externos a ellas. En el caso de las variantes, en cambio, al haber aparecido otros factores en el contexto, la diferencia podrá achacarse a ellos. Una invariante será siempre un elemento —de significante o de significado— sobre el que descanse una parte del valor total del enunciado en que se encuentra, es decir, un elemento que, al ser sustituido por otro cualquiera que no sea una variante suya, cambie el valor del enunciado (se entiende, su valor denotativo; no los cambios de matiz, imprecisables, que pueden surgir de cualquier modificación irrelevante). Naturalmente, se presupone que los signos del contexto sean los mismos y, por supuesto, la identidad estructural de éste (recordemos la incoherencia estructural de los contextos mencionados más arriba: *chupar ø la pipa/chupar de la pipa*, en los que *la pipa* cumple una función distinta y en los que el significante *chupar* recubre dos signos diferentes). Las invariantes sólo podrán ser reconocidas si se cumplen esas condiciones: el mismo contexto *concreto*, y la misma estructura funcional del contexto. Por el contrario, hablamos de variantes cuando la diferencia obedece a una variación de los elementos concretos del contexto, *permaneciendo idénticas las funciones de éste:* la diferencia, por ejemplo, entre *senex* y *vetus* depende de una variación de los sustantivos concretos —el cambio de unos por otros— pero no de sus funciones *(senex* se cambia por *vetus*, por ejemplo, si el sustantivo regente es primero *homo* y luego *urbs)*. Así diremos que *dar* y *entregar* representan dos invariantes distintas en *el niño me dio el libro* y *el niño me entregó el libro*, porque siendo iguales los con-

83

textos y su estructura sintáctica —y, quizá, aun igual, lo denotado en una situación concreta—, *entregar* supone 'poner algo en poder de otro', es decir, una 'transmisión de poder', mientras que *dar* es indiferente a tal matiz, aunque lo admita como una de sus posibles variaciones. Ello resulta visible cuando el sentido de 'transmitir el poder', se hace predominante, al variar un elemento concreto del contexto, aunque no su función: lo normal sería, en todo caso, *me entregaron el preso*, frente al poco probable *me dieron el preso*. Lo que es variación posible de *dar* en ciertos contextos, es rasgo definidor de la invariante *entregar*. En cambio, diremos que *altura* y *estatura* son variantes en *la altura del niño* y *la estatura del niño*, porque la diferencia no supone ningún cambio de valor en los dos sintagmas: sólo hay un cambio de matiz, derivado de que los contornos de *estatura* frente a los de *altura* implican el rasgo contextual 'para personas'. Esto permite que, sin variación fundamental en el contenido de estos elementos, podamos identificarlos en contextos diferentes, siempre que las funciones permanezcan idénticas: *la altura del árbol* y *la estatura del niño*. La diferencia entre *dar* y *entregar* en los ejemplos citados dependía exclusivamente de los signos mismos, no de sus contextos, que, a lo sumo, podían servir para establecer los límites de las posibles variaciones semánticas de un signo determinado. La diferencia entre *altura* y *estatura* no depende propiamente de ellos mismos, sino de sus contextos. Es la variación de algún elemento concreto del contexto lo que acarrea la diferencia semántica: pero ésta es una diferencia de contextos, no de las unidades en cuestión. La diferencia entre *dar* y *entregar*, confusa en los primeros ejemplos, resulta clara en los segundos. Sin embargo, en cada pareja los contextos han permanecido idénticos: para que *me dieron el preso* se iguale a *me entregaron el preso* sería necesario añadir algo así como «para que me encargase de su custodia». Es evidente que el cambio de *libro* por *preso* determina dos variantes semánticas de *dar*, de la misma manera que el cambio de *árbol* por *niño* determina dos variantes de 'altura'; sólo que en el primer caso se trata meramente de variantes de contenido y en el segundo de variantes de expresión correlativas de variantes de contenido. Pudiera pensarse, a la vista de todo esto, que la relación entre *dar/entregar* y la de *altura/estatura* son similares y que en todo caso se trata de diferencias determinadas por el contexto: tanto en *la altura/estatura del niño* como en *dar/entregar el libro*, las diferencias son evidentemente de «matiz». Sin embargo, en los contextos más diferenciados la cosa cambia radicalmente. En *la altura/estatura del árbol*, estatura queda excluida por razones mecánicas (no puede combinarse con 'cosa'), mientras que en *dar/entregar el preso*, ningún elemento queda excluido por tales razones: es aquí el sentido «pragmático» el que hace «improbable», pero no imposible el uso de *dar*, ya que en la vida real no es usual la transmisión de una persona, pero sí la transmisión del poder sobre ella. Por otra parte, la repetición sintagmática del rasgo distintivo de una invariante deberá percibirse como redundante e innecesaria, al tiempo que la misma repetición con una variante resulta por lo general no ya redundante, sino necesaria. Sería redundante 'de la cabeza' junto a *cabello* (sólo parece posible cuando se quiera diferenciar «partes»: *el cabello de sus sienes);* pero es prácticamente necesario añadir la referencia 'persona' a *estatura: la estatura del niño, su estatura*, etc. Si no se pone, es que se ha sobreentendido.

Los límites en la lengua y en la realidad

Para cualquiera está claro que desde hace algún tiempo estamos tropezando con una dificultad verdaderamente grave. Se trata de la diferencia que parece necesario establecer de una manera clara entre valor semántico, o significado, y matiz. Por el momento basta con incluir lo primero en el concepto de invariante y lo segundo en el de variante. Pero ¿hay realmente una diferencia cualitativa entre lo uno y lo otro? ¿No se trata en el fondo de diferencias de sentido? ¿Hasta dónde estamos dentro de los límites de un valor, de una forma, y cuándo nos encontramos ante matices de ese valor? Es evidente que aunque la respuesta a esta pregunta sea difícil y quizá imposible, valores y matices son dos cosas diferentes que si bien no son fáciles de definir, sí son fáciles de mostrar como hechos indiscutibles. Si no hubiera valores, es decir, entidades perfectamente delimitadas, sería de todo punto imposible la existencia de una lengua. Podrá decirse que estos valores no están «explícitamente» definidos, pero sí implícitamente diferenciados, ya que constituyen un conjunto finito que puede ser perfectamente manejado y memorizado por los hablantes. Sin embargo, es evidente que el número de sentidos —matices— que puede tener cada unidad implícitamente delimitada, esto es, conocida en todas sus posibilidades de empleo, es realmente infinito. La razón por la que un hablante nativo es capaz de comprender las infinitas ocurrencias de nuestro polisémico *dar*[1] tiene su explicación en el hecho de que tal multiplicidad de matices responde a unas pocas reglas, perfectamente conocidas por los hablantes, y, por tanto susceptibles de ser fácilmente memorizadas: ningún hablante recuerda todas las ocurrencias de este verbo, oídas por él. Está claro que si es capaz de reconocerlas

---

[1] Julio Casares hablaba de unas cinco mil acepciones registradas en los ficheros de la Academia (vid. *Introducción a la lexicografía española*, Madrid, 1950).

todas y aun de reconocer las que aún no se han producido es porque maneja un mecanismo que le permite distinguir entre valor, como factor constante, y matiz, como factor variable. Valor y matiz existen, pues, como hechos indiscutibles: otra cosa es que nosotros, con nuestros instrumentos conceptuales, no seamos capaces de definir lo uno y lo otro, es decir, de distinguirlos[2]. Por valor podemos entender, provisionalmente, el conjunto de los matices que una comunidad hablante identifica como una sola y única cosa; es decir, el límite donde dos matices se perciben como cosas diferentes. Esto nos lleva de nuevo a algo que queríamos evitar: la definición acumulativa de las unidades como suma de todas sus variaciones posibles y no como suma de los límites de la variación. El problema está planteado ya desde hace tiempo en la teoría semántica: ¿dónde están los límites?, ¿es que las unidades están «mal definidas», en el sentido de que no se pueden prever sus usos o apariciones en el decurso lingüístico, o es que su delimitación está implícita, y, por tanto, no es previa, sino dependiente y «posterior», en cierta medida, a las relaciones que contraen en el sistema lingüístico? «Incluso esta realidad esquemática, "casa" —nos dice Baldinger—, nos introduce de lleno en la problemática. ¿Dónde está, por una parte, el límite con respecto a "cabaña" y, por otra, el límite con "palacio"? "Cabaña", "casa", "palacio" son esquemas de representación, que parecen resumir cada uno, jerárquicamente, un trozo de realidad. En alguna parte, dentro de la realidad, existiría el límite entre "cabaña" y "casa", entre "casa" y "palacio". Pero este "alguna parte" no puede determinarse con la precisión de una línea, sino como una zona límite o zona de transición. Un límite que no es límite tiene algo desagradable para un científico, que se ve obligado, *ex officio*, a marcar los límites. ¿No sería posible, al menos, fijar los límites estadísticamente? Llevamos a cien personas ante una casa corriente, y todos estarán de acuerdo en que se trata de una "casa". La estadística funciona.

Pero en cuanto llevemos a esa misma gente a esa zona límite de la realidad surgirá la discusión»[3]. Es evidente que tratar de buscar los límites del significado en las relaciones entre lenguaje y realidad

---

[2] De todas formas, es una distinción que se corresponde exactamente con la que Saussure establecía entre *langue* y *parole*, y, sin duda, con la que Chomsky separa *competence* de *performance*.
[3] Vid. *Teoría semántica*, Madrid, 1970, págs. 46-47.

es una empresa quimérica, porque los términos de un sistema lingüístico no están nunca bien definidos, si salvamos las terminologías científicas o técnicas. Los límites sí existen, pero no hay que buscarlos por ese procedimiento infantil, ni radican en la naturaleza de las oposiciones que les sirven de base. Una misma relación estructural entre signos puede conformar varias sustancias diferentes. Los límites semánticos están fijados en cada sistema lingüístico, pero no pueden extraerse de la confrontación de lengua y realidad. Los límites existen en la lengua, sin duda, y es posible que en la realidad también, pero se trata de cosas distintas: están claros en la lengua con respecto a la lengua misma; están claros en la realidad con respecto a la realidad misma, siempre que, en este último caso, hayan sido objetivamente definidos, como ocurre en el ámbito de las terminologías técnicas. Ahora bien, la concordancia de la lengua con la realidad no puede servir de criterio para establecer límites semánticos. Los signos, los esquemas sintácticos, marcan evidentemente unos límites en el contenido, pero la relación de éstos con la realidad corresponde siempre a actos subjetivos, a la *parole* de Saussure o a la *performance* de Chomsky: dependen siempre de apreciaciones individuales en las que el número de factores decisivos es prácticamente incontrolable. La idea, pues, de la imprecisión de los límites semánticos de los signos corresponde a una ingenua creencia, en la que subyace el pensamiento de una relación entre lengua y realidad o entre lengua y verdad: sólo en esta relación son imprecisos los límites semánticos (salvo en el caso de las terminologías científicas), pero no en el seno de las relaciones internas dentro del sistema. Así, por ejemplo, *frío* tiene un significado impreciso si tratamos de establecerlo sobre la base de sus usos concretos por las personas: si recurrimos a la encuesta podremos encontrar que, para una zona determinada, este término corresponde a la expresión de experiencias térmicas de esta o aquella cuantía. Pero concluir que el resultado obtenido es su significado supone el desconocimiento más absoluto de los rudimentos de la semántica. Tal resultado no pasa de ser una experiencia y corresponderá, por ello, a la *performance*, a la *parole;* pero, desde luego, no nos dirá *nada en absoluto* del valor lingüístico del término *frío*. Por la confrontación lengua-realidad sólo sabremos cuándo emplean o suelen emplear esa palabra los habitantes de tal o cual lugar. El valor de *frío* no se puede medir con relación a la realidad, salvo que quisiéramos hacer de él un término técnico, previamente definido. El significado no será 'tantos o cuantos grados'; sino simplemente un valor abstracto, engarzado en unas relaciones internas de equilibrio con una serie de unidades del sistema lingüístico a que pertenece: es, por ejemplo, el antónimo de *caliente;* está en relación gradual con *fresco*, etc. Todos estos valores se encuentran así perfectamente delimitados internamente, es decir, implícita y no explícitamente, lo que supondría una definición previamente acordada. *Los valores son, pues, exactos y precisos;* sólo que esta precisión no hay que buscarla en las circunstancias personales de la actuación de los hablantes en relación con sus experiencias concretas, ni, mucho menos, en los objetos reales. Si los signos no tuvieran la precisión delimitativa que realmente tienen, el manejo de un sistema lingüístico sería imposible, porque entonces la imprecisión estaría en la competencia de todos los hablantes —cuyo número sería igual al de los sistemas lingüísticos— y no en la *performance*, que por su propia naturaleza ha de diferir constantemente de hablante a hablante y de situación a situación. También en el terreno de la semántica, la lengua puede y ha de ser considerada en sí misma como un sistema de valores y no como un sistema de matices que resultan de la referencia a la realidad, de su propia función referencial. Claro está, sin embargo, que el hecho de considerar la lengua en sí misma no debe implicar la ignorancia de las sustancias en que toda lengua se manifiesta: ni la fonología ni la semántica podrán hacer nunca abstracción de las sustancias correspondientes. El hecho de que unas sustancias miren más hacia el mecanismo interior de la lengua —el contenido de los morfemas gramaticales, por ejemplo—, mientras otras guarden una relación más directa con el mundo exterior, no significa nada, porque en todo caso se tratará de una especial organización del contenido, definible por sus relaciones internas y no por sus relaciones externas con los conceptos, que son las imágenes mentales de las cosas. Los conceptos, que también son convencionales, tienen por objeto establecer entes ideales unívocos dentro de una determinada concepción de la realidad.

Conjuntos abiertos y cerrados

A Hjelmslev ya le asustaba ese carácter pretendidamente abierto del léxico[1] y la idea, con variantes, se ha mantenido hasta hoy. Así como los hechos fónicos están ahí y pueden ser comprobados con relativa facilidad, los de la semántica, por estar implicada la experiencia del mundo y la intuición de la realidad, parecen escapar a tal clase de comprobaciones. Sin embargo, es sabido, incluso, que a veces resulta difícil decidir acerca de cuál es la propiedad distintiva de un fonema (piénsese, por ejemplo, en la oposición española b/p[2]: ¿se diferencian como sonora/sorda, como fricativa/oclusiva o como ambas cosas a la vez, o alternativamente?), lo que nos hace pensar igualmente en imprecisiones de límites, por supuesto, si los hechos se miran desde fuera y objetivamente: desde dentro no hay problema: las relaciones de equilibrio funcional no dejan lugar a dudas.

La imprecisión aumenta, como es de suponer, en el terreno de lo estrictamente gramatical —¿dónde están los límites «precisos» entre *canté* y *he cantado*?— y llega al extremo en el terreno de lo léxico, donde curiosamente, por otra parte, el lenguaje de la técnica representa el ideal de precisión, ajeno a cualquier otro sector de la lengua. Por eso no hay duda de que Mounin se equivoca lamentablemente cuando afirma que «la semántica es la parte de la lengua en que más visiblemente se pasa desde estruc-

---

[1] Vid. «Dans quelle mesure les significations peuvent-elles être considérées comme formant une structure?», en *Proceedings of the Eighth International Congress of Linguistics*, Oslo, 1958, págs. 636-654.

[2] La tendencia a la desfonologización del contraste sonoro/sordo es vieja en español y sigue conservando su vitalidad. Su consecuencia es la alteración de los presupuestos distintivos en el sistema consonántico, en este caso, la sonorización de sordas. Vid. para k/g, G. Salvador, «Neutralización de g-/k- en español», en *Actas del XI Congreso Internacional de Lingüística y Filología Románicas*, Madrid, 1965, págs. 1739-52; y, para š̬/y, R. Trujillo, *Resultado de dos encuestas dialectales en Masca*, La Laguna, 1970.

turas lingüísticas cerradas a las estructuras siempre abiertas de la experiencia; en que se pasa desde la lingüística al mundo nolingüístico, a la lógica de una experiencia del mundo. La semántica es la parte de la lingüística en que la fórmula de Saussure es falsa, la parte en que la lengua no puede ser considerada en sí misma, porque es la parte por donde se pasa incesantemente desde la lengua al mundo, y desde el mundo a la lengua»[3]. Se trata del mismo error de enfoque: las imprecisiones siempre se dan en la confrontación de lengua y realidad, de sistema y habla, de *competence* y *performance*, de *langue* y *parole*, nunca en el sistema mismo de valores[4]. Lo que ocurre es que con esos valores expresamos nuestras experiencias individuales y la correlación entre lo uno y lo otro implica una serie de ajustes y desajustes en que la lingüística en cuanto tal no puede entrar, porque sería meterse en el análisis de los mecanismos psicológicos que determinan la elección de los distintos signos y esquemas sintácticos en cada situación concreta. La diferencia, pues, entre *valor* y *matiz*, entre invariantes y variantes, está perfectamente clara, si se mira desde el lado lingüístico, pero no si se mira desde el lado de las sustancias a que el signo remite —las que conforma el significante o las que conforma el significado—: por eso no puede decirse que, en semántica sea falso el principio saussureano de inmanencia. Este principio, como regla operativa, afecta al *modo* de tratar los hechos lingüísticos; no a la esencia misma del proceso del habla. En el fenómeno del lenguaje hay constantes y variables, valores y matices, pero el lingüista, al igual que el hablante, sólo puede conocer constantes y valores: lo demás no lo «conoce»; lo «reconoce». Y reconocer un enunciado no quiere decir otra cosa que identificar los valores que operan en él y relacionarlo con las circunstancias concretas que resultan del contexto y de la situación. Pero es obvio que esta última operación sólo es posible si se conocen de antemano los valores, sean de signo individual, sean de signo sintáctico.

El valor es constante y, desde el punto de vista semántico, representa el contenido formal de un signo —aunque es preciso

---

[3] Vid. *Los problemas teóricos de la traducción*, Madrid, 1971, pág. 166.

[4] Parece imposible que, después de tantos años, haya profesionales de la lingüística que no han comprendido cabalmente aún el alcance de la distinción saussureana entre *langue* y *parole:* las unidades de la lengua no se confunden; sólo los datos físicos de la realidad, con la que un mensaje lingüístico pueda estar ocasionalmente relacionado.

no olvidar que puede haber varios signos representados por un solo significante o un solo signo representado por varios significantes—: su definición puede hacerse, como hemos visto, de dos maneras. Una, acumulativa, que reúne todos los matices y variantes registradas, siempre que toda esa diversidad sea captada por una comunidad hablante como una misma y única cosa; otra, restrictiva, que reúne sólo las propiedades comunes a todas las variantes registradas y desecha las propiedades variables o, al menos, las registra señalando sus circunstancias concretas de aparición. Nosotros preferimos, naturalmente, la definición restrictiva, que, en el plano de la expresión ha usado la fonología tradicional, y que representa lo contrario de lo que han hecho nuestros diccionarios en el plano semántico, no solamente al no distinguir entre signos distintos —que aparecen como «acepciones»— correspondientes al mismo significante, sino al limitarse a acumular, uno tras otro, los sentidos más frecuentes —matices— recogidos en los textos, sin distinguir entre identidad y diferenciación. La información que presta un diccionario de este tipo, además de ser caótica, sólo puede servir, a veces con gran esfuerzo, para *descodificar* mensajes (siempre que se conozca bien la lengua, claro está), nunca para *codificarlos*. Un diccionario así no representa la competencia léxica de los hablantes (no explica cómo éstos pueden operar adecuadamente con los elementos, en los esquemas sintácticos) y no puede ser, por tanto, el componente léxico-semántico de una gramática que pretenda pasar por la imagen perfecta del saber lingüístico de los hablantes. Por todo esto, cualquiera que haya de ser el enfoque que se quiera dar a la teoría lingüística, no habrá más remedio que definir todos y cada uno de los valores —invariantes— que operan en una lengua: sin esta etapa descriptiva previa no podrá haber ni lingüística descriptiva ni lingüística generativa que se precie de ser coherente con sus postulados. Al fin y al cabo una lingüística generativa requiere, para empezar, una descripción exhaustiva de las reglas sintácticas, semánticas y fonológicas, que aplica el hablante nativo para construir frases «bien formadas»[5] (es decir, aquellas que es capaz de distinguir de las «mal formadas», que él también construye dejando medio descalabra-

---

[5] Usamos este término para «entendernos», en la plena conciencia de que es, científicamente, un disparate: siglos podrían estar los lingüistas discutiendo sobre lo que caracteriza a lo «bien formado».

dos los conceptos de «bien» y «mal formado»): pero esto supone la delimitación previa de todos los valores formalizados en una lengua y no, desde luego, la previsión de todos los matices que se puedan presentar en la *parole* o *performance*. Hay que evitar, por ello, la creencia, resucitada, en una gramática universal, de la que las gramáticas particulares no fueran más que manifestaciones secundarias, porque esto nos llevaría sólo a una teoría de la traducción interlingüística, pero haría olvidar las peculiaridades propias e intraducibles que las reglas de transformación aportasen, muy a su pesar. Con esto no quiero decir que no hayan de tenerse en cuenta los supuestos universales sobre los que descansan las lenguas, sino que debemos dejar a los lógicos lo que les corresponde y evitar estos ridículos intrusismos que no nos han llevado a ninguna parte. Es, por otro lado, evidente que la semántica es la más general de las disciplinas lingüísticas, y, por tanto, la más propensa a aventuras universalistas, lo que no quiere decir que su objeto hayan de ser los tópicos ya manidos que reaparecen constantemente en la mayoría de los manuales y trabajos que tratan de esta materia. De momento sólo puede afianzarse la teoría y trabajarse intensamente en el análisis concreto del léxico de las lenguas naturales, olvidando un poco la palabrería de los intrusos, ya que bajo el rótulo de *semántica* o de cosas semejantes están apareciendo en el mercado los engendros más descabellados.

El método de la conmutación en semántica

El método que postula Hjelmslev para delimitar las invariantes frente a las variantes es el de la conmutación: «habrá dos invariantes del contenido diferentes si su correlación tiene relación con una correlación de la expresión, y no en otro caso»[1], y lo mismo, naturalmente, para las invariantes de expresión. Para Hjelmslev este método no sólo lleva a la identificación de las invariantes, es decir, cuáles y cuántas son, sino a descubrir la estructura interna de éstas, y no solamente en el plano de la expresión, donde ya este tipo de análisis se había practicado, sino también en el del contenido: «es una consecuencia lógica inevitable —nos dice— que esta prueba de cambio pueda aplicarse al plano del contenido, y no únicamente al de la expresión, *y deba permitirnos registrar las figuras que componen los contenidos del signo*[2]. Exactamente igual que en el plano de la expresión, la existencia de figuras será únicamente la consecuencia lógica de la existencia de signos. Cabe predecir, por tanto, con certeza que tal análisis puede llevarse a cabo. Y cabe añadir además que llevarlo a cabo es de suma importancia, porque es un requisito previo necesario para lograr una descripción exhaustiva del contenido. Tal descripción exhaustiva presupone la posibilidad de explicar y descubrir un número ilimitado de signos, también con respecto a su contenido, con la ayuda de un número limitado de figuras. Y la exigencia de reducción ha de ser la misma en este caso que en el plano de la expresión: cuanto más reducido podamos hacer el número de figuras del contenido, tanto mejor podremos satisfacer el principio empírico y su exigencia de máxima simplicidad»[3]. Es evidente, pues, que el método propugnado

---

[1] *Prolegómenos*, XIV.
[2] Subrayamos nosotros.
[3] *Prolegómenos*, XIV.

va más allá, o al menos lo intenta, del mero descubrimiento de las invariantes: va a ser el método que permita descubrir la esencia de éstas, objetivo logrado evidentemente por la fonología, pero no desde luego por la gramática ni por la lexicología. El mismo Hjelmslev señala, para su tiempo[4], que tal tipo de análisis no se ha intentado siquiera (lo cual no es enteramente cierto, pues la gramática y la lexicografía tradicionales habían alcanzado notables logros, aunque, bien es verdad, sin una base teórica sólida). Para nuestro tiempo, podemos decir, por el contrario, que sí se ha intentado ya este tipo de análisis, y que hay trabajos realmente notables. Lo que sí puede decirse, sin embargo, es que aún hoy sigue faltando, no ya una preocupación teórica, que, en ocasiones es incluso excesiva, sino una base doctrinal homogénea, unos postulados básicos generales, válidos para toda la investigación semántica: hasta la fecha puede decirse que esta base común falla y que todo se queda en el terreno de las especulaciones más variadas. Así como son ya muchísimos los trabajos semánticos de índole teórica, resultan rarísimos los trabajos concretos sobre la estructura semántica de una lengua determinada, y no hablo de la estructura total de una lengua, sino del estudio de estructuras parciales. La mayoría de los trabajos que existen dentro de esta línea no pretenden realmente dar cuenta de los hechos semánticos pura y llanamente, sino probar mediante ejemplos concretos, y a veces ingeniosamente seleccionados, alguna teoría casi siempre apriorística.

Alarcos nos dice que «se llamará *conmutación* a una correlación de cualquiera de los dos planos que tenga relación con otra correlación en el otro plano [...] El método para distinguir entre variante e invariante se llamará prueba de la conmutación»[5]. El sentido es el mismo que el de la definición de Hjelmslev: «a la correlación en un plano que, de este modo, tenga relación con una correlación en el otro plano del lenguaje la llamaremos *conmutación*»[6]. Distingue luego Hjelmslev entre *conmutación* y *permutación:* «igual que podemos imaginar una correlación y un cambio dentro de un paradigma que tengan relación con una correlación correspondiente y con un cambio correspondiente dentro de un paradigma del otro plano de la lengua, así también

---

[4] *Op. cit.*
[5] Vid. *Gramática estructural*, párr. 23
[6] *Prolegómenos*, XIV.

podemos imaginar una relación y un cambio dentro de una cadena que tengan relación con una relación y con un cambio correspondiente dentro de una cadena del otro plano; en tal caso hablaremos de *permutación*. Con frecuencia se advierte una permutación entre signos de extensión relativamente amplia; incluso es posible definir las *palabras* como signos permutables mínimos [...] *Conmutación* será, por tanto, una mutación entre los miembros de un paradigma, y *permutación* una mutación entre las partes de una cadena»[7]. La conmutación sólo puede darse entre los miembros de un mismo paradigma, es decir, entre aquellos elementos que se caracterizan por poder alternar exactamente en el mismo contexto (entendiendo por contexto no sólo la mera sucesión de significantes en un orden determinado, sino también las mismas relaciones sintácticas entre ellos). Si dos elementos no son conmutables entre sí, puede ser por dos razones: a) porque pertenezcan a paradigmas distintos, o b) porque, aun perteneciendo al mismo paradigma, sean simplemente variantes de una misma unidad. «Las invariantes —nos dice Hjelmslev— [...] son correlatos con conmutación mutua, y las variantes, correlatos con sustitución mutua.»[8] Si dos elementos no tienen conmutación pueden ser tanto invariantes como variantes, bien porque pertenezcan a paradigmas diferentes, bien porque dentro del mismo paradigma no se diferencien, es decir, no contraigan función entre sí, cosa que sólo ocurre con ciertos tipos de variantes.

Ahora bien, como sabemos, dos variantes pueden no ser intercambiables entre sí, cosa que ocurre por lo general con las llamadas combinatorias: *senex* y *vetus* no conmutan, ni se intercambian normalmente: sólo se sustituyen en contextos diferentes. Para el estructuralismo más ortodoxo, la condición esencial para determinar dos invariantes en su relación mutua —y ésta pareció ser la única forma viable— ha sido su capacidad de conmutar, es decir, de intercambiarse en un mismo contexto, alterando el valor —no el matiz— de éste. El hecho de que dos invariantes no conmuten por pertenecer a paradigmas diferentes no resultaba útil, metodológicamente, para determinar su valor (que resulta, en cierto modo, de su relación en el mismo paradigma). De ahí que sólo nos interese metodológicamente la conmutación en cuanto que nos sitúa ante unidades de valor semejante —aunque

---

[7] *Prolegómenos*, XIV.
[8] *Prolegómenos*, XIV.

no igual— y nos permite comprobar la diferencia relativa entre las invariantes, esto es, su exacto valor [9]. Sin embargo, la mera diferencia de dos unidades no nos dice que sean invariantes en relación mutua, es decir, comparables, lo mismo que la mera identidad accidental tampoco nos dice nada. Ya vimos el ejemplo de *canto*, que representa dos invariantes que no tienen conmutación *(yo canto bien* frente a *yo cojo un canto)*. Por ello, afirmaba Alarcos que «no basta la prueba de la conmutación para decidir si nos encontramos ante una sola o varias magnitudes lingüísticas invariantes. Hay que observar también las dependencias paradigmáticas y sintagmáticas de la magnitud considerada. En latín, por ejemplo, *is* puede ser «segunda persona del presente de indicativo del verbo *ire*» y, además, desinencia de «dativo-ablativo» plural de un nombre de la segunda declinación; no por tener estos dos contenidos una única expresión los consideramos como una sola magnitud, ya que si examinamos sus dependencias en el sistema y en el decurso veremos que una «segunda persona singular del presente de indicativo» tiene en otros casos una expresión diferente del «dativo-ablativo» plural (por ejemplo, en *amas* y *laudibus;* y así, son dos magnitudes diferentes). En español, *el* (ortografía: el, él) puede ser «artículo masculino singular» y «pronombre personal masculino de tercera persona»; pero no es una sola magnitud, porque si cambiamos en el contenido el elemento «masculino» por el elemento «femenino» quedan diferenciados en la expresión: *la* y *ella*» [10]. A pesar de lo que nos había dicho poco antes, Alarcos reconoce que dos signos pueden ser distintos, aun teniendo el mismo significante y que esto, claro está, no se dilucida por la prueba de la conmutación. El criterio se complementa con la consideración de que las posibles igualaciones en la expresión son sólo hechos accidentales: aunque

---

[9] Recordemos que en la fonología, el único logro completo del estructuralismo clásico, el método más acertado para establecer el valor de un fonema consiste en oponerlo a aquellos otros de los cuales se diferencia: es la comparación entre ambos la que arroja las diferencias concretas que constituyen al fin y al cabo sus componentes o, si se quiere, su esencia. La conmutación no es más que una técnica de comparación entre unidades de igual función, para determinar las diferencias específicas. Como método, indudablemente, su eficacia no puede ir más allá de las unidades que sean en sí mismas objetivamente mensurables, como los sonidos. Metidos en el mundo de los significados, la mensurabilidad pasa a ser una pura ilusión: ¿quién puede comprobar objetivamente entidades no físicas?

[10] Vid. *Gramática estructural*, párr. 38.

haya puntos en la cadena donde dos elementos puedan confundirse, éstos serán considerados, de todas formas, diferentes, si en otros puntos o posiciones del decurso se distinguen en el significante. Por eso le valen a Alarcos los ejemplos de *el, él/la, ella*, pero no el de los distintos valores de *canto*, porque éste, por más vueltas que le demos, no aparece con un significante diferenciado en ningún contexto para cada uno de sus sentidos específicos: tan *canto* es en *canto bien*, como en *cojo un canto*. Sin embargo, la cosa no es tan sencilla y las dificultades surgen por considerar simplemente al signo como una sucesión de figuras de expresión exclusivamente. Ya hemos indicado nosotros que significante y expresión no son cosas que pueden identificarse absolutamente: el significante puede estar sólo en la expresión, pero puede también incorporar componentes semánticos (recordemos nuestro ejemplo de *dar*), o estar, incluso, compuesto exclusivamente de elementos semánticos independientes de la naturaleza concreta de los signos particulares que componen una lengua, como ocurre en el caso de los esquemas o estructuras sintácticos.

Si bien *canto* no cambia de significante en ninguna posición para diferenciar sus distintos valores, podemos afirmar: a) que en uno de sus valores se puede convertir en *cantas, cantábamos, cantar, el canto (de los pájaros)*, etc., transformaciones que no admite el otro; b) que las relaciones sintagmáticas que admite uno las rechaza el otro: uno puede ser núcleo de un predicado en un esquema sintáctico, mientras que el otro no; y c) que las relaciones paradigmáticas que admite uno no las admite el otro, es decir, que son distintas: mientras el primero pertenece al mismo paradigma semántico que *canturrear, tararear*, etc., con los cuales contrae relaciones de oposición no ya sólo dentro de la categoría gramatical del verbo, sino dentro de una categoría mucho más restringida de los verbos que conforman una sustancia de contenido común, el segundo contrae relaciones paradigmáticas del mismo tipo con *guijarro, piedra, pedrusco*, etc., que pueden alternar con él. La diferenciación está, pues, bien clara: la confusión sólo es posible (extracontextualmente) bajo el significante aislado —secuencia de figuras de expresión— *canto*, pero hay una completa diferenciación desde el momento en que se introducen algunas modificaciones en su contenido, ya que éstas, por el hecho de implicar diferencias fundamentales de comportamiento, sirven de base a invariantes diferenciadas. Y si *canto* entra en dos sistemas de invariantes distintos, es evidente que implica dos signos distintos, diferenciados incluso en la expresión cuando se introducen ciertas diferencias semánticas adicionales sin variar el contenido fundamental. Por otra parte, además, los esquemas o estructuras sintácticos de uno y otro signo son también diferentes y ya hemos visto que los esquemas son significantes de signos a los que hemos llamado «sintácticos». La diferencia de significante es, pues, mírese por donde se mire, la misma que señala Alarcos para *el-él*, que varían y se hacen diferentes mostrando su diversa identidad, al producirse ciertas variaciones en sus relaciones, tanto sintagmáticas *(el día/la noche, salgo con él/salgo con ella)* como paradigmáticas *(el/un/este/, él/tú/yo,* etc.). La diferenciación no se produce, pues (o, en su caso, la identificación), en el mero nivel de la expresión: para identificar o diferenciar es necesario tener en cuenta factores semánticos que se muestran tanto en las relaciones paradigmáticas (dos elementos son o pueden resultar sinónimos o cuasi-sinónimos), como en las relaciones sintagmáticas (dos elementos pueden cumplir la misma función en un mismo esquema o estructura sintáctica, o pueden cumplir funciones diferentes, o ser compatibles con esquemas diferentes). Acierta Alarcos al afirmar que la prueba de la conmutación *no basta* para decidir sobre la identidad o diferenciación de unidades, aunque disentimos en cuanto al procedimiento apuntado por él, pero no desarrollado, según el cual la diferenciación existe en los casos de homonimia cuando se puede comprobar que en ciertas posiciones la diferencia reaparece bajo la forma de una diferencia de expresión. Para precisar estas ideas diremos que la diferenciación existe, *aunque el significante fonológico permanezca idéntico*, siempre que cambie el «instrumento» significante, entendiendo a éste no como una mera sucesión de fonemas —que también puede serlo—, sino como un mecanismo diferencial, en el que entran tanto factores de expresión como de contenido. Con esta precisión consideramos enteramente justo lo afirmado por Alarcos.

Parece indiscutible que la prueba de la conmutación —la única que hemos considerado hasta ahora— ha de reunir ciertos requisitos para que sea plenamente válida. Ya acabamos de ver que es en gran medida insuficiente, aunque sobre esto tendremos aún bastante que decir. La prueba de la conmutación es una prueba para determinar los elementos de un paradigma y su valor: todo lo que sea relación sintagmática escapa a su alcance. Por eso sólo es aplicable a aquellas magnitudes que puedan alternar en los mismos contextos[11], ya que si de tal prueba pretendemos obtener identidades y diferencias entre elementos de cualquier clase, será necesario que tales identidades o diferencias resulten *únicamente* de las unidades puestas en correlación. Si los contextos fueran diferentes, ya no estaríamos ciertos de que la diferencia (o identidad) emana exclusivamente del contraste de unidades puestas a prueba.

Podría ocurrir que fueran los contextos diferentes y no las unidades en cuestión los responsables de una determinada diferencia. Por ello afirmamos, como postulado esencial para la realización de esta prueba, que los contextos han de ser exactamente iguales, tanto en los elementos fónicos y su orden como en los elementos semánticos (han de tener el mismo valor y no valores diferentes como ocurre con los casos de homonimia) y en la estructura sintáctica, que también puede ser aparentemente igual y encubrir relaciones distintas, pues es un hecho conocido, y hoy muy aireado bajo rúbricas diversas, la existencia de homonimia sintáctica. Los contextos han de ser, pues, *concretamente* iguales y también sintácticamente —entendiendo por igualdad sintáctica, la identidad de relaciones contraídas por los signos que componen la secuencia—: no podremos conmutar, como es bien sabido, /a/ y /o/ en *canto* y *contó*, porque los contornos fónicos no son iguales: la relación acentual no es la misma en uno y otro contexto, como lo sería, por ejemplo, en *cantó/contó*, donde la diferencia sólo es imputable a la oposición fonológica a/o; tampoco podremos conmutar las magnitudes /falsa/ y /divulgada/ en el contexto *la noticia es...*, porque tal contexto aunque de aparente identidad sintáctica en ambos casos, es estructuralmente diferente. Digamos que se trata de un hecho de homonimia sintáctica: el esquema sintáctico —significante— es polisémico, puede recubrir signos, formas de contenido —relaciones en este caso—, diferentes. El esquema sintáctico (nombre, verbo copulativo, elemento adjetivo) admite, como vimos que le ocurría, por ejemplo, a *despierto*, sentidos enteramente diferentes, que no han de considerarse como meras variaciones de un solo contenido fundamental, sino como invariantes, ya que pueden ponerse en relación con estructuras diversas perfectamente diferenciadas en el sistema de la lengua. En el caso de *despierto* vimos que había dos signos que entraban en paradigmas diferentes *(despierto/*

---

[11] Dos elementos, A y B, conmutables en un determinado número de contextos, siempre dejarán de serlo en una proporción variable según los casos.

dormido; despierto/inteligente) y que se diferenciaban por distribuciones también diferentes, aunque en ciertos contextos fuese posible la ambigüedad. En el caso de *la noticia es divulgada* y *la noticia es falsa* ocurre exactamente lo mismo: en la primera, el predicado —el verbo en este caso— es *es divulgada* y puede aparecer perfectamente diferenciado al introducirse ciertos cambios permisibles en la forma *(divulgan* o *se divulga);* en la segunda, el predicado es *falsa* y no admite formas diferentes en hipotéticas construcciones equivalentes. Digamos que en el primer ejemplo la frase es una variante de significante —no de expresión— de *divulgan la noticia* (o, si se quiere, de 'agente divulga la noticia') por lo cual puede llevar un complemento preposicional que exprese al agente: *la noticia es divulgada por los periódicos*. Este complemento preposicional no es idéntico, pese a lo que afirma Alarcos a propósito de esta cuestión[12], al que podría aparecer en *la noticia es falsa por ciertos indicios*, ya que el significante *por* recubre aquí dos signos diferentes: uno que expresa la relación entre un verbo transitivo y su agente semántico (la relación entre *periódicos* y *divulgar*, o, si se quiere, entre *periódicos* y *divulgada*, relación que este signo expresa —en concurrencia con *de*— entre un participio transitivo y su agente semántico, de la misma manera que la relación con el objeto semántico —sujeto paciente— se expresa por la concordancia; y otro, que expresa una relación de causa con respecto a la totalidad de la cláusula. Por ello, la primera oración puede admitir los dos complementos diferentes —y sólo aparentemente iguales—: *la noticia es divulgada por los periódicos, por ciertos indicios*, mientras que la segunda sólo admite el último complemento, pero jamás el primero. La conmutación aquí no puede practicarse, porque aun siendo aparentemente iguales los contextos, no lo son realmente: su conformación interna es distinta y distintas las relaciones estructurales que implica, y distintos, por último, los mismos signos utilizados. Al conmutar en el mencionado contexto *divulgada* y *falsa* hemos cometido un error de método: hemos violado el postulado fundamental, expuesto más arriba, para la prueba de la conmutación (ser idénticos los elementos de expresión y su orden y ser idénticos los elementos semánticos y las relaciones sintáctico semánticas entre ellos): ni es igual la estructura de las relaciones

---

[12] Vid. «Pasividad y atribución en español», en *Estudios de gramática funcional del español*, Madrid, 1970.

sintácticas —sólo la apariencia del esquema—, ni es igual el signo *es divulgada* a los dos signos *es* y *falsa*, ni son iguales los dos signos recubiertos por el significante *por*, como muestra, no ya su distinto valor semántico, sino las distintas relaciones que contrae (rección por un participio transitivo de un término agente y rección por una cláusula de un complemento casual). Y con esto creemos que queda suficientemente ilustrado el empleo del postulado básico de la prueba de la conmutación. En nuestro ejemplo no son conmutables *falsa* y *divulgada*, de la misma manera y por las mismas razones que, según vimos, no eran conmutables *de* y una supuesta preposición «cero» en *chupar de la pipa* y *chupar la pipa*.

Conmutación y combinación

Dos unidades conmutan sólo en las condiciones que hemos descrito y únicamente cuando a su diferencia corresponda otra diferencia paralela en el plano opuesto. Ahora bien, una vez establecido que dos unidades perfectamente delimitadas pueden conmutar, surge un nuevo problema: ¿conmutarán siempre en todo contexto donde una de ellas pueda aparecer, entendiendo, naturalmente, que conserven su identidad, es decir, que se mantengan las mismas? Y digo manteniéndose la identidad, porque puede ocurrir que no se trate de las mismas invariantes en todos los casos, aunque los significantes individuales sean los mismos: *agudo* puede aparecer en contextos diferentes con identidades también diferentes: así, *persona aguda* frente a *flecha aguda*. Se trata evidentemente de signos diferentes: teóricamente, por el hecho de ser ambos adjetivos, podrían conmutar en los mismos contextos ya que el adjetivo es una clase paradigmática. Pero está claro que las oposiciones inmediatas que contrae cada uno de estos signos, sobre una base de identidad sustancial —que, según hemos visto, es la única manera de determinar su valor concreto y particular—, son diferentes: mientras que en el primer caso hay oposición inmediata con *inteligente, listo*, etc. (no la llamaremos «bilateral», porque la base de comparación no es sólo común para dos elementos, sino para algunos más, ni tampoco «multilateral», porque tendríamos que pensar en las oposiciones que contrae con el conjunto de todos los adjetivos posibles: preferiremos la denominación de oposición «homogénea» frente a oposición «heterogénea»), en el segundo la oposición inmediata es con *afilado, puntiagudo*, etc. En este caso, como en otros muchos, la identidad no se mantiene. Si hemos comprobado que *inteligente, agudo* y *penetrante* tienen conmutación *(hombre inteligente/agudo/penetrante)*, veremos, sin embargo, que habiendo contextos donde sólo son posibles *agudo* y *penetrante (flecha aguda/penetrante)*, no hay solamente conmutación defectiva, sino simplemente imposibilidad de conmutar, por tratarse de signos de diferente identidad, a pesar de la igualdad de los significantes concretos. En este caso diremos que hay dos paradigmas semánticos diferentes y que la conmutación se suspende: *inteligente* conmuta con dos signos que sólo aparecen en los primeros contextos, pero no en los otros, de la misma manera que en *persona aguda* y *flecha aguda*, *persona* no puede conmutar con *flecha*, porque el contexto es diferente: el *agudo* de la primera no es la misma cosa que el de la segunda. El problema que nos planteábamos era, pues: establecido que dos unidades perfectamente delimitadas conmutan, ¿podrán hacerlo siempre en todo contexto donde una de ellas sea posible? Hemos desechado ya el problema de las falsas identidades, al comprobar la posibilidad de que, guiándonos por la mera apariencia de los significantes, parezca que se trata de las mismas unidades: en efecto, hay contextos donde son posibles *agudo* y *penetrante*, con exclusión de *inteligente*, pero en los que tanto uno como otro son signos diferentes que los que conmutan realmente con *inteligente*. En este caso no se puede decir, naturalmente, que siendo posibles dos miembros del paradigma, queda excluido el tercero, porque realmente esos dos miembros del paradigma no son posibles, no son verdaderamente miembros de ese paradigma. Nuestro problema se refiere a los casos en que la conmutación deja de resultar posible entre miembros de un mismo paradigma semántico, manteniéndose estos miembros idénticos, es decir, manteniendo su identidad como invariantes. Es de suponer que estos casos de restricción conmutativa dependen del valor semántico de los elementos del contorno o del valor mismo del enunciado, es decir, de compatibilidades o incompatibilidades combinatorias de algún miembro del paradigma con los elementos del contexto.

Hace algún tiempo, escribía yo, refiriéndome a las preposiciones españolas, lo siguiente: «Todas las preposiciones poseen el mismo valor sintagmático —indicar la dependencia de un término—, pero difieren en su valor paradigmático, que resulta de las oposiciones que contraen entre sí. Sin embargo, en un contexto dado no es frecuente que se puedan conmutar todas las preposiciones: la elección paradigmática no suele ser enteramente libre. La carga semántica de cada preposición resulta a veces incompatible con determinados contornos semánticos. Puede decirse, por ejemplo, *viene a la calle, de la calle, por la calle;* pero no **viene en la calle*, porque lo impide el valor semántico de los términos relacionados. Basta con alterar uno u otro para comprobarlo: *está en la calle, viene en automóvil*. Esto significa que el valor semántico de los términos relacionados establece límites a las posibilidades de conmutación. La compatibilidad o incompatibilidad con determinados contornos nos permitirá, como en semántica léxica, determinar, distributivamente, los rasgos de contenido que conforma cada una de las preposiciones»[1]. Está claro que en todos los ejemplos citados cada preposición mantiene su identidad: no se trata en ningún caso de lexicalizaciones arbitrarias de las preposiciones, ni de cambios de valor en ellas (es decir, de la posibilidad de que una de ellas esté, engañosamente, recubriendo signos distintos), sino de hechos sintácticos o de semántica sintáctica: *venir* excluye a *en* si el término es *la calle*, pero no si el término es *automóvil*, porque en el primer caso el contexto es incompatible con el carácter estático de la preposición, mientras que en el segundo es absolutamente compatible, ya que la preposición expresa la estaticidad en los límites del automóvil. *La calle* implica estaticidad, incompatible con *venir*, mientras que *automóvil* permite dinamicidad, compatible con el sentido de dicho verbo. La conmutación de los elementos de un paradigma, posible en un contexto, puede resultar inviable en otro diferente.

Las consecuencias de esto son importantísimas. En primer lugar, para saber a qué unidades se opone directamente una determinada invariante, ya que sobre la base de una identidad común, no basta con la prueba de un determinado contexto: será necesario realizarla en todos los contextos posibles y, como esto no es viable, en un número lo suficientemente elevado de contextos, como para considerarlos representativos de la totalidad de los usos posibles. En segundo lugar, establecidas las invariantes que contraigan oposición inmediata u homogénea, por el procedimiento anterior, habrá necesariamente que establecer sus contextos diferenciales y las características de éstos: es decir, cuándo y por qué la conmutación no resulta posible, excluyendo aquellos casos en que la imposibilidad se deba a factores arbitrarios o mecánicos (una determinada distribución arbitraria que distinga signos distintos, pero de igual significante) y limitándose exclusivamente a aquellos otros en que la compatibilidad o incompatibilidad sintagmática sea «lógicamente» imputable a los

---

[1] Vid. *Notas para el estudio de las preposiciones españolas*, ya citado.

factores semánticos que intervienen en el contexto, como hemos visto que ocurre con los ejemplos aducidos a propósito de ciertas preposiciones. El hecho, por ejemplo, de que *cabello* resulte incompatible contextualmente en la frase **el cabello de sus piernas*, mientras resulta compatible con *pelo* en el *pelo/cabello de su cabeza*, nos indica que hay una contradicción semántica entre los rasgos contextuales de la primera frase y *cabello*. Pero no se trata aquí de un hecho de distribución mecánica diferencial, *sino de un hecho de combinación motivada por una diferencia de contenido*. Hemos de distinguir necesariamente entre distribución «mostrativa», que no es más que un mecanismo del «plano significante», totalmente arbitrario en sí mismo, para distinguir entre signos diferentes, ya que no guarda una relación lógica con la diferencia establecida (piénsese en los dos signos correspondientes a *despierto*, arbitrariamente diferenciados por la distribución), y distribución «motivada» o combinación, que no es más que el conjunto de las relaciones de un signo con sus contornos, de acuerdo con su propio valor semántico. La *combinación* puede ser «semántica» *sensu stricto*, esto es, derivada del propio valor de los signos, como en el caso de las combinaciones posibles de *cabello*, o «pragmática», es decir, resultante de nuestra experiencia particular de lo real. La combinación *verde viento* puede presentar, para algunos, una suerte de incompatibilidad pragmática, al ser incapaces de imaginar una criatura que reúna estas condiciones, pero no, desde luego, una incompatibilidad «semántica» estricta, ya que *viento* no rechaza (ni, por supuesto, implica) la combinación con *verde* (la forma de contenido 'viento' es neutra a este respecto), mientras que, por el contrario, cabello sí rechaza su combinación con *pierna* (la forma de contenido 'cabello' *no* es neutra a este respecto). En el primer caso, la incompatibilidad se da entre la relación lingüística y la experiencia; en el segundo, la incompatibilidad afecta a la relación lingüística misma.

Si queremos averiguar cuáles son las figuras de contenido que componen a *cabello*, no podremos conformarnos, pues, con los contextos en que conmuta, por ejemplo, con *pelo*: habremos de examinar todos aquellos en que la conmutación resulta imposible, es decir, aquellos del tipo **el cabello de sus piernas* o del tipo **el cabello del perro*, con lo cual llegaremos, al final, a establecer el valor concreto de sus componentes semánticos ('humano', 'de la cabeza', etc.), ya denunciados por la prueba de la conmutación, *pero no especificados por ella*.

Por lo que venimos observando, la prueba de la conmutación nos informa sobre dos cosas: a) que dos signos pertenecen a un mismo paradigma (gramatical o semántico), y b) que son distintos, pues a su diferencia corresponde otra diferencia en el plano opuesto. Pero evidentemente no nos dice más: si sabemos de la diferencia concreta entre *pelo* y *cabello* es porque hemos observado las combinaciones de ambos, o, a lo sumo, por nuestra intuición como hablantes (recurso bastante peligroso, porque las intuiciones varían de una manera notable de persona a persona, al contrario de lo que ocurre con el conocimiento de las propiedades combinatorias, que siempre son iguales para todos). Hjelmslev ha hecho pesar sobre la prueba de la conmutación casi la totalidad de los procedimientos de delimitación de los signos y no se ha equivocado, siempre que entendamos por delimitación sólo la identificación y diferenciación, en abstracto, de los signos.

Ya hemos dicho que, en efecto, la prueba de la conmutación nos muestra el paradigma que corresponde a cada signo y la existencia de diferencias entre las invariantes de un mismo paradigma. Pero no va más allá. A lo sumo, nos dice que por este procedimiento podremos descubrir las figuras de contenido que componen a los signos. Pero, como procedimiento, es insuficiente. Veamos, sin embargo, lo que nos dice Hjelmslev: «Si, por ejemplo, un inventario puramente mecánico en una etapa dada del procedimiento conduce a registrar en inglés las entidades de contenido "ram", "ewe", "man", "woman", "boy", "girl", "stallion", "mare", "sheep", "human being", "child", "horse", "he" y "she", "ram", "ewe", "man", "woman", "boy", "girl", "stallion" y "mare" deben eliminarse del inventario de elementos si pueden explicarse unívocamente como unidades relacionales que incluyen sólo "he" o "she" por una parte, y "sheep", "human being", "child", "horse" por otra [...] Del mismo modo que el cambio entre *sai*, *sa* y *si* puede entrañar cambios entre tres contenidos diferentes, también los cambios entre las entidades del contenido "ram", "he" y "sheep" pueden entrañar cambio entre tres expresiones diferentes. "Ram" = "he-sheep" será diferente de "ewe" = "she-sheep", del mismo modo que *sl* será diferente de, digamos, *fl* y "ram" = "he-sheep" será diferente de "stallion" = "he-horse"»[2]. Por este procedimiento, basado en parte, y sólo en parte, en la conmutación, Hjelmslev separa y analiza *compo-*

---

[2] Vid. *Prolegómenos*, XIV.

nentes semánticos que poseen expresión propia y separada en significantes gramaticales. Todo lo que pueda ser referido a «he» o «she» estará diferenciado: el contenido específico de «horse» o de «child», por ejemplo, parece quedar fuera de todo posible análisis. De aceptar esto, confundiríamos el análisis semántico propiamente dicho, con la determinación de clases de distribución. El análisis en figuras de contenido no puede reducirse exclusivamente a la determinación de aquellos contenidos, o partes del contenido, que posean en otro lugar del sistema lingüístico una expresión diferenciada, porque esto sólo ocurre realmente con el reducidísimo número de las formas de contenido gramatical, cuya característica no es otra que el poseer significantes diferenciados y analizables separadamente. Los defectos de esta limitación los señalábamos ya más arriba al comentar unas afirmaciones de Alarcos a propósito de la diferencia formal entre *is* (de *ire*) e *is* (signo de dativo-ablativo plural), basándose en el hecho de que los valores de estos signos tenían expresiones diferenciadas en otras posiciones del sistema *(amas, -ibus)*, mientras que el mismo autor identificaba en otra ocasión *canto* ('acción de cantar') y *canto* ('guijarro'), por carecer de tales expresiones diferenciadas en cualquier posición. Ya dijimos, sin embargo, que este razonamiento no vale, porque la diferenciación no afecta exclusivamente al significante individual y concreto, sino al significante, entendido en un sentido más amplio, y que comprende toda suerte de relaciones: tanto las aptitudes combinatorias, como las correspondientes relaciones en el paradigma con otros elementos semánticamente próximos. Es inútil intentar analizar las diferencias observadas en la prueba de la conmutación, tratando de relacionarlas con signos específicos que ya tengan existencia independiente en el sistema lingüístico: la mayor parte de ellas quedarían sin explicación posible y habría que relegarlas al poco grato capítulo de las sustancias no lingüísticas. Sólo unos pocos de estos componentes semánticos merecerían ser tenidos en cuenta por estar relacionados con la privilegiada clase de los signos gramaticales: todas las demás relaciones sutiles, propias de los signos concretos de una lengua y responsables de modos de combinación enteramente peculiar, y derivados, por tanto, de un sistema lingüístico dado, tendrían que quedar excluidos por no hallarse diferenciados en ninguna parte de ese sistema, por medio de significantes especializados. Así, por ejemplo, el componente semántico, o figura de contenido, 'de la cabeza', que hemos determinado para *cabello*, quedaría excluido por no aparecer diferenciado por medio de un significante específico en ninguna parte del sistema, mientras que el otro componente, 'humano', sí sería admitido, porque resulta en oposiciones gramaticales del tipo *que/quien, alguno/alguien*, etc.

Es evidente, que tal proceder no es adecuado ni se adapta a los hechos: no hay diferencia estructural entre una relación basada en figuras de contenido generales y de tipo gramatical y una relación basada en figuras de contenido particulares que carezcan de estatuto gramatical: la diferencia, a lo sumo, es de grado, no de esencia. Si sólo nos quedamos con las figuras de tipo general no haremos más que constatar los componentes gramaticales que afectan a los elementos léxicos y que los dividen en clases y subclases gramaticales: las estructuras diferentes de las clases y subclases gramaticales quedarían excluidas, con lo cual evidentemente se lograría una economía en la descripción, pero se mutilaría la descripción misma si ésta aspirase a ser la descripción de un sistema lingüístico en su totalidad y no la descripción tan sólo de un aspecto del mismo. Por eso, el criterio de reducirlo todo a unos cuantos componentes generales como 'animado'/'inanimado' *(alguien/algo)*, 'persona'/'cosa' *(quien/que)*, etc., especificados en relaciones de tipo gramatical (o, incluso universal), sólo puede conducirnos a establecer clases o campos de distribución, como hace, por ejemplo, Apresjan[3]; aunque no negamos que tal criterio puede resultar útil si se combina con el análisis de las cualidades semánticas específicas de los signos concretos, pues no hay que olvidar que los elementos de una estructura semántica no han de poseer necesariamente identidad distribucional. Los hechos de distribución sirven al procedimiento de análisis, pero no bastan por sí solos para alcanzar la estructura íntima del contenido de los signos: una estructura léxica no está necesariamente constituida por elementos de idéntica distribución. Lo único que podemos obtener por este

---

[3] Vid. «Analyse distributionnel des significations et champs sémantiques structurés», en *Langages*, 1 (1966). J. Apresjan, sin embargo, aunque se limita al aspecto distribucional, que es la otra cara del paradigmático, va más allá de los rasgos específicamente gramaticales, aunque parte de una subclasificación básica, tomada de Ch. Fries, cuyo fundamento está, como en lo que hemos visto de Hjelmslev, en la reducción a componentes semánticos ya existentes en el sistema bajo una forma específica y única.

camino son los distintos esquemas de distribución empleados por una lengua determinada y los sentidos generales que admiten o rechazan tales esquemas. Pero esto corresponde al estudio de los signos sintácticos.

De momento, bástenos saber que el análisis por conmutación no puede reducirse a la determinación de figuras de contenido, comprobadas en el sistema como signos separados, porque esto excluiría todo el contenido léxico, reduciéndolo a unos cuantos componentes generales (y posiblemente universales): la estructura semántica particular de cada signo léxico, su significado concreto, determinante incluso de relaciones sintácticas, quedaría para una especialidad «práctica» como la lexicografía. Sin embargo, sin significado concreto, no hay componentes generales abstractos: es el contenido concreto de *casa*, por ejemplo, el que selecciona componentes generales, como 'sustantivo', 'inanimado', 'concreto', etc., que, a su vez, determinan su empleo sintáctico *(la casa es blanca*, pero no **la casa quien compré*, etc.).

La prueba de la conmutación debe permitir un análisis que vaya más allá de la determinación de figuras que ya estén comprobadas, porque, además, aun en este caso, habría que fiarse de la intuición lingüística para asegurarse de la diferencia, aunque ésta consistiese sólo en un valor con existencia propia como signo independiente. En efecto, como hemos dicho, la conmutación nos dice que dos unidades se identifican como pertenecientes a un mismo paradigma y se diferencian entre sí como invariantes: ya vimos antes que no puede decirnos más. Es lo que vimos en la determinación de las figuras de contenido que componen a *cabello*, donde era, precisamente, el fracaso de la conmutación, lo que ponía los rasgos al descubierto. Esto nos llevará a postular una nueva prueba. Pero antes volvamos a la conmutación. En fonología, una vez comprobada la posibilidad de conmutación de dos magnitudes —pertenecer al mismo paradigma y ser diferentes— la continuación del análisis es viable, porque las magnitudes en cuestión *pueden ser objetivamente comparadas* y, consecuentemente, establecidas sus diferencias en términos de sustancia fónica. Si hemos comprobado, por ejemplo que /p/ y /b/ conmutan *(cebo/cepo)*, podremos inmediatamente medir, valiéndonos de procedimientos objetivos, dignos de toda confianza, la cualidad específica de la diferencia, y afirmar que difieren en la sordez de una y la sonoridad de otra, o en la oclusividad de una y la fricatividad de otra, o en lo «fuerte» de una y lo «flojo» de otra, o, incluso, en todas estas diferencias juntas; o, desde otro punto de vista, considerar, según el criterio que se siga, que una sola de estas diferencias es la responsable, mientras las otras son meramente acompañantes o redundantes, o, llevando la cosa al extremo, considerar que hay un rasgo diferencial abstracto que se manifiesta sustancialmente a través de estos hechos perfectamente mensurables. Lo cierto es que las magnitudes de expresión llamadas fonemas, o, mejor dicho, sus manifestaciones concretas, se pueden medir objetivamente: se trata de comprobar físicamente —con aparatos incluso— la diferencia que existe entre las manifestaciones de /p/ y las de /b/: son magnitudes lingüísticas con realizaciones materiales, que pueden estudiarse como objetos físicos, sin intercalar elementos ajenos al objeto lingüístico mismo: si son objetos físicos, físicamente podrán medirse (recuérdese que mientras la sustancia del contenido es considerada por los lingüistas como extralingüística, la sustancia de la expresión es tenida por legítimo objeto de nuestra ciencia [4]. Aquí la prueba de la conmutación nos coloca ante las realizaciones de los fonemas, y así podemos medir y comparar. Las cosas cambian, sin embargo, cuando las magnitudes en cuestión lo son del contenido. La prueba de la conmutación sigue desempeñando el mismo papel: colocarnos ante las invariantes de un mismo paradigma. Pero ¿cómo medir ahora las magnitudes reconocidas? No son objetos físicos que puedan medirse, ni objetos psíquicos uniformes en la mente de cada cual. El significado, para los psicólogos, parece haber sido siempre algo así como la respuesta a un estímulo significante. Son objetos los significados, pero no físicos, ni tampoco psíquicos. Y digo que son objetos —es decir, entidades con existencia independiente— porque existen al margen de toda apreciación individual y al margen de toda asociación personal: su comportamiento es idéntico para todos los miembros de la comunidad hablante, que no tiene poder para cambiar en un ápice su valor. Otra cosa son las apreciaciones subjetivas con que éstos pueden estar ocasionalmente relacionados, de la misma manera que ocurre con las diferencias individuales que pueden presentar las realizaciones de un fonema. Si las magnitudes de contenido no son hechos físicos —ni psíquicos— que puedan ser objetivamente

---

[4] Vid. Coseriu: «Forma y sustancia en los sonidos del lenguaje», en *Teoría del lenguaje y lingüística general*, Madrid, 1967.

medidos y observados[5], como los fonemas, en la comparación de unos y otros, parece que habrá que desentenderse de ellas: toda medición será la medición de un fantasma. La conmutación, que se mostró eficaz para la fonología, poniéndola en el camino de determinar la esencia —la composición— de cada fonema, resulta ahora, si no ineficaz, al menos, insuficiente, porque una vez que nos ponga ante las invariantes (que es, al fin y al cabo, lo que hacía en la fonología), una vez que nos diga cuáles son, no poseeremos ningún procedimiento adicional para saber cómo son, ni cuáles son sus componentes formales. Porque es evidente que ya no podremos servirnos de la comparación, como hacíamos con los fonemas. Si comparamos /p/ y /b/ descubriremos inmediatamente su diferencia, pero ¿qué sacamos en claro si comparamos, por ejemplo, *eficaz* y *eficiente?* En cuanto a la diferencia de significantes —y ese parece haber sido hasta aquí el camino seguido— no tendremos dudas, pero en cuanto a la diferencia de significados no encontraremos dos personas que opinen lo mismo, puesto que ahora se trata de una *cuestión de opinión* y no de una comprobación objetiva, donde toda opinión debe sobrar. Y por este camino de la comparación —paralelo al de la investigación de fonemas— no caben más que dos soluciones: a) o comparamos dos definiciones —por ejemplo, las de un diccionario— o dos intuiciones, relativas a entidades que se perciben confusamente, en cuanto que no remiten a una convención previa, o b) comparamos dos objetos reales que puedan ser designados por los signos que analizamos. En el primer caso, estaríamos recurriendo exclusivamente a la introspección nuestra o ajena (la practicada a través de los diccionarios, por ejemplo); en el segundo, estaríamos comparando «cosas»; pero, en ningún caso, valores lingüísticos.

La semántica ha cometido, por fiarse explícita o implícitamente de la conmutación, ambos errores: a) o ha comparado definiciones de objetos lingüísticos, *que no tienen definición* (su valor no está establecido por convención, sino por dependencias estructurales); o ha comparado intuiciones, que son siempre distintas para cada persona y para cada circunstancia; o se ha fiado de los valores contextuales pura y simplemente; b) en otros casos, ha comparado los objetos designados por los signos, particularmente cuando éstos son «materiales», en la creencia de que hay

---

[5] Habría que medir los objetos reales, apuntados en el discurso, o las conductas individuales. Pero en ese caso no se miden significados.

significados «objetivos» y «subjetivos», de los cuales los primeros serían observables en el nivel del *designatum*, cosa que no ocurría con los otros, más «escurridizos» por naturaleza. La verdad, sin embargo, es que no hay significados subjetivos: todos son objetivos, refiéranse tanto a objetos abstractos como a concretos. En todo caso el significado es un valor objetivo, en el sentido de que no depende de ninguna apreciación individual. La apreciación subjetiva pertenece al habla —a la *performance*— y afecta tanto a los significados «concretos» como a los «abstractos», cuyos límites no pueden ser nunca definidos por los hablantes: tanta dificultad tiene un hablante canario para establecer la diferencia entre *morro* y *risco*, como entre *inteligente* y *listo*, porque se tratará siempre de una confrontación entre lengua y realidad y no entre elementos de la lengua en cuanto tales. La imprecisión afecta a esta relación, no al significado.

En el primer caso, si se comparan definiciones o intuiciones —lo mismo da, salvo para los tecnicismos o nomenclaturas—, los resultados son catastróficos: falta la unanimidad, que se da, sin embargo, en el uso concreto de la lengua. En cada caso aparecerán valores distintos o distintas intuiciones, provenientes de los contextos en que los hablantes-investigadores prueban los signos objeto de la investigación. La coincidencia será imposible: siempre estarán las «imágenes asociadas» de Frege[6], acompañando al significado y dificultando el análisis que, naturalmente, no será objetivo, sino pura introspección. Lo que se compara no son magnitudes físicas. Si indagamos en el diccionario o en nuestra mente (o en la ajena, por medio de la encuesta), la diferencia entre *eficaz* y *eficiente*, nos volveremos locos y no estaremos seguros jamás: cada posible contexto nos inducirá a dudas. Todo se reducirá a «opiniones» sobre los significados, pero no a los significados mismos.

En el segundo caso, si se comparan objetos, ocurrirá algo parecido. Es el error en que incurre, sin darse cuenta, Pottier, con su famoso campo semántico *asiento*, *silla*, *sillón*, *taburete*, etc. No compara realmente valores lingüísticos, sino objetos reales[7]. Las diferencias entre *silla* y *sillón*, por ejemplo, se comprueban en la realidad, de donde surgen las definiciones correspondientes,

---

[6] Vid. *Estudios sobre semántica*, Barcelona, 1971.
[7] «Hacia una semántica moderna», en *Lingüística moderna y filología hispánica*, Madrid, 1968.

con sus respectivas características diferenciales o semas ('con respaldo', 'con brazos', etc.). Se trata de componentes de las definiciones de objetos —no de valores lingüísticos— extraídas de la realidad misma. Estas definiciones son conceptos «bien definidos», aprovechando naturalmente las posibilidades que todo sistema lingüístico brinda y que podemos resumir como la capacidad de dar nombres a las definiciones de los objetos de nuestra experiencia del mundo. El conjunto formado por *asiento, silla, sillón*, etc., posee, sin duda, características lingüísticas: todos son sustantivos, todos son 'inanimados', etc., aunque no son todos idénticos desde otros puntos de vista: por ejemplo, mientras *silla* y *sillón* son concretos, no ocurre lo mismo con *asiento*, cuya característica no es 'concreto', que sólo puede resultar de la confrontación con el *designatum*. *Asiento*, al revés que los otros, no incluye rasgos «objetivos» determinados y se combina fácilmente con abstractos *(el asiento del espíritu)*: es lo que podríamos llamar un término «no definido previamente». Sin embargo, en relación con él, subordinados a él, como las especies al género, surgen una serie de definiciones relativas a objetos reales que toman un nombre y que se definen a partir de él: pero estos términos segundos, definidos a partir del primero, son evidentemente términos «bien definidos», al menos como los trata Pottier.

Cada uno posee su característica diferencial, como el rasgo distintivo de un fonema, aunque bien es verdad que en la práctica lingüística, estos elementos suelen no funcionar como meras nomenclaturas y los tales rasgos tener una vigencia muy relativa. Pero no quiero continuar este razonamiento, que dejaremos para más adelante, sino sólo hacer hincapié en el hecho de que los componentes semánticos de los signos que conmutan sobre una misma base semántica —en este caso 'asiento'— no pueden ser determinados por una confrontación con los *designata*, o, lo que es lo mismo, por una confrontación con las definiciones de esos *designata*, ya que en este caso no se comparan valores lingüísticos, sino las cosas mismas o, lo que es peor y más peligroso, las definiciones de las cosas. Este mecanismo metodológico, que parece impecable, no lo es, sin embargo: los signos lingüísticos[8] no

---

[8] Téngase en cuenta que excluimos las nomenclaturas, no porque no tengan contenido, sino porque éste no es significado en sentido estricto; es, por el contrario, un referente: la imagen mental de una cosa. Curiosamente, en los tecnicismos, al revés de lo que pensaba Saussure, lo que se une es un significante con

tienen definición en el mismo sentido que pueden tenerla todos los objetos del mundo, físicos y mentales (piénsese en la definición de *hierro* o en la de *circunferencia*, ambas inequívocas): si se quiere hablar de definición de los signos individuales o concretos habrá que usar el término en otro sentido: ningún signo que no sea un tecnicismo admitirá jamás definición: los signos no tienen una entidad independiente que pueda definirse; sólo pueden «comprobarse» en sus contextos o en sus relaciones con otros signos. No olvidemos que los lenguajes naturales, por ejemplo, son lenguajes «de contexto» y no lenguajes sin contexto. En los lenguajes sin contexto, los signos funcionan en virtud de su definición; en los lenguajes naturales, los signos no funcionan en virtud de ninguna definición, sino en virtud de unas propiedades relacionales vinculadas en gran medida a su valor semántico. Sólo en estas relaciones podremos encontrar el valor de un signo, su «definición», si la queremos llamar así, aunque impropiamente. Es decir, que como los signos no tienen definición explícita, no son el correlato de «cosas» o de «cosas-conceptos», ni pueden intuirse aisladamente, la prueba de la conmutación nos dejará a medio camino: nos dirá cuáles son y dónde están, pero no podremos averiguar cómo son, porque se trata de magnitudes que no pueden ser comparadas, ni en la introspección ni en la comprobación de los *designata* o de sus definiciones. Si no tenemos otros recursos, la semántica tendrá que detenerse ahí: *qué signos hay y qué componentes parecen poder determinarse por poseer existencia separada como signos individuales*. Pero en ese caso la semántica es inviable como tal semántica, es decir, como ciencia del contenido: sería, a lo sumo, la ciencia que permitiese localizar y clasificar los signos, así como mostrar los procedimientos mediante los cuales las lenguas expresan los significados. El significado, como objeto mismo de la ciencia lingüística, se nos escaparía: quedaría, de una parte, para la praxis de los lexicógrafos y, de otra, para las especulaciones de los filósofos, sin duda interesantes, pero de distinto orden que las nuestras.

Sin embargo, no creemos que la empresa sea imposible; al menos, la cosa estaría por demostrar. Es preciso saber si la semántica ha de ser sólo la ciencia de los procedimientos mediante los cuales se expresa la significación (una ciencia del mecanismo

---

una «cosa», dando por supuesto que nuestra mente no maneja otras «cosas» que los conceptos con que clasifica la realidad.

significante, donde el significado sólo actuaría como procedimiento operativo) o si ha de ser la ciencia de los significados (donde correspondería al mecanismo significante la función puramente operativa). Nosotros pensamos que si la semántica ha de ser la ciencia de los significados —suponiendo que su análisis resulte posible por procedimientos dignos de confianza— también habrá de serlo, de rechazo, de los procedimientos significantes. Comprendería así una parte general[9] que trataría de los procedimientos diferenciales y otra específica que trataría de los significados mismos en cuanto tales, yendo de los más generales, posiblemente universales del lenguaje, a los concretos y peculiares de una lengua determinada. Sería así posible la semántica de las lenguas concretas y se pasaría de la etapa, en la cual aún estamos, de la semántica como capítulo, muchas veces sospechoso, de la lingüística general.

---

[9] Uso este estilo «hipotético» porque, naturalmente, la semántica está aún por hacer, a pesar de todo el papel que se ha emborronado inútilmente por tanto aficionado.

Las estructuras léxico-semánticas o campos

Es evidente que los dos procesos complementarios de identificación y diferenciación tienen por objeto poner al descubierto la estructura de todo un sistema lingüístico o la de los subsistemas menores que lo componen. Sólo podremos establecer la naturaleza, nunca absoluta y siempre relativa, de los elementos que se delimitan entre sí. Y no es que pensemos, con los estructuralistas más dogmáticos, que los elementos lingüísticos son lo que son por su posición en una estructura. Es factible demostrar fácilmente que esto no es así y que, dadas las mismas condiciones estructurales, puede haber diversidad de sistemas donde el valor y entidad de los elementos difieren considerablemente. A la mano tengo un ejemplo excelente de estas aseveraciones: es sabido que en las zonas hispánicas donde la oposición fonológica s/θ ha desaparecido, el subsistema u orden de las llamadas palatales sufre modificaciones diversas. Es evidentemente la causa estructural de la desaparición de un fonema. Siendo, en los sistemas que mantienen s/θ, el fonema /s/ fonológicamente palatal[1], al tener que guardar su distancia diferencial con respecto a /θ/, ocurre que naturalmente en las zonas donde ha triunfado la confusión, se desplaza hacia el orden dental con realizaciones muy diversas, que van desde la predorsal alveolar hasta una dental, e, incluso post o interdental. Consecuentemente, el orden palatal sufre una reducción: se pasa de una estructura sistemática a otra:

$$
\begin{array}{cc}
n & \underset{\circ}{n} \\
t & \overset{\circ}{\check{s}} \\
d & y \\
\theta & s
\end{array}
\rightarrow
\begin{array}{cc}
n & \underset{\circ}{n} \\
t & \overset{\circ}{\check{s}} \\
d & y \\
\underset{\cdot}{s} &
\end{array}
$$

---

[1] Vid. E. Alarcos, *Fonología española*, pág. 173.

De tres consonantes orales se pasa a dos. Consecuencia fonológica: sobra un rasgo distintivo. /š̬/, que era *sorda* por oposición a /y/ e interrupta por oposición a /s/ queda sujeta a los vaivenes de la economía fonológica. En algunas partes (Canarias, algún punto de Andalucía) aparecen realizaciones sonoras, que muestran la desfonologización del contraste sordo/sonoro. En zonas muy amplias de Andalucía abundan las realizaciones no-interruptas: lo que se desfonologiza es el contraste interrupto/continuo. Y hay, por último, puntos, de acuerdo con el ALEA, en que lo que se desfonologiza es la oposición dental/palatal, dando lugar a soluciones del tipo [ŝ] (Jubrique, Baños de la Encina) e, incluso, [s̃] en algún punto de la provincia de Cádiz[2]. Las soluciones sistemáticas a un mismo problema pueden ser muchas y muy diversas, como ocurre con la extensa gama de resultados para /š̬/, donde s/θ se confunden[3]. Esta es una clara prueba de que el valor de un elemento no viene determinado por el de los que lo rodean, sino que, por el contrario, dándose las mismas circunstancias, los sistemas de valores resultantes pueden ser muy diferentes. Por eso, cuando hablamos de estructura, no la entendemos como un apretado corsé que constriñe y predetermina la naturaleza de cada parte, sino más bien como una herramienta descriptiva que nos permite para cada sistema fijar el valor relativo de sus elementos componentes.

Así también, cuando hablemos de sistemas o estructuras semánticas, formadas por conjuntos de unidades que se delimitan mutuamente, trataremos de describirlas en esa relación mutua, tratando de señalar los límites que las separan. Las unidades semánticas son de diversa magnitud y forma. Primero están los signos gramaticales (artículo, género, etc.), que dejaremos aquí de lado; luego los signos léxicos, que constituyen la parte más importante del presente estudio; y, por último, los signos sintácticos, que trataremos de momento superficialmente, y a los que dedicaremos, en su día un examen detenido, una vez que sepamos más cosas de semántica sintáctica, evitando todas las trivialidades que inundan en este momento los manuales.

---

[2] Vid. M. Alvar, A. Llorente y G. Salvador, *Atlas lingüístico y etnográfico de Andalucía*.

[3] Vid. R. Trujillo, *Resultado de dos encuestas dialectales en Masca*, ya citado. En estos momentos preparamos un trabajo sobre los resultados estructurales de la confusión s/θ con relación a la entidad de /š̬/.

Es evidente que la delimitación de las unidades semánticas de cualquiera de los tipos citados, sólo puede hacerse por confrontación con aquellas otras a las que se asemejan y de las que se diferencian. También nos servirá aquí para eso la noción de estructura: las unidades de cada conjunto, cualquiera que sea su conformación, se establecerán por referencia a su relación con las demás. Ahora bien, ¿cuál es la técnica para confrontar y comparar? ¿Qué unidades son las que han de someterse a esta prueba, utilizando luego cualquiera de los métodos de que venimos hablando, para lograr la precisión deseada?

La cosa, por ahora, está clara. Vamos a dejar de lado los elementos estrictamente gramaticales y los signos propiamente sintácticos. No vamos, pues, a averiguar nada sobre el significado del artículo o del género, ni sobre el sentido abstracto de tal o cual esquema sintáctico. Lo que aquí nos interesa es el significado léxico, el viejo objeto de la semántica y la clave de la mayor parte de los problemas de significación gramatical y sintáctica. Sin los problemas de semántica léxica, la gramática generativa no habría encontrado prácticamente obstáculos: si se ha estrellado, ha sido precisamente ahí.

Pero ¿cómo contrastar unidades? Por un lado hemos visto que la conmutación no nos lleva muy lejos y que no es más que la otra cara de la distribución. Las pruebas combinatorias, propuestas por nosotros, son demasiado laboriosas y requieren que se sepa de antemano cuáles son las unidades que se van a comparar y cómo se determina una unidad dentro de la variedad polisémica de los significantes.

¿Cuáles son las unidades que se van a comparar? Evidentemente las que forman los subconjuntos léxicos, dado que los subconjuntos más amplios y de base gramatical —clases de distribución— ya están más que determinados. Como es dudoso que el léxico tenga una estructura semántica «global», si excluimos los rasgos generales de clase, es evidente que habremos de fijar nuestra atención en los subconjuntos que estructuren una misma referencia, es decir, aquellos que coincidan en lo que Hjelmslev llamaba sustancia del contenido, entendiendo que toda formalización se hará siempre a partir de estos datos primarios. Podría luego resultar, incluso, que el léxico sí presente una estructura global y que la diversidad que hoy observamos en él no lo sea realmente, sino que todo se reduzca a un número finito de contrastes fundamentales, como ocurre en la fonología.

Pero todo eso está por ver y de momento, en el léxico, no hay más conjuntos estructurados que aquellos que conforman una misma sustancia de contenido, es decir, una misma zona de sentido.

Para hablar de estructura léxica global, sólo podemos referirnos, pues, a los rasgos que definen a las clases. Pero éstos ya son conocidos: ahora tenemos que ahondar en aquellos menos generales, pero igualmente importantes, al menos cualitativamente. Los rasgos semánticos pueden agruparse de la manera que sigue [4]:

a) Rasgos de clase, que son los que definen la distribución de los signos en los esquemas sintácticos de una lengua dada ('transitivo', 'humano', 'concreto', etc.). Al hablar de esquemas sintácticos nos referimos naturalmente a fórmulas generalizadas de distribución sintáctica, prescindiendo siempre de los valores concretos que puedan tener los signos que sustituyan eventualmente a los símbolos abstractos. No hay que confundir, por tanto, la distribución generalizada con las combinaciones concretas de que es susceptible cada signo. Así, por ejemplo, *ver* y *mirar* pueden ser idénticos en cuanto a los rasgos más generales de distribución (sujeto de persona o animal, objeto animado o de cosa, etc.), pero difieren, como hemos visto, en algunos aspectos combinatorios concretos que no pueden generalizarse porque afectan a la compatibilidad o incompatibilidad con signos concretos determinados y no con clases enteras de signos (así, *Juan mira atentamente por el microscopio*, pero no **Juan ve atentamente por el microscopio*).

b) Rasgos específicos, que son los responsables de una diferencia concreta sobre una base semántica común (así, los que separan *ver* de *mirar*). Estos rasgos no afectan a la distribución de los signos en los esquemas sintácticos de una lengua, pues dependen más bien de las posibilidades de elección del hablante con respecto a un «designatum» concreto, pero sí afectan a sus posibles combinaciones particulares con otros signos concretos, como ocurre con *ver/mirar*. Por eso hemos dicho que es necesario desde ahora distinguir entre distribución generalizada —distribución de clases— y combinación particular —relación con este o aquel signo concreto—, la cual, al mostrar la compatibilidad o incompatibilidad con algún rasgo contextual, pone de mani-

---

[4] Algunas de las notas siguientes han sido publicadas ya por nosotros en «Las unidades semánticas y su delimitación», *RSEL*, 5,2 (1975).

fiesto, descubre, los rasgos semánticos específicos de cada unidad.
  c) Rasgos extralingüísticos, que son los que definen a una clase de objetos físicos o a una clase de objetos mentales denotados por un signo cualquiera. Cada signo o forma de contenido es una matriz de rasgos de los tipos a) y b) relacionada con una realidad, física o conceptual, que se puede analizar en notas definidoras; estas notas no constituyen nunca propiedades lingüísticas, ya que no afectan ni a la distribución ni a las compatibilidades combinatorias concretas (de ahí que *ver* presente una incompatibilidad lingüística concreta en **Juan ve atentamente por el microscopio* —porque el contenido 'definido' del contexto entra en conflicto con el rasgo 'no definido' de *ver*—, pero no la presente, sin embargo, en *Juan ve el aire*, donde la incompatibilidad, si la hubiere, sería pragmática —el aire no se ve—: la invisibilidad del aire es una propiedad suya como ente físico, pero no como ente lingüístico). A este conjunto de notas definidoras de las clases de objetos designados llamaremos «núcleo semántico irreductible», ya que se trata de un conjunto no analizable lingüísticamente, pues no se puede desmembrar con arreglo a propiedades de los signos lingüísticos como tales. Sin embargo, estos núcleos irreductibles no pueden dejarse de lado en el análisis semántico (como no se pueden desdeñar los datos fonéticos en el análisis fonológico), pues, si bien no constituyen su objeto, son necesarios para decidir, en primer lugar, *si dos o más sentidos adscritos a un mismo significante son signos distintos o uno solo*, y, en segundo término, *para determinar los rasgos semánticos específicos cuando dos o más signos se refieren al mismo núcleo semántico irreductible, pues todo campo semántico es un sistema de signos diferentes cuya unidad se basa, precisamente, en ese núcleo irreductible extralingüístico.*
  Los rasgos semánticos estrictamente lingüísticos pueden considerarse separadamente, formando un inventario de contrastes básicos, a partir del cual y mediante las combinaciones oportunas se producen todos los signos de una lengua dada, o bien bajo la forma de matrices complejas representativas de cada signo, con lo cual ya queda listo el vocabulario para relacionarlo con las reglas sintácticas del nivel superior. De todas formas, cabe esperar que el número ingente de rasgos distintivos que resultan de todas las oposiciones léxicas de una lengua pueda reducirse a un inventario bastante breve de contrastes semánticos básicos, donde lo único variable es la sustancia concreta denotada en cada caso par-

ticular. La determinación definitiva de tales contrastes nos permitirá en su momento distinguir entre rasgos funcionales, imprescindibles en la estructura semántica de un sistema lingüístico, y rasgos redundantes, también necesarios para la correcta interpretación semántica de los enunciados.

Parece verosímil que el vocabulario de una lengua esté estructurado de la manera que hemos venido señalando. Los signos se reparten en clases de distribución muy generales y cada una de ellas en subclases cada vez menos incluyentes hasta agotar todas las posibilidades distribucionales. A cada clase corresponderá un rasgo semántico, de la misma manera que a cada subdivisión de la clase. «Los diversos miembros de una clase o de una subclase distribucional —afirma Harris[5]— tienen en común un cierto elemento semántico que es tanto más intenso cuantas más características distribucionales tenga la clase.» Hay lingüistas, como Apresjan[6], que basan toda la estructura semántica del léxico en la distribución en clases, considerando a las clases mínimas como campos semánticos, aunque reconociendo de paso que no existen procedimientos claros para determinar el valor relativo de los elementos pertenecientes a un determinado campo distribucional. Pero es evidente que la estructura del léxico no se agota en las clases de distribución: hay relaciones claramente estructurales entre elementos de una misma clase o de clases diversas, cimentadas sobre la base de los núcleos semánticos irreductibles. Está claro que si dos o más signos remiten a un mismo núcleo, pero, al mismo tiempo, se diferencian entre sí, tales diferencias son rasgos semánticos específicos dependientes de la estructura lingüística y no de las condiciones externas del «designatum». Los rasgos específicos sólo pueden resultar de la oposición inmediata entre dos elementos referidos al mismo núcleo; de lo contrario, la oposición es aislada y no permite establecer rasgos mínimos. Así, *pelo/cabello* forman pareja semántica mínima, al oponerse sobre el mismo núcleo, mientras que *perro/gato* forman oposición aislada: la definición lingüística de *gato* no incluye ninguna referencia a la de *perro*. La relación sólo podría aparecer en la definición extralingüística de las clases «reales» *perro* y *gato*, ya que el ser, por ejemplo, mamíferos y cuadrúpedos no implica ninguna clase especial

---

[5] Vid. «Distributional Structure», *Word*, 10 (1954).
[6] *Op. cit.*

de comportamiento lingüístico, con lo que rasgos de este tipo quedan automáticamente eliminados, pues definen sólo clases de objetos reales o imaginarios y no propiedades de los signos en tanto que tales. Es indudable que los signos *perro* y *gato* poseen propiedades lingüísticas de clase, pero de su relación mutua no resulta ninguna diferencia que se pueda inventariar como una propiedad relativa al sistema lingüístico en que ambos signos funcionan. La diferencia de significantes no tiene otro sentido que el de indicar una distinción que se establece en las cosas: el rasgo presente es en estos casos siempre el mismo: 'alteridad'. Sólo son rasgos lingüísticos los que presuponen una cierta 'mismidad', ya sea de clase distribucional, ya sea de núcleo semántico irreductible. Así, *hombre, niño, estudiante, abogado,* etcétera, son signos distintos de la misma clase, y *listo, inteligente, agudo,* etc., signos distintos del mismo campo semántico (esto es, referidos al mismo núcleo semántico irreductible). Los rasgos semánticos de clase resultan de la oposición en bloque de las clases; los rasgos semánticos específicos resultan de la diferenciación entre signos referidos al mismo núcleo semántico. No podrán contarse, pues, como rasgos de clase aquellos que definan sólo una clase de objetos reales o mentales (por ejemplo, 'doméstico'/'salvaje' referidos a animales), sino los que definan un tipo de comportamiento distribucional ('animado'/'no animado'); ni podrán contarse como rasgos específicos aquellos que definan a los entes designados (por ejemplo, 'cánido'/'felino' para *perro/gato*), sino los que marquen el contraste entre signos que denoten el mismo núcleo semántico, es decir, la misma sustancia de contenido (así, 'determinado'/'no determinado' para *sonido/ruido*).

Establecido, pues, que los rasgos semánticos pertinentes están vinculados a la distribución y a las relaciones existentes entre signos referidos al mismo núcleo, y que un signo es simplemente una matriz de rasgos, nos queda por aclarar cómo se reconocen y delimitan estas unidades complejas formadas por semas simultáneos.

Pero para que un conjunto de rasgos semánticos pueda ser reconocido como un signo bien delimitado es necesario que el sistema lingüístico proporcione el correspondiente mecanismo diferencial. Si no hay mecanismo diferencial que distinga dos conjuntos de rasgos semánticos simultáneos y diferentes, habrá que concluir que la diferencia no depende de la lengua, sino de las circunstancias particulares del discurso. Así, por ejemplo, si imaginamos dos matrices con los rasgos de *cabello*, pero incluimos en una el rasgo 'rubio' y en otra el rasgo 'moreno', habremos formulado dos estructuras inexistentes en español, ya que esta lengua carece de procedimientos significantes para establecer tal diferencia en complejos semánticos simultáneos: la distinción puede darse en la actuación lingüística, en la *parole*, por la añadidura de rasgos sucesivos (en la adjetivación, por ejemplo), pero no existe en el sistema de matrices. Los mecanismos de diferenciación pueden ser de dos clases:

a) Fonológicos: a una diferencia de matriz semántica, por pequeña que sea, corresponderá una diferencia de expresión *(ver/mirar, bueno/malo,* etc.).

b) Distribucionales: a una diferencia de matriz semántica puede corresponder una misma expresión fonológica y actuar entonces como mecanismo significante diferencial una fórmula distribucional determinada. Un significante puede representar dos o más signos distintos (polisemia) referidos a núcleos irreductibles también distintos. La diferenciación se producirá entonces distribucionalmente. Así, *dar* representa un signo en la fórmula $N_{persona} + dar + N_{cosa}$ y otro diferente en la fórmula $N_{cosa} + dar + N_{cosa}$: *el niño dio el lápiz/la tierra dio frutos*. En el primer caso, *dar* representa un signo dependiente del mismo núcleo irreductible que *entregar* y, por tanto, incluido en este campo semántico, mientras que en el segundo representa otro signo distinto relacionado con el mismo núcleo que *producir*, de suerte que se agrupa en este otro campo semántico: así, la oposición semántica mínima *producir/* (N_{cosa}) $+ dar + (N_{cosa}$), donde el contraste semántico se basa sobre el rasgo 'espontáneamente' para el segundo término, de suerte que es posible *la tierra da/produce frutos*, pero sólo *la fábrica produce coches* y no **la fábrica da coches* (es posible, sin embargo, *la fábrica da beneficios*, porque no implica una elaboración artificial concreta). Hay casos, por último, en que la distribución no cubre suficientemente la diferenciación, de manera que permite contextos ambiguos, al menos parcialmente: *el cabo es grande* puede ser ambiguo, pero no *el cabo es tonto*.

Con esto queremos dejar sentado que los signos se delimitan y marcan necesariamente desde el plano de los mecanismos significantes, bien fonológica, bien distribucionalmente, y, desde el plano del significado, por la referencia a los núcleos semánticos irreductibles. Como la delimitación de los signos es fundamentalmente una operación semántica, conviene aclarar que delimitar un signo quiere decir «establecer sus rasgos distintivos», y ya sabemos que éstos se localizan bien en la clase distribucional, bien en los contrastes semánticos entre signos referidos a un mismo núcleo irreductible, o, dicho de otra manera, *en la pertenencia a clases*, por una parte, y *en la pertenencia a campos semánticos*, por otra. Pero mientras que un signo puede pertenecer a varias clases o subclases y poseer, por tanto, los rasgos que definen a cada una *(niño* entra, por ejemplo, en la clase 'animado' y en la subclase 'persona'), sólo puede entrar en un campo semántico y no en varios simultáneamente: pensar que *dar* entra en varios campos semánticos implica caer en una confusión que consiste en identificar significante con signo, desconociendo el hecho evidente de que habrá que contar tantos signos cuantos núcleos semánticos puedan ser descubiertos.

La delimitación de las unidades semánticas se concreta, en definitiva, en la resolución de problemas muy específicos:

a) Determinación de signos distintos representados por un mismo significante. El problema que se plantea es el de averiguar si los significados distintos que se registran para un mismo significante son meras variantes semánticas o si en unos casos se trata de variantes y en otros de invariantes, es decir, de signos diferentes. Nosotros basaremos el criterio en los núcleos semánticos irreductibles: *habrá tantos signos como núcleos*. De esta manera, si las diferencias semánticas registradas se refieren al mismo núcleo y derivan lógicamente de la influencia del contexto, se tratará de meras variantes. Así, la variación que presenta *alto* en *es/está alto* es imputable a la influencia del contexto, de la misma manera que las que presenta *perspicaz* en *niño perspicaz, perro perspicaz* y *razonamiento perspicaz*. El conjunto de las variantes semánticas de un signo dado forma una masa de datos necesarios para la correcta determinación de los límites de su variabilidad funcional. Por el contrario, la variación que muestra *despierto* en *es/está despierto* no es lógicamente imputable al contexto —no es paralela al contraste semántico *ser/estar*— y está relacionada con dos núcleos diferentes ('que tiene capacidad intelectual'/'que no duerme'): habrá, pues, dos signos, uno adscrito al mismo campo que *perspicaz* y otro al mismo que *dormido*.

b) Existencia de significantes distintos para un mismo núcleo. También aquí se presenta el problema de discernir si se trata de signos distintos —invariantes— o de signos iguales —variantes—. Distinguimos cuatro casos:

1. Variantes de expresión *sensu stricto*, como ocurre, por ejemplo, con los significantes -s, -es, ø, del morfema de plural en español. Este tipo de variación es puramente fonológico y no conlleva nunca ningún modo de variación semántica.

2. Variantes de expresión con diferencia semántica no precisable en rasgos definidos de clase o estrictamente específicos, como ocurre con la pareja *perro/can*, donde la elección de uno u otro obedece a factores estilísticos que podrían quizá simbolizarse por el contraste 'expresividad débil'/'expresividad fuerte'.

3. Significantes distintos también para un mismo núcleo, diferenciados entre sí por rasgos estrictamente distribucionales y perfectamente precisables, con lo cual la matriz semántica deberá incorporar, para cada significante, la información contextual necesaria. Recordemos el ejemplo de *senex*, *vetus* y *vetulus*. Ejemplos de este tipo plantean el problema teórico de si se trata de varios signos distintos, diferenciados por el contenido semántico que corresponde a cada una de las clases de distribución que definen relativamente a dichos signos, o de si se trata, por el contrario, del mismo signo con variantes combinatorias paralelamente de expresión y de contenido. La solución de este problema no parece importante por tratarse de una cuestión puramente terminológica. Los rasgos de clase son rasgos semánticos tan inherentes como los puramente específicos: la diferencia entre unos y otros es su nivel de generalidad. De todas formas, cuando la diferencia estriba sólo en la distribución, es esencialmente contextual y no se distingue de la mera variante semántica más que por la especialización de significantes. En este caso, la información contenida en la matriz sólo tiene que ver con la interpretación fonológica, puesto que, desde el punto de vista semántico, la variación se produce de la misma manera con el cambio fonológico que sin él. Yo hablaría de variantes lexicalizadas, específicas, frente a variantes no lexicalizadas.

4. Significantes distintos para un mismo núcleo, diferenciados por rasgos no distribucionales, es decir, sin limitaciones contextuales estrictamente determinadas, como *ver/mirar*, *bueno/malo*, etcétera. En este caso no podrá nunca hablarse de variantes, ya que su elección no depende de constricciones contextuales.

c) Atribución de los signos a clases y a campos semánticos. Los signos se estructuran en clases de acuerdo con sus posiciones posibles en las fórmulas generalizadas de distribución, y en campos semánticos, atendiendo a sus relaciones con cada núcleo irreductible. Es necesario separar los rasgos distribucionales de los que no lo son, ya que los primeros afectan propiamente a la sintaxis, mientras que los otros dependen exclusivamente de la elección del hablante. Son, pues, de diferente naturaleza las relaciones estructurales entre *altura, estatura, nivel* y *alzada*, de una parte, y las que se dan, por ejemplo, entre *altura, anchura, longitud*, etc.

d) Determinación de los rasgos semánticos. Como los rasgos son bien de clase, bien específicos de una oposición léxica, habrá que determinar unos y otros por separado. Los rasgos de clase son los que corresponden a cada posición distribucional en cada fórmula generalizada. Algunos lingüistas como Apresjan pretenden desentrañar la estructura del léxico mediante la subdivisión de las clases en subclases cada vez menos incluyentes hasta el momento en que ya no sea posible dividir más, atribuyendo a cada subdivisión un valor semántico. El resultado es el campo distribucional, que contendrá tantos rasgos distintivos cuantas subdivisiones se hayan practicado. Este criterio tiene, sin embargo, el inconveniente de que es incapaz de relacionar elementos de clases distintas, entre los que, a pesar de todo, existen relaciones estructurales (pensemos en el *decir* transitivo, frente al *hablar*, intransitivo). Parecido inconveniente presenta, como hemos visto la llamada *prueba de la conmutación*, ya que sólo son conmutables elementos de igual distribución. A través de la conmutación intuimos la semejanza o la diferencia, pero no la podemos determinar con exactitud. De la misma manera, el análisis distribucional no nos lleva más allá de los rasgos de clase, es decir, de la determinación de los elementos que tienen conmutación entre sí. El círculo se cierra así antes de que podamos tener terminado el análisis semántico. Por eso creemos que es necesario perfeccionar el método mediante un procedimiento complementario que hemos llamado «prueba de la combinación», la cual, a diferencia del análisis distribucional, no se limitará a las fórmulas generalizadas de distribución, sino que descenderá a todas las combinaciones concretas y particulares de cada signo. Aun en el caso de que una gramática deba especificar todas las oraciones normales y «desviadas» posibles, asignándoles la correspondiente interpretación semántica, esto no será viable mientras no conozcamos todos los signos y las reglas sintáctico-semánticas que las gobiernan. Por ello, en este punto del análisis habrá que perder de vista en cierta medida el nivel de generalidad, al que habrá de volverse luego para dejar listo el vocabulario, entendido como una parte de la sintaxis de una lengua determinada. Será, pues, necesario proceder a la comprobación del comportamiento de los signos en todos los contextos en que puedan aparecer «normalmente» (de acuerdo con el criterio de aceptabilidad de los hablantes) hasta determinar con precisión sus contextos diferenciales, es decir, aquellos en que sólo sea posible alguno de los miembros de una oposición semántica con exclusión de los demás afines. La conmutación, como método de análisis semántico, tiene un valor escaso, precisamente porque sólo resultan indicativos los contextos donde la sustitución no es posible, es decir, cuando surgen obstáculos contextuales que marcan los límites semánticos de un signo. La compatibilidad o incompatibilidad concreta es el único dato objetivo para alcanzar las notas distintivas mínimas, que son al mismo tiempo semánticas y sintácticas. Así, por ejemplo, algunas acepciones de *marchar* y de *partir* denotan el mismo núcleo semántico: *la tropa marchó/partió hacia Madrid* o la *tropa marchó/partió al amanecer*, pero, sin embargo, *la tropa marchó durante tres días*, y nunca **la tropa partió durante tres días*. Lo que intuimos en la conmutación queda al descubierto y patente en las pruebas de combinación: mientras que *marchar* es compatible con el sema contextual 'duración', *partir*, que se refiere sólo al momento inicial, no lo es. Así descubrimos un rasgo distintivo 'puntual' que permite la aparición de *partir* en contextos donde no se incluye la duración, al tiempo que lo excluye de aquellos otros donde aparece un componente durativo.

El método combinatorio

Hemos visto que la prueba de la conmutación, por sí sola, es incapaz de ahondar en lo que creemos que debe ser el objeto de la semántica. La comparación de los significados opositivos es imposible, al revés de lo que ocurre en el plano fonológico: todo se reduce a introspección o a examen de *designata*. Pero si recordamos ahora lo que habíamos dicho de la conmutación defectiva, es decir, de aquellos casos en que dos invariantes que tienen conmutación, dejan de tenerla en ciertos contornos, conservando, sin embargo, su identidad como tales invariantes, quizá estemos en la pista del método que haya de llevarnos a la verdadera determinación de los significados, de los valores, valiéndonos sólo de procedimientos objetivos, ajenos a la mera intuición, de una parte, y a la mera comprobación de las características de las «cosas», de otra. No podremos comparar dos significados con garantía de objetividad, pero podremos comprobar con qué contextos resulta compatible una invariante semántica y con cuáles otros resulta incompatible. El conjunto de los contextos diferenciales de los elementos de un paradigma —aquellos en que una de las invariantes no pueda conmutar, pero sí las otras— habrá de darnos la medida objetiva de su valor, sin tener que recurrir a la comparación absurda de imágenes mentales o de objetos reales. Ya vimos en el ejemplo de la oposición semántica *pelo/cabello*, que no era necesario recurrir a la comparación para determinar figuras de contenido como 'humano' y 'de la cabeza', las cuales resultaban claramente de contextos diferenciales, donde *cabello* no podía conmutar con *pelo* (**el cabello del perro*, **el cabello de sus piernas*). Si la compatibilidad combinatoria de una unidad resulta del significado de los elementos vecinos (manteniéndose siempre su identidad), es evidente que éstos ponen de manifiesto sus propios componentes semánticos. Las pruebas de combinación denuncian la existencia, en una unidad dada, de rasgos distintivos o semas que, como todas las figuras de contenido, poseen un alcance sintáctico particular. Ahora bien, a este procedimiento no se le puede tachar de subjetivo, más que en la medida, quizá, en que haya que recurrir, como confrontación a la competencia del hablante, pero en todo caso estarán los textos, ya emitidos, que pueden también considerarse objetivamente como normalmente construidos: comprobamos hechos, no intuiciones ni cosas; observamos el funcionamiento efectivo de la lengua. De nuestra parte no ponemos más que el describir los hechos tal como se dan. A este método o prueba lo llamamos *prueba de la combinación* y sólo podrá aplicarse una vez que la conmutación haya agotado sus recursos[1]: decirnos que dos unidades pertenecen a un mismo paradigma y que son en parte iguales y en parte diferentes, esto es, invariantes. Además la prueba de la conmutación sólo permite una confrontación «homosintagmática» entre unidades semánticamente colindantes: podemos comparar elementos que contraen oposición, pero debemos de eliminar del examen comparativo aquellos otros cuya distribución sea diferente, aun cuando no se trate de variantes combinatorias, sino de invariantes en distribución complementaria o simplemente distinta. No parece posible la confrontación «heterosintagmática»: ¿como comparamos *hablar* con *decir*, que, aun siendo distintas invariantes con una base semántica común, no tienen conmutación normalmente? Porque todo estaría arreglado si en tales casos la diferencia estuviese sólo en la distribución: serían variantes, dependientes de rasgos contextuales distintos. Pero con frecuencia, como en el caso de estos verbos, la diferencia no es meramente combinatoria: *hablar* se distingue de *decir* por más rasgos que el mero contraste 'transitivo'/'intransitivo'.

Ha de quedar bien claro, sin embargo, que la prueba de la combinación sólo puede operar con unidades que mantengan su identidad en los diferentes contextos. De no ser así, ya no es aplicable, como no lo es tampoco la conmutación. No nos vale, por ejemplo, el hecho de que *dar* pueda conmutar con *entregar*, *rega-*

---

[1] Tampoco es capaz la prueba de la conmutación de reunir en un solo subconjunto a todas las unidades que tengan una base semántica común. Ocurre con frecuencia que unidades semánticamente vecinas difieran total o parcialmente en su distribución. Si se llevase a sus últimas consecuencias la prueba de la conmutación, casi todos los conjuntos semánticos o campos quedarían desmantelados. Curiosamente ocurre lo mismo si se aplica un método rigurosamente distribucionalista, como el propuesto por Apresjan *(op. cit.)*.

lar, etc., en *el niño da/entrega/regala el libro*, mientras no pueda hacerlo en *la tierra da/*entrega/*regala frutos*, porque en este cambio de contextos no se ha conservado la identidad de *dar*, que aparece como significante de un signo diferente en cada ejemplo. En el segundo caso, *dar* conmuta con *producir (la tierra da/produce frutos)*, y digo que conmuta y que no es una mera variante, como se comprueba con el método de la combinación: mientras se pueda decir *la tierra da/produce frutos*, sólo podrá decirse *la fábrica produce coches*, como ya hemos dicho: si multiplicamos los contextos de este tipo, observaremos inmediatamente que *dar* como significante de *producir*, sólo puede aparecer en contextos donde concurra el rasgo 'espontáneamente'; desde el momento en que éste es, pongamos por caso, 'artificialmente', ya *dar* resulta imposible. Esto nos descubre para el primer signo —*dar* en cierta distribución— un componente semántico 'espontáneamente', rasgo para el cual es indiferente el signo representado por el significante *producir*. La diferencia semántica ha resultado una vez más de la prueba de la combinación, establecida ya previamente la identidad de los signos. Creo que con esto quedan bien claras cuáles han de ser las condiciones en que la prueba de la combinación haya de realizarse. Pueden enumerarse como sigue:

a) La prueba de la combinación sólo será aplicable a los elementos que se hayan reconocido como invariantes constitutivas de un mismo campo semántico (estructuración de una sustancia de contenido común o «núcleo semántico irreductible»).

b) La prueba de la combinación se aplicará a todos los contextos en que al menos una de las invariantes analizadas e incluidas en el mismo campo pueda aparecer (aunque queden excluidas todas o parte de las demás).

c) La prueba de la combinación sólo será aplicable a aquellas unidades que mantengan su identidad en todos los contextos en que la prueba se verifique (de ahí que en los ejemplos de *dar* antes aducidos no puedan aplicarse diferencias contextuales como *el niño da el libro* y *la tierra da frutos*, porque aquí no es sólo el contexto lo que ha cambiado, sino la identidad misma del signo que se somete a prueba).

d) La prueba de la combinación podrá, de rechazo, mostrar signos diferentes, aunque homónimos, que un descuido del investigador, engañado por los significantes, pueda haber identificado. En efecto, las distintas combinaciones pueden poner de relieve signos diferentes, por ejemplo, en el significante *cabo* se descubren signos distintos en *el cabo se pasea* y en *el cabo de la azada*.

e) La prueba de la combinación pondrá de relieve todos los componentes semánticos de una unidad, los cuales resultarán negativamente de los que podríamos llamar contextos diferenciales de las invariantes de un mismo paradigma, es decir, aquellos contextos en que la unidad analizada resulta excluida. El rasgo contextual que la excluye aparecerá en ella como rasgo negativo y delimitador. Por este camino podremos determinar toda clase de magnitudes semánticas: sabremos que un elemento es adjetivo, por ejemplo, porque admite tres posiciones combinatorias genéricas *(el blanco, la blanca, lo blanco)*; o sabremos que un elemento pertenece a tal o cual estructura semántica por las mismas razones, y, además, por qué se diferencia de los demás de su mismo conjunto. La combinación descubre el valor de los signos y es en ella donde aprendemos a reconocerlo. Esto es tan cierto que podría pensarse que el valor de un signo no es más que el conjunto de contextos en que lo hemos observado[2]; lo cual no es ya tan cierto, pues no parece de acuerdo con nuestra capacidad de crear enunciados nunca oídos antes, ni con el hecho de la transformación progresiva de las lenguas, donde se va siempre más allá de lo dado. Parece por el contrario más lógico pensar que el valor de cada signo es una magnitud establecida y de acuerdo con la cual se dan las posibilidades sintácticas de ese signo. Me parece que es, al menos, esto lo que ha de creer el lingüista. Lo que ocurre es que éste, para observar y analizar, no puede partir del valor de los signos, valor que, a lo sumo, conoce sólo intuitivamente, sino de las relaciones que se dan entre los signos, primero, y de las relaciones que se dan en la cadena, después. Con la prueba de la combinación tenemos un instrumento poderoso, aunque complicado, que nos permite descubrir no sólo el valor de las categorías más generales y clases, sino también el de los elementos particulares, de pequeñas estructuras que se dan dentro de una lengua. Sabremos, por ejemplo, que hay elementos «inequívocamente» sustantivos, que no se pueden diferenciar

---

[2] Adrados opina algo así, cuando afirma que «el significado de un signo lingüístico no existe más que en cuanto generalización deducida de un alto número de sus usos individuales». (Vid. *Estudios de semántica y sintaxis*, Barcelona, 1975, pág. 147.)

de la otra clase próxima de los adjetivos, con el simple apoyo de los significantes, ya que en el terreno de la expresión no hay diferencia alguna entre sustantivo y adjetivo (si sabemos que *gato* es sustantivo y *blanco*, adjetivo, no es desde luego, por ningún rasgo observable en el significante, sino porque conocemos el valor semántico de cada uno). El límite estructural se descubre en una propiedad combinatoria particular: el sustantivo es sensible al género —o admite masculino y femenino o sólo uno de ellos— y rechaza, por tanto la combinación con el neutro *lo*. El adjetivo, por el contrario, es indiferente al género: admite cualquiera o ninguno, como en los casos de su combinación con el neutro *lo*. La adjetivación de un sustantivo queda probada por la admisión libre de *lo;* no por la condicionada a *lo... que*, la cual no es más que un procedimiento sintáctico para resaltar los componentes cualitativos de un sustantivo dado: *lo hombre que es fulano*. De lo contrario, el proceso no está del todo terminado: *lo perra que es esta vida*, pero no *lo perro, a secas; sin embargo, sí *vida perra, día perro*, etc. En el caso de *perro* la adjetivación «muestra» un nuevo signo, porque se cambia la identidad en las distintas combinaciones: *perro* representa dos signos, y no dos variantes, en *el perro ladra* y *una vida perra:* se trata de signos distintos, con aptitudes combinatorias diferentes y con identidades diferentes también: mientras uno admite sólo *el perro/la perra*, el otro admite *el perro (mundo)/la perra (vida)*. No son, pues, variantes —una misma identidad—, sino invariantes —diferentes identidades—: mientras uno conmuta con *gato*, por ejemplo, el otro conmuta con *sucio, desagradable*, etc. Del otro caso —las variaciones adjetivas o sustantivas del mismo signo—, *hombre*, por ejemplo, sin perder su identidad semántica, puede aparecer en combinaciones diferentes: *el hombre llegó/lo hombre que es fulano*. Categorías como sustantivo o adjetivo no se diferencian más que por sus combinaciones, por sus aptitudes combinatorias, no por algún rasgo formal de la expresión. Y aquí volvemos a insistir sobre la diferencia entre combinación, entendida como relación motivada en la cadena, y distribución mostrativa, como posición o conjunto de posiciones que señalan a un signo en oposición a otros. Al terreno de la combinación pertenecen los hechos que hemos expuesto poco más arriba; al de la distribución mostrativa o mecánica, las posiciones de sujeto, objeto directo, etc., en que puede aparecer un sustantivo cualquiera o las posiciones distintas de los signos que recubre el significante *dar* en los ejemplos que hemos estado poniendo. La distribución mostrativa no nos dice nada de lo que un signo es, sino solamente dónde se encuentra un signo ya conocido; la combinación no nos dice dónde se encuentra un signo que ya se supone identificado, sino solamente qué es ese signo, cuál es su naturaleza.

Nuestro método de la combinación puede aún inducir a otro tipo de confusión. Recordemos nuestro ejemplo de las preposiciones *de* y *desde*, las cuales presentaban contextos donde ambas eran posibles y contextos diferenciales donde sólo una de ellas lo era. Podría pensarse que los rasgos 'extensión'/'no extensión', resultantes de la prueba de la combinación en contextos diferenciales, eran propios y privativos de cada una de las dos preposiciones. Pero las dudas se disipan si recordamos que cuando las dos preposiciones pueden alternar en un mismo contexto, no conmutan realmente, puesto que no acarrean cambio en la significación —a lo sumo, diferencias de matiz, como es propio de las variantes—, y si no conmutan la prueba de la combinación no nos puede dar sus valores diferenciales, puesto que éstos no existen, sino los valores diferenciales de los contextos que determinan la aparición automática de una u otra variante.

Y esto nos lleva, por último, a descubrir una aplicación más de la prueba de la combinación: la determinación de los contextos de las variantes. No sólo nos puede decir cuáles son los componentes semánticos o figuras de contenido de las invariantes, sino también cuáles son los componentes semánticos contextuales que determinan las variaciones de una invariante. El rendimiento de esta prueba es, pues, elevadísimo: determina los componentes de una categoría, de una clase, de una subclase y de los elementos que componen un paradigma puramente léxico —una misma sustancia de contenido conformada— e, incluso, los componentes contextuales que regulan la aparición de variantes.

Entenderemos por combinación el conjunto de propiedades que regulan la aparición de los signos en el contexto, siempre que ésta esté condicionada lógicamente por el valor mismo de los signos y no por factores externos a la identidad misma de éstos. Se trata de la influencia sintáctica del valor semántico de los signos individuales, ya que éstos tienen su propia «sintaxis». La combinación entendida como desveladora del valor propio de los signos se distingue radicalmente de lo que podríamos llamar distribución mecánica, entendida como procedimiento técnico del nivel significante, la cual no nos dice lo que un signo es, sino dónde podemos encontrarlo. Me parece que es necesario hacer esta distinción ya que normalmente se ha venido llamando distribución a la totalidad de los contornos en que un determinado elemento puede encontrarse. Sin embargo, hay notables diferencias entre las diversas maneras de funcionar esos contornos. El procedimiento distribucional, como método, es válido para Coseriu[3] sólo para la «mostración» de unidades ya previamente conocidas, pero resulta insuficiente por sí mismo. «En efecto —afirma *(op. cit.)*—, hay que distinguir la *identidad* (el ser un objeto «esto o aquello») de la *ipsidad* (el ser un objeto «éste o aquél»). La «ipsidad» no se define ni se describe, sino que se indica, se *muestra*. Ahora, el criterio distribucional no sirve para establecer la «identidad» de las unidades lingüísticas, pero es un criterio útil para establecer su «ipsidad» [...] Referido a la «ipsidad», el criterio distribucional es perfectamente legítimo desde el punto de vista teórico; sólo que es *empíricamente insuficiente*.» Está claro que lo que Coseriu tiene en su mente, cuando habla de distribución, es lo que nosotros hemos llamado distribución mecánica o mostrativa, pero no el conjunto absoluto de contornos en que una unidad puede aparecer. Coseriu se refiere a casos como los de nuestros *dar* o *despierto*, donde los factores distribucionales —contextuales— operan mecánicamente, sin una relación lógica con la de los significados en el contexto: las distribuciones de *dar* o de *despierto* son efectivamente «mostrativas», no nos dicen si estos signos son esto o aquello, sino dónde se hallan y, por tanto, sólo permiten «reconocerlos» como algo ya conocido: nos muestra su «ipsidad». Pero la «ipsidad» del signo no se define ni se describe porque es algo externo a él: es como si quisiéramos describir una casa diciendo sólo dónde está situada. En cambio, la «identidad», no como determinada por factores externos, sino como determinante de combinaciones posibles, se descubre en estas combinaciones. Coseriu (loc. cit.) no distingue ambas posibilidades: considera la distribución sólo desde el punto de vista «externo»: «la distribución —nos dice—, ya sea como "distribución complementaria" ('A es aquella unidad que se presenta como a, b, c, d... en distribución complementaria') o como "totalidad de posiciones que puede ocupar una unidad ya identificada como tal" ('A es aquella unidad que puede ocu-

---

[3] Cfr. la intervención en la discusión sobre «The Importance of Distribution vs. Other Criteria in Linguistic Analysis», ya citado.

par tales y cuales posiciones en una unidad de orden superior o puede entrar en tales y cuales nexos con otras unidades de su mismo orden') es un criterio *mostrativo*». Este razonamiento es sin duda impecable y se refiere a unidades «ya identificadas»: evidentemente, ni la distribución complementaria, ni el conjunto de posiciones en que una unidad pueda encontrarse, dicen nada del valor propio de esa unidad. Pero es que Coseriu se sitúa en el aspecto «externo» de la distribución: una unidad no sólo se «encuentra» en un contorno, sino que también posee un valor, no definido por ese contorno, pero que sin duda alguna puede limitar y condicionar las peculiaridades de ese contorno. Está claro que en todos los casos de lo que nosotros hemos llamado distribución mecánica o mostrativa, los contornos no han sido seleccionados por el valor de la unidad: este valor no los determina, sino que se limita a aparecer con ellos. Así, los ejemplos que hemos señalado sobre el verbo *dar:* los valores 'entregar' y 'producir' no determinan las dos distribuciones diferentes del significante, que son arbitrarias con respecto a ellos, sino que se *muestran* en ellas como podrían mostrarse en dos significantes fonológicos diferentes. De la misma manera, el conjunto de los contextos de *pelo* o de *cabello* tampoco constituyen su valor: nos dicen sólo dónde encontraremos habitualmente estos signos. Por eso decimos que ésta es una visión «externa» de la cuestión.

Para el primer ejemplo es la única posible ya que no hay ninguna relación entre distribución y valor: la distribución sólo sirve para mostrarnos de qué valor se trata entre varios posibles. Para el segundo caso —para lo que nosotros hemos llamado combinación, que es un concepto interno y activo— la distribución también nos muestra un valor que, naturalmente, ya está identificado. Pero hay una diferencia: ese valor, ya identificado, «actúa» *determinando unas combinaciones y excluyendo otras*. Nuestra consideración del problema distributivo es «interna»: qué distribuciones puede tener un signo de acuerdo con su valor propio y en qué distribuciones lo encontramos también de acuerdo con ese valor propio. En el pasaje citado de Coseriu sólo se contempla el aspecto externo de la distribución, es decir, la distribución como mecanismo técnico y no la distribución como posibilidad combinatoria «natural» de un signo. Por eso hemos creído necesario distinguir antes que nada entre distribución mostrativa, mecánica o arbitraria, en la que las circunstancias del entorno sólo actúan como elementos del significante, independientemente del valor de los signos *(es/está despierto)* y combinación, en la que las circunstancias del entorno guardan una relación lógica y natural con el valor de un determinado signo. Aunque desde un punto de vista «externo» ambos tipos de hechos pueden parecer similares, salvando el nivel de generalidad, desde un punto de vista interno —cómo y de acuerdo con qué valores y reglas se construye el enunciado—, no lo son. En el caso de la distribución automática de invariantes o de variantes es evidente que el papel del entorno consiste únicamente en diferenciar las unidades en cuestión: ahí termina su cometido, de función exclusivamente «significante». En el caso de la combinación semánticamente motivada, el aspecto mostrativo se da igualmente, pero no se agota ahí: las relaciones no son arbitrarias, sino que dependen de una cierta coherencia semántica entre los términos relacionados. La combinación depende del plano del contenido, esto es, del valor (el ser un elemento esto o aquello) y sólo se da en función de él; la distribución mecánica o mostrativa (la de nuestro ejemplo de *dar*, pongamos por caso) depende del plano significante, entendido en el sentido amplio que le hemos dado más arriba. El sentido de nuestro concepto de combinación responde al aspecto que podemos llamar «generativo»: esto es, ¿de acuerdo con qué reglas se inserta un valor, un signo, no, por supuesto, un significante? El sentido del término distribución, tal como suele entenderse, es puramente descriptivo: dónde encontramos tales o cuales signos. Pero entendiéndose bien que nuestro concepto de *combinación* sólo es válido para operar en el plano del contenido, y que no pretende mostrar dónde se encuentra tal o cual signo, sino determinar cuándo es posible: qué contextos admite y cuáles rechaza. En este sentido, descartada la distribución mostrativa, que se refiere sólo a los procedimientos técnicos de diferenciación en el plano significante, utilizamos la distribución motivada o combinación para analizar las relaciones semántico sintácticas del contenido.

Ahora bien, la combinación, tal como la venimos entendiendo, no es «mostrativa» (no nos dice si tal elemento es éste o aquél, porque eso ya lo sabemos, gracias a las funciones mostrativas del significante), sino «demostrativa»: dado un valor, éste se combinará de acuerdo con su propia identidad (por ser dicho elemento esto o aquello), y, a la inversa, dadas las combinaciones de un valor cuya identidad haya sido probada y se mantenga idéntica a sí misma en diferentes contextos, éste podrá ser definido de acuerdo con sus compatibilidades o incompatibilidades combinatorias. Es así como este aspecto de la distribución que hemos llamado combinación no establece la «ipsidad» —que ya está establecida—, sino la identidad de un elemento de contenido, es decir, su definición, su valor, el conjunto de rasgos que lo componen.

La combinación es un concepto dinámico, creativo: los valores —el significado de los signos— se suponen ya establecidos, y de acuerdo con su propia identidad se combinan sintagmáticamente. Esto es un hecho evidente y así opera la lengua, considerada como mecanismo creativo. Lo que ocurre es que el lingüista sólo puede dar cuenta de esta capacidad, comprobando hechos (comprueba fonemas, significantes, órdenes sintácticos). Los valores no los puede definir por sí solos porque en este caso tendría que recurrir, como decíamos, a la introspección o a la comparación de *designata*. Establecida la unidad de un signo o de varios, es decir, la unidad de sus variaciones dentro del decurso, no le quedará otro camino que examinar los contextos de las unidades que investiga y buscar su definición —el conjunto de sus componentes— en las vicisitudes combinatorias: si dos signos de un mismo paradigma tuvieran conmutación en todos —absolutamente todos— los contextos donde uno de ellos es posible, manteniendo su identidad, esto es, que no difiriesen en sus combinaciones, parece evidente que serían lingüística, aunque no designativamente, iguales, puesto que tendrían exactamente la misma capacidad semántica interna: no habría posibilidad de diferenciarlos formalmente. Claro está que dos signos pueden ser lingüísticamente iguales, aunque no designativamente, con lo cual conmutarán siempre las designaciones, es decir, su aspecto conceptual.

La diferencia entre dos signos se «descubre» en la conmutación y se «demuestra» en la combinación: si son distintos, aunque sólo sea parcialmente, cabe esperar, al menos en la mayoría de los casos, que no puedan entrar en el mismo número de combinaciones posibles. Podemos aceptar que la diferencia entre dos signos está en ellos mismos: esto nos lo muestra nuestra intuición de hablantes al conmutarlos, pero tal diferencia se «demuestra» al ser efectivamente empleados. Habrá una serie de contextos-límite donde la conmutación resultará imposible: ése es el momento en que actuarán sintácticamente los componentes semánticos diferenciales. Me parece impropio de un verdadero análisis semántico olvidar el aspecto sintáctico. Las diferencias semánticas sólo se muestran *objetivamente* en el comportamiento sintáctico, porque en la relación paradigmática, aunque tenga existencia objetiva, no podemos entrar más que subjetivamente.

Reconocerle a la distribución únicamente el papel de establecer la «ipsidad» es evidentemente injusto. Tal punto de vista me parece sólo aceptable, para el caso de la distribución mostrativa (la de *dar* o la de *despierto*, de nuestros ejemplos): por este procedimiento sabremos de qué signo se trata en cada caso cuando nos encontramos con un significante polisémico. Pero en el caso de la distribución «activa» o combinación, las cosas pasan de otra manera. Es evidente que se puede decir que el conjunto de contornos de un signo no nos indica más que en qué contornos podemos encontrarlo, y en ese sentido toda distribución es mostrativa a secas. Pero la cosa no para ahí, si descartamos la distribución arbitraria, automática o mostrativa, que, como hemos dicho, atañe sólo al nivel significante. Si nos conformamos con decir que tal signo aparece en tales contornos, evidentemente lo damos por identificado y sólo «mostramos» sus posiciones sintácticas. Pero si pasamos al examen particular de los contornos, quizá podamos descubrir las características semánticas de éstos, y, en definitiva, averiguar por qué tal signo es posible en unos e imposible en otros[4]. Y descubrir el porqué no es ya una cuestión de mostración, sino de identificación, o, mejor dicho, de definición de lo identificado. Los contornos «muestran» si sólo atendemos al signo en particular, pero «demuestran» y definen si atendemos a ellos mismos y a sus relaciones lógicas o naturales con el signo o signos examinados. De esta manera, el signo aparece «mostrado» en sus contornos una vez que hayamos establecido todos éstos (es decir, una cantidad «suficiente»).

Esto no nos daría, claro está, una definición del signo, sino sólo un inventario de contornos. Pero si, por el contrario, clasificamos los contornos de acuerdo con sus valores semánticos, ya no estaremos diciendo dónde aparece el signo, sino cuáles son las condiciones semánticas de su aparición, es decir, cuál es la relación

---

[4] Claro está que cuando hablamos de «compatibilidad» o de «incompatibilidad» nos referimos a hechos «internos»: recordemos que *ver* era incompatible, en lugar de *mirar*, en *Juan mira atentamente por el microscopio*, a causa de ciertas peculiaridades semánticas y lingüísticas de la oposición *ver/mirar*; mientras que la incompatibilidad semántica que pudiera resultar en *Juan ve el aire* era puramente pragmática y no tenía nada que ver con la naturaleza «interna» de los signos relacionados.

semántica[5] entre un signo y sus contornos posibles. Hay, pues, dos cosas: a) una «mostración» del signo por medio del inventario de sus contornos, y b) un análisis semántico del signo de acuerdo con sus relaciones contextuales[6]. No se trata en este segundo caso de saber «dónde» aparece tal o cual signo, sino de saber por qué tal o cual signo se relaciona con tales o cuales contornos y no con tales o cuales otros.

La semántica no puede limitarse al análisis aislado de signos, tarea puramente acumulativa que no serviría ni para conocer la estructura de la lengua, ni para representar la capacidad codificadora de los hablantes. Los signos han de ser estudiados previamente: gramática y léxico han de ser conocidos en su totalidad, la prueba de la conmutación puede, luego, en cierto modo, situarlos, y una vez hecho esto y ya identificados, se ha de proceder al análisis semántico de los contornos. Sólo por este camino y con la referencia al núcleo semántico irreductible se podrá saber, además que un signo dado es una invariante perfectamente delimitada, cuáles son sus componentes —figuras de contenido, semas—, es decir, si tal signo es «esto o aquello» y no sólo si es «éste o aquél». El hablante «aprende» el valor de cada signo a través de los contornos en que lo encuentra, y cuando se trata de signos limítrofes en un campo semántico, es también el conjunto de contornos de cada uno lo que termina enseñándole las diferencias específicas. Con frecuencia hay diferencias tan sutiles, al menos en apariencia y mientras no se encuentren los contornos combinatorios «diferenciales», que cabe preguntarse si una distinción como la que hay entre *despierto* y *listo*, por ejemplo, y cuyos contornos son tan semejantes, es o no «discreta», es decir, delimitada por rasgos especificables, o si intervienen sólo aspectos de la situación real en que los signos se emiten, o factores estilísticos debidos a las asociaciones específicas de cada significante.

Parece, sin embargo, que podemos partir de la hipótesis de que cada forma de contenido, cada signo, es un valor en sí, que se identifica diferenciándose de otros y se manifiesta mediante ciertas reglas combinatorias que son consecuencia natural de su valor (aunque en éste puedan intervenir factores semánticos no discretos).

---

[5] La puramente pragmática sería necesaria también para una semántica estilística.

[6] En cierto modo, lo que han intentado hacer siempre los diccionarios, aunque sin lograrlo nunca plenamente por falta de una conciencia teórica adecuada.

Hemos de sostener esta hipótesis porque sobre ella descansa la unidad intersubjetiva de un sistema lingüístico: si los valores dependieran del contexto, no serían tales valores y cada significante sería una variable que admitiría cualquier sentido, cosa que rechaza la finalidad misma de una lengua. La variabilidad de un valor —de un signo— está perfectamente delimitada dentro de un sistema lingüístico. Ahora bien, los términos de nuestra hipótesis, que es sin duda cierta —ahí están los hechos—, sólo pueden demostrarse a partir de la combinatoria contextual. El lingüista, si quiere definir los valores, ha de comprobarlos, y para ello no tiene otro camino que las pruebas que hemos señalado: la de la conmutación que en el plano fonológico vale casi por sí sola, gracias a que la comparación puede hacerse sobre sustancias mensurables en sí mismas, y que en el plano semántico sólo puede indicar las unidades «comparables», sin poder medirlas; y la de la combinación, que es esencial en el plano semántico, dado que las unidades no son «comparables» en sí mismas, sino en sus aptitudes sintácticas o combinatorias. No puede sostenerse la tesis de que el valor de un signo es la suma de sus contextos, ni pensar, con Bloomfield, que el significado de una forma viene dado por «la situación en que la emite el que habla y la respuesta que ocasiona en el que escucha»[7]. Porque esto supondría la negación de nuestra hipótesis sobre el valor semántico como unidad delimitada, e implica la idea absurda y contraria a la realidad de que no hay más que elementos de expresión con respecto a los cuales el significado es sólo una variación indeterminada que sólo cobra valor en cada contexto particular. Llevando esta idea a sus últimas consecuencias, podría llegar a afirmarse que cualquier significante es susceptible de cualquier significado, cosa obviamente falsa. Una cosa es que no se dispusiese de un procedimiento de análisis semántico que ofreciera garantías, y otra negar la existencia, no ya del significado —que nadie la niega—, sino de que existan magnitudes de significado tan bien delimitadas como las de la expresión. Sin embargo, creo que ya estamos bastante lejos de tales ideas, y en la pista de métodos que permiten un análisis del significado con garantías (y al que no se podrá tachar de «mentalista»). Nuestro método de la combinación es una prueba tan objetiva como pueda serlo la comprobación experimental de una diferencia fonológica o de una estructura sintáctica.

---

[7] Vid. *Lenguaje*, Lima, 1964, pág. 161.

Los hechos de distribución en semántica

Por otra parte, el concepto de distribución, así como su alcance metodológico requiere unas precisiones indispensables. Por distribución en un sentido amplio, podemos entender cosas bien distintas, que es necesario no confundir. En primer lugar, hemos de diferenciar el aspecto «mostrativo» del que podríamos llamar «demostrativo». La distribución parece haberse entendido siempre implícita o explícitamente en el primer sentido, aunque se hayan querido sacar de ella consecuencias que atañen al segundo. Y me refiero sólo a la distribución como método o criterio de análisis, no como *hecho*. Por distribución, en el primer sentido, se entiende el conjunto de contornos en que un elemento dado puede aparecer. Los partidarios acérrimos del criterio distribucional han querido llevarlo a sus últimos extremos, pensando que todo elemento lingüístico puede definirse por su distribución, es decir, que, en el fondo, no hay más que identidad posicional. Esto sería viable siempre que cada elemento diferente tuviese siempre una distribución diferente, cosa que no es cierta ni siquiera en el nivel fonológico, donde dos fonemas distintos pueden tener exactamente la misma distribución [1].

Estamos plenamente de acuerdo con las opiniones de Coseriu, expuestas más arriba, sobre la distribución, en el sentido de que no define unidades —no las «demuestra», sino, simplemente,

---

[1] Es, sin embargo, relativamente cierto en semántica, donde cada unidad distinta tiene al menos una peculiaridad distribucional concreta —es decir, relaciones concretas con signos concretos— diferente de los demás. Pero aun aquí, estas peculiaridades distribucionales no serían por sí mismas definidoras, ya que sólo se dan en casos particulares, mientras que en la mayoría de las ocasiones su distribución es coincidente con la de otras unidades, con lo cual la delimitación resultaría siempre parcial e incompleta. Además, como veremos, son muchos los casos de idéntica distribución de signos diferentes, que sólo pueden ser entonces diferenciados por otros tipos de relaciones, mediante las cuales pueden ser interpretados.

«muestra» dónde aparecen tales unidades, que, además, están ya plenamente identificadas: si se puede hablar de distribución de unidades es porque previamente se conoce su identidad. El conocimiento de la identidad no deriva de las posiciones; es previo, y sólo nos limitamos a comprobarla en esas posiciones. Pero ni aún dentro de este primer concepto de distribución, se ha sabido deslindar bien entre dos cosas bastante diferentes. Me refiero a las distintas «posiciones» de un elemento semántico que mantiene su identidad en todas ellas, frente a las distintas posiciones o relaciones que denuncian identidades diferentes, es decir, signos diversos. Así, pongamos por caso, nuestro ejemplo sobre la distribución de *inteligente* en *niño inteligente, perro inteligente, razonamiento inteligente*, donde el signo mantiene su identidad aunque sufra variaciones (variantes de contenido), frente a aquellos otros relativos a *dar*, como *el niño da un libro, la tierra da frutos*, donde no se mantiene identidad alguna. En el primer caso se trata simplemente de «posiciones» distintas de la misma unidad: las posiciones distintas permiten la variación pero no alteran la identidad. En el segundo caso se trata de posiciones o combinaciones distintas correlativas de identidades diferentes. En el primero se trata puramente de una distribución semántica; en el segundo, de una distribución arbitraria, que atañe al significante, aunque en éste hayan entrado, como ya hemos señalado, componentes semánticos. No pueden considerarse del mismo tipo ambos casos de distribución: en el primero, la distribución muestra variantes semánticas de un mismo signo, motivadas por el contexto; en el segundo, signos distintos, sin relación natural con el contexto. Es arbitraria y mecánica, y, por tanto, un recurso o procedimiento significante. Está claro que se trata de hechos de orden diferente. Aunque en ambos casos se nos «muestren» signos por medio de «posiciones»; en uno, la relación entre significado o valor y posición es motivada (o «lógica», si se quiere); en el otro, la relación es inmotivada.

Y llegamos así a lo que podríamos llamar «distribución demostrativa». La diferencia es, evidentemente, desde el punto de vista del análisis: no se trata de decir en qué posiciones o contextos aparece un signo, ni qué posiciones o contextos diferencian a un signo de otro, cuando sus significantes son homófonos. Sólo nos interesan ahora los casos en que hay una relación motivada entre significado y posición, *pero no registrar todas las posiciones como definición del signo* (que sería una empresa absurda), *sino com-*

probar la relación semántica que puede haber entre un signo determinado y todas sus posiciones frente a la relación semántica correlativa que pueda darse entre otro signo opuesto y todas sus posiciones. No intentamos confundir *posición* con *definición*, sino deducir o completar la definición de un signo, analizando los componentes semánticos que derivan del contexto, en el cual ocupa una «posición». No se trata de comprobar dónde se muestra el signo, sino de comprobar cuáles son las condiciones semánticas que se dan cuando el signo se muestra, y las relaciones de contenido que se dan entre el signo y su contexto. Naturalmente, no se trata ya de buscar una definición distribucional (tal signo es el que se encuentra aquí o allí) que no nos diría nada de lo que el signo es, sino de *completar* una definición del valor —apuntado quizá en la conmutación— sobre la base de las relaciones semánticas que es capaz de contraer (tal signo es «esto o aquello», porque sus relaciones semánticas sólo se dan con «estos o aquellos» contenidos, con exclusión de tales otros). Por esta razón distinguimos entre distribución —suma de posiciones o de contextos— y combinación o capacidad semántico-sintáctica de los signos. Y al hablar de capacidad sintáctica, no nos referimos a las posibilidades combinatorias generales de tipo estrictamente gramatical —es decir, por ejemplo, el poder funcionar como sujeto o como objeto, como determinante de un nombre o de un verbo, como sustantivo o como adjetivo, etc.—, posibilidades que sólo harían una referencia general a la «clase» a que pertenecen los signos; sino a las posibilidades combinatorias particulares y propias de cada signo concreto, independientemente de la «clase» a que pertenezca. Aunque teóricamente y de acuerdo con las propiedades generales de las «clases», por ejemplo, todo adjetivo puede combinarse con todo sustantivo, hay combinaciones concretas que resultan inaceptables, bien por pertenecer los elementos a subclases diferentes *(*pared inquieta*, **mesa durmiente*, **¿quién cosa dices?*, etc.), bien por tener un valor léxico especial y particular dentro de un campo semántico *(*lápiz eficiente* frente a *medicina eficiente; *un líquido ancho* frente a *un mar ancho*, etc.), bien por entrar en conflicto con la experiencia «real», aunque en este caso la validez de las relaciones lingüísticas es mayor, puesto que son admitidas por los signos sin dificultad: *verde viento*, *ruidoso silencio*. Este último tipo de incompatibilidades es externo al sistema de la lengua y sólo afecta a la experiencia: *verde viento* o *ruidoso silencio* pueden corresponder a experiencias reales de algunas personas y, al mismo tiempo, ser extraños a la experiencia de otras. Los otros dos tipos de incompatibilidad[2], que son los estrictamente lingüísticos *(*pared inquieta, *líquido ancho)*, no afectan, sin embargo, más que a la estructura semántica léxica, pero no a la estructura semántica gramatical (o sintáctica), y son siempre posibles para comunicar experiencias especiales. Se entra por aquí en uno de los niveles metafóricos de la significación. Sólo hay una diferencia en los distintos desplazamientos semánticos: mientras en combinaciones como *verde viento*, o *ruidoso silencio*, no hay ninguna razón lingüística de incompatibilidad —la única razón está en la experiencia de la realidad—, en combinaciones como *líquido ancho* o *lápiz eficiente*, sí hay razones lingüísticas de incompatibilidad: las posibilidades semánticas metafóricas de tales combinaciones «léxicamente anómalas» radican precisamente en el hecho de que los rasgos «incompatibles» mantienen su eficacia semántica —no se suspenden—, de suerte que establecen relaciones de significado especiales, transfiriéndose sus componentes de contenido. En el fondo, el resultado es el mismo: creación de nuevos signos de habla *(parole, performance)*. Sólo quiero decir que en un caso la incompatibilidad depende de la estructura semántica de los signos, y, aunque sea posible «forzarla», siempre nos mostrará o nos «demostrará» el *valor* de tales signos, mientras que en el segundo caso depende de la experiencia de los hablantes y no tendrá carácter demostrativo alguno: así como *líquido ancho* nos puede decir algo del significado 'ancho' (frente a *río ancho*, por ejemplo), *verde viento* no nos dice nada sobre el significado de ninguno de los dos signos puestos en relación, sino sólo sobre el significado de la experiencia que se representa por su unión. En el otro caso, en cambio, no sólo nos dice algo sobre la experiencia que se intenta comunicar, sino también sobre la naturaleza lingüística de los signos que se combinan.

Sin embargo, este tipo de combinaciones anómalas, sólo es posible en el plano de lo que podemos llamar significado léxico: se trata de alterar las relaciones de los componentes semánticos con la experiencia externa del lenguaje o de efectuar combinaciones que no alteran las posibilidades normales de los componentes

---

[2] Se entiende, naturalmente, que esta incompatibilidad es relativa. Afecta a la *norma* y no al *sistema* lingüístico. Lo que sí sigue siendo diferente son las alteraciones de la norma «lingüística» *(*líquido ancho)*, frente a las de la norma «pragmática» *(*vacas azules)*.

semánticos, sino únicamente su relación concreta con la experiencia[3]. Como es lógico las tales combinaciones «anómalas» dejan de ser posibles desde el momento en que afectan al nivel que podemos llamar gramatical. Así, el componente 'humano' de *quién* le impide *de una manera absoluta* entrar en la frase **¿quién cosa dices?*, mientras que no impediría una secuencia como el *cabello del león*, donde el rasgo 'humano' es también incompatible, aunque de otra manera. Hay, pues, una incompatibilidad léxica y otra gramatical. La gramatical es absoluta: corresponde al nivel que podríamos llamar de «reconocimiento» y que es propio de la estructura de los esquemas sintácticos: o, incluso, fonológicos: si esta estructura falla, la secuencia *no es ya reconocible* (o, al menos, reconocible como propia de tal lengua): se trata de hechos del mismo orden que la concordancia gramatical, la posición de las preposiciones, etc. (es la inviabilidad de **el niña corren* o **el de perro Juan)*. En cambio, la incompatibilidad léxica no afecta a la estricta gramaticalidad —que, para nosotros, es sólo «condición de reconocimiento»—; afecta sólo a la relación entre enunciado y realidad o experiencia. En los casos de incompatibilidad léxica —como en los de incompatibilidad «pragmática» del tipo *verde viento*— el valor primario y fundamental de los componentes semánticos *se mantiene*, y permite fabricar ocasionalmente un nuevo signo. Es la condición de la metáfora, que sólo existe mientras los signos que la componen mantienen su identidad lingüística contrapuesta: desde el momento que esa incompatibilidad se rompe y la identidad de los signos varía, ya no hay metáfora —signo de *parole*—, sino un nuevo signo de lengua. Así, si *vivo* pudo llegar a su significado 'inteligente' o 'listo' a través de un empleo metafórico, ya no lo tiene en el español actual, porque su identidad ha cambiado y el significado 'que está vivo' *no se mantiene en una relación de «incompatibilidad latente» con el otro* en una secuencia como *el niño es vivo*.

---

[3] Las combinaciones del léxico, que podríamos llamar anómalas, bien por conflicto de estructura semántica y experiencia, bien por discordancia designativa —entre los referentes— no son verdaderamente «anómalas» más que en el sentido de 'no triviales'. El concepto de «desviación» es una de las mayores ingenuidades que se han dicho en toda la historia de la lingüística. Siguiendo este criterio, no ya la poesía, sino más de la mitad de las frases que se pronuncian diariamente en la calle, y sin ninguna intención estilística, serían desviadas. Con excepciones contadas, todo lo que se dice, se dice porque se puede y porque responde a una gramática un poco más compleja que la que sueñan estos «desviacionistas».

La prueba de la combinación mantiene toda su operancia, incluso en estas combinaciones «anómalas»: es precisamente ella la que nos muestra su carácter «imprevisto», y, por tanto, de nuevo, las características de las «incongruencias», que no son otra cosa que la prueba de la existencia de componentes semánticos estables que se «demuestran» tanto en el comportamiento *normal* como en el *anormal:* es precisamente el contraste entre uno y otro tipo de combinaciones lo que nos da la medida objetiva del valor de un signo (sus combinaciones normales, sus combinaciones anómalas y sus combinaciones imposibles).

Objetividad y métodos en el análisis semántico

La prueba de la combinación, como hemos dicho ya, no sólo permite analizar los componentes semánticos de un signo, sino también los de sus contornos sintácticos y, consecuentemente, las circunstancias de las variantes. Nos muestra con qué contextos es compatible un signo y, por tanto, dado el valor de esos contextos, el valor de las variaciones posibles de ese signo. Esto, en lo que se refiere a las variantes de contenido propiamente dichas, es decir, aquellas que no entrañan una variación correspondiente en el significante. Pero también nos señala los contextos semánticos en que pueden aparecer las distintas variantes de expresión de una sola unidad: recordemos el caso de los adjetivos latinos *senex, vetus, vetulus*, determinados de acuerdo con el valor semántico del contexto. Algo parecido vimos a propósito de nuestro ejemplo de las preposiciones españolas *de* y *desde*, cuya aparición diferencial estaba también determinada por componentes semánticos del contexto. La prueba de la combinación nos lleva:

a) A los elementos semánticos que componen el valor de un signo.

b) Al conocimiento de los desplazamientos que implican las variantes de contenido de un signo, de acuerdo con sus distintos contextos.

c) Al valor semántico de las variantes de contenido que tienen expresión diferenciada y, naturalmente, a las condiciones que determinan automáticamente la aplicación de las diferentes expresiones.

Estos procedimientos se muestran particularmente fecundos en el caso de las llamadas combinaciones anómalas, es decir, cuando las variantes muestran cualquier tipo de incompatibilidad con su contexto «normal»: los efectos semánticos son inmediatos. Si el alemán *fressen* aparece en un contexto compatible sólo con *essen*, producirá una variación de matiz, como podría ocurrir con una asociación del tipo *pared inquieta*, donde también se produce variación. En todos los casos de «anomalías» combinatorias, lo que hay son variantes: la diferencia entre los dos ejemplos está en que la variación *essen-fressen* depende de los contextos semánticos que determinan la aparición de uno u otro significante, mientras que la variación semántica de *inquieta* depende exclusivamente del valor semántico de los dos signos combinados, y, en gran medida de su incompatibilidad.

La objeción más seria que se puede hacer a los métodos de la conmutación y de la combinación, en semántica (tanto gramatical como léxica), es que, en el fondo, no son objetivos porque hay que contar siempre con la intuición o el saber de los hablantes. Pero esa misma objeción vale también para la fonología: si el criterio básico es la función distintiva, no habrá más remedio que recurrir a la opinión de los hablantes. De lo contrario, la lingüística será una ciencia física que registra magnitudes, también físicas, pero que no conoce funciones, cuya naturaleza fundamental es semántica.

Que la lingüística no puede ser en ningún caso una ciencia de la naturaleza, sino de la significación[1] —que no es naturaleza— nos lo demuestra el hecho de que las magnitudes observables no son más que manifestaciones de magnitudes constantes, cuyo número es mucho menor. Si no podemos reducir las variantes a constantes o invariantes, no conoceremos más que hechos físicos, pero sólo en cuanto tales; no bajo la forma de lenguaje. Una consideración predominantemente física es incapaz de penetrar en el análisis del significado: ahí, nada puede medirse físicamente, ni tampoco, siquiera, con un criterio conductista, observando las situaciones en que se emite un mensaje y la respuesta que ocasiona. Ya hemos señalado que la comparación lenguaje-realidad no conduce a ninguna parte, porque la adecuación del lenguaje a la experiencia es una operación subjetiva: los límites de lo experimentado no tienen nada que ver con los límites que establecen las estructuras lingüísticas. Recordemos nuestro ejemplo escolar de «frío»: esta unidad es un valor lingüístico que depende de ciertas relaciones del sistema, no de las condiciones objetivas de la rea-

---

[1] Incluso a los fonemas puede atribuírseles un cierto tipo de significación: la «aliedad». (Vid. Žarko Muljačić, *Fonología general*, Barcelona, 1974.)

lidad a que puede aplicarse. Su valor lingüístico no es ni la suma de sus contextos, ni la suma de las experiencias reales que puedan comprobarse para él (por ejemplo, 'de tantos a cuantos grados centígrados'): es sólo un valor en equilibrio con otros valores con los que guarda una cierta relación en el sistema *(caliente, tibio, fresco,* etc.).

La objeción de falta de objetividad no vale, pues, en este sentido: lo objetivo en una lengua no es su contextura física ni la adecuación con las circunstancias que determinan el estímulo y originan la respuesta, sino, precisamente, *su funcionalidad comunicativa.* Sólo desde el ángulo de la funcionalidad, podremos hablar de «hechos objetivos» en una lengua. Las demás realidades que entraña una lengua —sonidos, por ejemplo— no son objetivos en este sentido: lo objetivo en una lengua es aquello en que descansa su función como lengua, es decir, por ejemplo, ciertos aspectos específicos de los sonidos —pero no los sonidos en cuanto a tales—, ciertos aspectos del significado —pero no, desde luego, lo «significado» en cada caso—, ciertos aspectos del orden de las categorías, etc. No podrán establecerse más hechos «objetivos» que los que resulten de una función *lingüística* diferenciada, entendiendo por tal sólo lo que sea pertinente en el proceso de la comunicación. Por eso, curiosamente, para la ciencia lingüística, lo objetivo son siempre entidades abstractas: fonemas y reglas de combinación de fonemas; categorías semántico-gramaticales y reglas de combinación entre ellas; categorías léxico-semánticas y las leyes que rigen su combinación: nunca tendremos cuestión directa, sino indirecta, con los sonidos físicos, con las cosas reales, con las situaciones, etc.

Sin embargo, en otro sentido, parece que cabe hablar de falta de objetividad: ¿cómo llegamos a la delimitación del valor de las unidades de contenido si sólo las conocemos intuitivamente y su carácter unitario depende de una convención arbitraria? ¿Es posible establecer el valor semántico de los signos —gramaticales y léxicos— por un procedimiento estrictamente objetivo, como se hace más fácilmente con los elementos de un sistema fonológico, tanto por su número restringido como por el no menos restringido de características físicas que le sirven de apoyo? ¿O lo único cierto es que nuestras «pruebas» no son más que recursos complementarios que permiten establecer precisiones, una vez que se conoce la identidad semántica de los signos? Parece evidente que sólo por la distribución y las combinaciones no podremos ir muy lejos en la identificación concreta, si antes no hemos acotado la zona de sustancia semántica que conforman los signos. Al principio parece imposible que podamos averiguar el sentido de *alto*, por ejemplo, si no lo conocemos de antemano. Pero si miramos más de cerca la cuestión, parece que sí es posible la operación, prescindiendo de un conocimiento previo. El primer paso consistiría en descubrir su entidad gramatical, es decir, a qué categoría pertenece. Si comprobamos que es indiferente al género *(el alto, la alta, lo alto)* estaremos en la pista de que se trata de un adjetivo, como lo demuestran además sus otras aptitudes sintagmáticas más generales *(altísimo, muy alto, más alto que,* etcétera), o el unirse frecuentemente con otros signos no indiferentes al género (sustantivos): *pared alta, árbol alto*, etc. Establecido así —sin conocer su significado— que es un adjetivo (lo cual ya es una averiguación semántica), vemos que, en efecto, conmuta con todos los que poseen esta misma propiedad *(casa alta/blanca/hermosa,* etc.). Pero hasta aquí sólo conocemos su significado más general, el significado 'adjetivo', que no es más que el significado común a toda una clase abierta. Sin embargo, si seguimos adelante, observando sus combinaciones, veremos que no son las mismas que las de todos los demás adjetivos: mientras alto se puede aplicar a personas, a animales, a cosas concretas, no puede hacerlo con ciertos abstractos —**un accidente alto*, **un procedimiento alto*—, aunque sí con otros —*un pensamiento alto, una cantidad alta*, etc.—. Esto nos indica que, dentro de los adjetivos, pertenece a una subclase especial que excluye una gran cantidad de adjetivos que poseen aptitudes combinatorias diferentes. Las características semánticas averiguadas han aumentado: 'adjetivo', 'persona', 'animal', 'cosa concreta'... Con respecto a los abstractos, hemos visto que presenta dificultades: mientras se puede combinar con unos, difícilmente puede hacerlo con otros. Es evidente que la subclase vuelve a dividirse, pues frente a otra que admitiese en general abstractos, ésta admitiría sólo ciertos abstractos: *pensamiento, cantidad, número, cualidad.* Pero nótese que estos abstractos poseen una naturaleza semántica «cuantificable»: un pensamiento puede ser mejor o peor; una cantidad mayor o menor, etc. Por este camino podríamos seguramente encontrar subgrupos cada vez más reducidos en número de elementos, pero es probable que los elementos del último subgrupo fuesen heterogéneos semánticamente: igual que podríamos decir *un hombre alto, un árbol alto, un pensamiento alto, un* *número alto*, podríamos también decir *un hombre estimable*, *un árbol estimable*, *un número estimable*. Sin embargo, *estimable* y *alto* no guardan entre sí más relación semántica que las características comunes de la clase. Uno y otro poseen conmutación entre si, pero la conmutación no los delimita: nos coloca ante dos unidades diferentes. Tendríamos que descender al análisis de todos sus contextos posibles para tratar de establecer alguna diferencia concreta y no limitarnos a saber que son simplemente diferentes.

Las maneras de cuantificación de ambos adjetivos son evidentemente distintas: mientras se puede decir *una noticia estimable*, no es posible *una noticia alta, pero sí un *pensamiento alto*. La variación semántica de *alto* es posible desde el contexto *un árbol alto* hasta *un pensamiento alto*. ¿Qué significa esto?: ¿que *estimable* y *alto* pertenecen a clases diferentes? Es dudoso, porque esto alteraría el concepto de clase y nos llevaría a establecer un número de ellas quizá tan grande como el de las unidades léxicas. Lo característico de una clase o de una subclase son las propiedades *generales* de combinación; pero si además de esto, cada elemento de una clase tiene peculiaridades exclusivas de combinación, llegaríamos al absurdo de clases de un solo miembro. Es evidente que *alto* y *estimable* pertenecen a dos subclases diferentes, pues mientras *alto* sólo se combina con abstractos «cuantificables», *estimable* parece combinarse con otras clases de abstractos. Sin embargo, ¿por qué es «cuantificable» *pensamiento* y no *noticia*, suponiendo que no hay duda con abstractos como *número*, *cantidad*, etc.? O mirado desde otro punto de vista, ¿por qué uniéndose *estimable* con abstractos en general, no lo hace con aquellos que expresan cualidades «negativas», como *delito*, *asesinato*, *maldad*, etc.? Está claro que dentro del «clasema» 'cuantificable' se establecen excepciones particulares que dependen del valor específico de signos concretos; o que, dentro del clasema 'abstracto' se establecen en este caso particular excepciones también relativas a sentidos concretos. *No podemos tomar a estos sentidos concretos como indicativos o marcas de clase.* Sólo nos sirven para comprobar el valor de algún elemento de una clase en particular.

Si hay dos clases, una caracterizada por el rasgo 'abstracto cuantificable' y otra, simplemente, por el rasgo 'abstracto' (omitimos otros rasgos más generales que ahora no hacen al caso), y dentro de cada una aparecen elementos que, aparte de las combinaciones generales de la clase, tienen propiedades específicas combinatorias con respecto a signos muy concretos, es razonable pensar que hemos pasado del significado de una clase al significado particular de un elemento de la clase. En efecto, *alto*, cuando se combina con abstractos, exige que éstos sean cuantificables *(número, cantidad, grado*, etc.): por eso no se combina normalmente con abstractos no cuantificables como *noticia, accidente, procedimiento.* Sin embargo, se combina, por ejemplo, con *pensamiento* o *ingenio.* Esto parece querer decir que mientras *noticia, accidente* o *procedimiento*, no admiten ser más o menos lo que son, *pensamiento* o *ingenio* sí admiten ser más o menos «perfectos», es decir, que la magnitud semántica 'pensamiento' está relacionada con el grado de la cualidad semántica conformada, de suerte que su sustancia puede ser considerada como «más o menos» 'pensamiento'. Cosa igual podría decirse de *ingenio*. Por el contrario, *noticia*, por ejemplo, no admite ser «más o menos» 'noticia', aunque su sustancia pueda admitir distintos grados de valoración *(una noticia grande/ vulgar/ importante*, etc.), pero en ningún caso podría llegar a ocurrir que una noticia no fuese 'una noticia' por el grado de su calidad o cualidad; en cambio, *pensamiento* o *ingenio*, dentro de las sustancias que conforman, admiten el dejar de ser lo que son: es decir, que una noticia banal será siempre una noticia, pero a un pensamiento banal puede negársele la condición de pensamiento. Es evidente que *pensamiento* o *ingenio* implican una valoración, mientras que *noticia* o *procedimiento* no. Sin embargo, no creo que pueda decirse que los primeros sean cuantificables, sino sólo la valoración que implican. Semánticamente hablando, *pensamiento* no puede ser «más o menos» *pensamiento:* o lo es, o no lo es. Tampoco *noticia* puede ser «más o menos» *noticia:* o lo es, o no lo es. Por eso todos estos elementos —*pensamiento, ingenio, noticia, procedimiento*— sólo admiten cuantificación «externa» *(gran pensamiento, gran ingenio, gran noticia, gran procedimiento)*. Si *alto* se une a elementos como *pensamiento* o *ingenio* —que no expresan cuantificación— de la misma manera que se une a *número* o *cantidad* —que sí expresan cuantificación—, es evidente que se trata de una propiedad particular de este signo, ya que otros cuantificadores, como *grande*, pueden unirse a *noticia* o a *procedimiento* igual que a *pensamiento* o *ingenio*. Si *alto* se combina con abstractos cuantificadores, pero no con abstractos no cuantificadores, salvo excepciones, es evidente que posee, como revela la combinación, un sema 'cuantificación' (que quizá sea un clasema), pero es al mismo tiempo evidente que se distingue de otros cuantificadores por su combinación (por ejemplo, de *grande*, que puede aplicarse a *noticia* y a *pensamiento*, mientras *alto* sólo a *pensamiento*). *Alto* supone así un rasgo adicional, 'aplicable a contenidos que admiten valoración interna', y en esto resulta que coincide con otros cuantificadores como *bajo* o *pequeño: bajo pensamiento, bajo ingenio, pequeño pensamiento, pequeño ingenio*. Si seguimos el análisis, podremos llegar a encontrar cuantificadores que tengan exactamente la misma distribución: *hombre alto/bajo, casa alta/baja, ingenio alto/bajo*. Esto supone llegar a un punto donde ni la prueba de la conmutación ni la de la combinación operan ya: la combinación se agota y no nos dice más; la conmutación nos dice que son distintos, pero no nos dice nada sobre la cualidad específica de ambos signos. Si el fin del análisis es éste, mal queda nuestra pretensión de objetividad: al parecer sólo queda nuestro conocimiento previo de cada signo en relación con nuestras experiencias. Pero esto no es lo que buscábamos, sino, precisamente, lo que queríamos evitar. ¿Cómo determinar el valor «absoluto» de *alto*, prescindiendo de nuestro saber «pragmático»? Si *alto* y *bajo* se han identificado en cuanto a la combinación, pero se muestran diferentes en cuanto a la conmutación, es evidente que poseen exactamente la misma sustancia de contenido, distinta de la de otros cuantificadores que admiten distinta combinación *(el camino es largo/corto de recorrer*, pero no **el camino es alto/bajo de recorrer)*. Si la sustancia de contenido es para los dos signos exactamente la misma, esto quiere decir que la diferenciación no se hace por la agregación de nuevos componentes semánticos, sino por la *modificación* de los ya existentes. Esta «modificación» puede ser de diferentes tipos:

a) «De grado o continua»: la sustancia semántica se estructura de más a menos, siendo posible pasar de un grado a otro sin solución de continuidad *(frío/fresco, caliente/tibio*, etc.).

b) «Discontinua o de signo»: la misma sustancia semántica se estructura también de un «más» a un «menos» real, pero ya no es posible pasar de un grado a otro sin solución de continuidad. Un miembro de una estructura así no es «más o menos» el otro, sino distinto del otro. Esto ocurre con la estructura bipolar de los antónimos[2], donde los miembros vienen marcados por la 'presencia' o la 'ausencia' de la misma sustancia semántica, de

---

[2] Vid. nuestro trabajo, ya citado, *El campo semántico de la valoración intelectual en español*, pág. 62 y ss.

suerte que hay un miembro positivo y otro negativo, aunque ambos marcados, porque aquí *la ausencia no es la ausencia del rasgo, sino la cualidad propia de otro rasgo opuesto;* o por la estructura multipolar, caracterizada porque las diferencias de grado «reales», no son *lingüísticamente* diferencias de grado: *verde* no es un «más o menos» *amarillo*. En cada miembro de estas estructuras, el rasgo funciona como «distinto» y no como un grado diverso de la misma cualidad. Son estructuras en las que todos los miembros son positivos, en el sentido de marcados por la «presencia» de grados reales distintos que funcionan como cualidades lingüísticas distintas. Si *alto* y *bajo* poseen la misma sustancia, corresponderán a algunos de estos tipos de estructuración. El grado de sinonimia que puede darse entre elementos en oposición gradual es bastante alto y es totalmente distinto en semántica que en fonología, donde, por ejemplo, la diferencia de grado entre /e/ e /i/ es tan discreta como la que puede haber entre /e/ y /o/. Una diferencia gradual en semántica es en el fondo sólo una diferencia de «intensidad», *en relación con un mismo significado*, mientras que en fonología lo es de cualidad: crea dos objetos diferentes (/e/ no es «más ni menos» /i/, pero *gigantesco* es 'muy grande', esto es, que representa un grado de *grande).* Si tomamos a *gigantesco* como ejemplo, veremos que su conmutación con *grande* no altera nunca el sentido de la secuencia: *un árbol gigantesco* sólo difiere de *un árbol grande* en la diferente intensidad con que actúa el significado 'grande': la oposición semántica de grado es, como se ve, totalmente distinta de la fonológica —son cosas diferentes—: mientras la oposición e/i produce diferencias absolutas *(mesa/misa)*, es decir, diferencias de magnitud a magnitud; la oposición semántica *grande/gigantesco* sólo cuantifica de diversa manera a un sólo contenido: no hay diferencias de magnitud a magnitud, sino variaciones dentro de una misma magnitud. *Digamos que la oposición e/i es sólo gradual desde el punto de vista físico, pero no desde el lingüístico, donde es imposible pasar insensiblemente de un fonema al otro con grados intermedios*, que si bien pueden darse en las realizaciones de ambos, no existen para la interpretación de los hablantes. En otras palabras: la diferencia e/i nunca es «sinonímica» (salvo, quizá, dialectalmente [3], en ciertas posiciones de neutralización); en cambio,

---

[3] Vid. G. Salvador, «Encuesta en Andiñuela», en *AO*, XV (1965), págs. 190-255, y R. Trujillo, *Resultado de dos encuestas dialectales en Masca*, ya citado.

la oposición *grande/gigantesco* es siempre sinonímica, sólo hay una variación de intensidad. Es evidente que en nuestra oposición *alto/bajo* no hay relación sinonímica alguna: el hablante no identifica o «aproxima» los enunciados que sólo difieran en estos signos; por el contrario, los considera «diferentes», absolutamente diferentes. Está claro que la oposición no es «gradual»[4]: será seguramente «discontinua», bien multipolar, bien bipolar.

Ahora bien, como no encontramos más que estos dos elementos que posean exactamente la misma sustancia, hemos de suponer que la estructura semántica es bipolar. Si los dos significaran sólo una cualidad positiva o los dos una cualidad negativa, la oposición, o, mejor, la variación, sería necesariamente gradual (en el caso de los adjetivos de color, todos los miembros son positivos, pero la oposición entre ellos no es gradual más que físicamente; lingüísticamente son todos miembros positivamente marcados por cualidades distintas, ya que su semejanza gradual sólo es posible en el orden de las sustancias físicas); pero ya hemos visto que no es gradual *porque nunca pueden ser sinónimos: un árbol bajo* y *un árbol alto* guardan entre sí una diferencia «discreta». Se trata, por tanto, de dos signos que conforman la misma sustancia, como prueba la combinación de ambos, con la diferencia de que uno estará marcado por la presencia de la cualidad y el otro por su ausencia. Llegados a este punto del análisis nos encontramos con que hemos descubierto una serie de componentes semánticos de *alto*, pero también con que no hemos descubierto aún el significado concreto del signo[5]. ¿Habrá que recurrir ahora a la experiencia como criterio último y decisivo? ¿O, lo que en el fondo es lo mismo, a comprobaciones estadísticas sobre el empleo normal de este signo? Creemos que no. Si ahora volvemos a la prueba de contextos, de combinación, veremos que se puede decir

---

[4] No creemos que en semántica pueda hablarse de oposiciones graduales, como en fonología. En fonología, la diferencia de grado, si es fonológica, lo es también de cualidad; de lo contrario, se considera mera variación alofónica —en español, e ~ ę; o ~ ǫ, etc.—. En semántica, el diferente grado con que se presenta un rasgo no introduce nunca una diferencia cualitativa: se trata, pues, de variantes graduales y no de otra cosa.

[5] Es muy probable que la parte conceptual concreta resulte siempre inalcanzable. Es lo que hemos llamado *núcleo semántico irreductible*, elemento que seguramente habrá que considerar «dado». Posiblemente el objeto de la semántica no sea otro que el de la determinación de todos los otros rasgos, como hemos venido haciendo, para que, una vez conocida su naturaleza, se aplique a la definición de los signos, añadiéndoles la parte conceptual del N.S.I.

el árbol es alto o *está alto*, pero sólo *el agua está alta* y nunca *el agua es alta. Lo mismo ocurrirá en todos los contextos donde la cuantificación se refiera a la verticalidad. Si los contextos rechazan el componente 'verticalidad', sólo podrá emplearse *estar*, pero no *ser*, es decir, que sólo para los resultados, pero no para las «esencias». Así queda determinada la sustancia semántica conformada por la oposición *alto/bajo*, gracias a la incompatibilidad con contextos que rechazan la verticalidad. Sólo nos falta por determinar por procedimientos objetivos cuál es el miembro «positivo» y cuál el «negativo». La cosa sería muy fácil recurriendo a contextos «pragmáticos»: así, por ejemplo, *los cimientos están en lo alto del edificio, el techo es la parte baja*, etc.; pero esto no vale, porque sería de nuevo recurrir a los datos de la experiencia extralingüística. Si, por el contrario, recurrimos a la combinación con ciertos abstractos, veremos, por ejemplo, que se da sinonimia —al menos parcial— de estos elementos con otros que bien implican valoración positiva, bien negativa: *un entendimiento bajo, un comportamiento bajo, una acción baja*, etcétera, donde siempre *bajo* es sinónimo de un término negativo: en efecto, al faltar en los contextos la 'verticalidad', sólo queda el valor positivo o negativo: *un entendimiento bajo* = 'mezquino'; *un comportamiento bajo* = 'indigno'; *una acción baja* = 'ruin', etcétera. En cambio, *un entendimiento alto* = 'de alta calidad'; *un alto comportamiento* = 'digno', etc. Es evidente que, recurriendo a las combinaciones, se comprueba que *alto*, en contextos donde la 'verticalidad' es inoperante, es siempre equivalente a elementos «positivos», mientras que *bajo*, en igualdad de condiciones siempre se asocia con elementos de valor «negativo». Lo cual quiere decir que estos rasgos son los únicos que se mantienen en los contextos donde sus otros semas específicos quedan suspendidos. Hemos llegado así, simplificando mucho, y a guisa de ejemplo, a la determinación del valor de un signo valiéndonos sólo de las dos pruebas propuestas. Si es cierto que hemos tenido que recurrir a la comprobación del carácter diferencial de los elementos, basándonos en el criterio de los hablantes, es porque una lengua sólo existe como competencia o saber de éstos; y en ningún sector de la lingüística, ni aun entre los más acérrimos partidarios de la distribución como criterio, se podrá prescindir nunca de la funcionalidad, que sólo se descubre en lo que saben los hablantes.

Queda, sin embargo, un amplio sector del vocabulario, donde

la determinación por procedimientos rigurosamente lingüísticos —es decir, recurriendo sólo a hechos lingüísticos que no dependan de una confrontación con la experiencia real— parece absolutamente imposible, al menos en el sentido de análisis exhaustivo de los componentes semánticos de cada signo concreto. Me refiero al ámbito de las nomenclaturas y tecnicismos. En efecto, existen signos léxicos cuyo significado último no podrá ser nunca investigado totalmente por los procedimientos que hemos puesto en práctica, ya que sus oposiciones y combinaciones sólo nos llevan a la determinación de los componentes de «clase», pero nunca a los particulares y exclusivos. Se trata de signos que no comportan en este sentido del significado concreto ninguna porción de valor lingüístico: son sólo símbolos o nombres de definiciones previas de objetos de cualquier índole, hechas con los más diversos criterios de concepción de la realidad, según se trate de esta o de aquella ciencia o de una técnica tradicional. Estos signos no se definen por sus relaciones en el sistema, si exceptuamos los rasgos estrictamente gramaticales, ni por sus combinaciones en el decurso, *sino por su referencia explícita a definiciones previamente acordadas por determinados conjuntos de hablantes*. Sólo podremos llegar al significado de términos como *oxígeno*, *sintaxis* o *enero*, de acuerdo con las definiciones explícitas a que estos signos respondan. Al análisis lingüístico queda únicamente reservado en estos casos el estudio de los rasgos más generales o de «clase», es decir, el saber si son, por ejemplo, sustantivos o adjetivos, si son abstractos o concretos, etc. Seguir más adelante el análisis por procedimientos formales es absolutamente imposible: el contenido particular no está lingüísticamente determinado, ni es lingüísticamente determinable: se requiere el conocimiento de la definición convencional de la que estos signos son significantes. El significado concreto de estos signos se reduce siempre a un núcleo semántico irreductible: se pueden definir, pero no como entes lingüísticos, sino como entes reales (o, al menos, pertenecientes a lo que es «real» en el seno de una determinada ciencia).

Otros aspectos que atañen a la delimitación de las unidades semánticas

El problema de las invariantes y de las variantes nos ha llevado a cuestiones muy diferentes, como la delimitación, la identificación, la investigación de pruebas adecuadas, etc. Quedan, sin embargo, también en relación con el tema, otros problemas ya tradicionales en la semántica, como el de la polisemia, el de la clasificación de variantes e invariantes, etc. Veamos primero la cuestión relativa a un posible intento de clasificación y dejaremos para luego lo relativo a la llamada polisemia.

En el plano de la expresión no hay problemas complicados en la determinación de variantes e invariantes. Aunque los criterios puedan diferir, coinciden siempre en lo esencial y no es ésta una cuestión que debamos tratar aquí. Sólo debe dejarse claro que por invariantes de expresión vamos a entender únicamente las magnitudes de orden fónico capaces de introducir o de servir a la diferenciación semántica. Quedarán comprendidas todas las magnitudes del tipo de los fonemas o de las unidades suprasegmentales con valor distintivo y, quizá, con un criterio más amplio, también los *significantes* de los signos, entendidos como combinaciones de fonemas y elementos suprasegmentales. Pero debe quedar claro que los significantes fonológicos no deben ser considerados nunca como invariantes de contenido, sino únicamente, y a lo sumo, como invariantes de expresión, del mismo tipo o de la misma categoría que los fonemas: las invariantes de contenido son sólo significados delimitados, bien por medio de sucesiones fonológicas diferentes, bien por distribuciones diferentes de la misma secuencia fonológica, distribuciones que en este caso actúan meramente como significantes. Nada más equivocado que pensar que *leña* y *madera*, por ejemplo, son invariantes de contenido porque les corresponden dos sustancias semánticas diferentes: lo que hay son dos invariantes de contenido, 'leña' y 'madera', que lo son en tanto que están diferenciados por un procedimiento significante, que, en este caso, es una distinción fonológica. Pero también, como vimos, los dos significados señalados por nosotros para el verbo *dar* eran igualmente dos invariantes de contenido, diferenciados por procedimientos esta vez no fonológicos, sino sintáctico-semánticos. La *forma* de las invariantes de contenido no se puede equiparar a ningún tipo de secuencias fónicas, pues éstas, desde el punto de vista del contenido, no son más que medios o procedimientos diferenciales, pero nunca *formas*. Desde el punto de vista semántico, la forma radica en los componentes de contenido; la expresión no es más que un mecanismo que «garantiza» esta forma. Otra cosa diferente es que la cuestión se mire exclusivamente desde el punto de vista del significante; pero entonces no cabe hablar de forma semántica, ni de contenido, sino de las formas de expresión y de sus reglas particulares de combinación. *Leña* y *madera* son formas de expresión en el mismo sentido que lo son /p/ y /b/, es decir, en cuanto que elementos susceptibles de dirimir entre contenidos diferentes, *pero siempre ajenas en sí mismas a los contenidos diferenciados por ellas:* /p/ y /b/ son tan ajenos a la diferencia semántica que existe entre *peso* y *beso*, como /leña/y/madera/ a la diferencia semántica que existe entre los contenidos 'leña' y 'madera', que muy bien podrían haber sido diferenciados por otros procedimientos, sin cambiar su naturaleza semántica: de la misma manera, con una estructura semántica diferente podrían haberse apoyado en la diferencia fónica en que se basan. La diferencia fonológica —y, en general, significante— es enteramente independiente de la estructura semántica representada. Manteniéndose como invariantes de expresión *leña* y *madera*, la estructura semántica que puedan representar es infinitamente variable. *Leña* y *madera* son, pues, invariantes de expresión, como pueden serlo dos fonemas, pero no invariantes de contenido: su condición de invariantes depende de las diferencias de contenido que introducen, pero no de la «cualidad» de estas diferencias. La diferencia semántica no es aquí más que un «medio» para probar que *leña* es una invariante distinta de *madera*, de la misma manera que también es distinta de *pared*. Todas las invariantes fonológicas de significante no son, pues, más que invariantes de expresión del mismo tipo que los fonemas: su única diferencia consiste en que unas son susceptibles de contenido y las otras no.

Se plantea la necesidad de distinguir claramente entre variantes e invariantes de expresión y de contenido, como cosas de orden diferente, que a menudo suelen confundir los propios especialistas. Pero no sólo de expresión y de contenido, pues parece que estos conceptos no dan cuenta cabal de los hechos lingüísticos. Es necesario completar el concepto con la idea de significante —en la cual cabe no sólo lo exclusivamente fonológico, sino también lo semántico y lo puramente distributivo, en el sentido de repartición automática de signos en un orden determinado—. *El concepto de significante no se reduce a la mera secuencia de figuras de expresión; pueden intervenir, como hemos dicho, componentes semánticos, y puede estar, incluso, constituido exclusivamente por magnitudes semánticas en una disposición determinada, constituyendo lo que podríamos llamar significantes sintácticos o esquemas,* que también sirven de procedimientos técnicos para distinguir diferentes tipos de relación en el contenido entre signos diversos. Así habrá, por tanto, variantes e invariantes sintácticas, es decir, variaciones admitidas por un esquema, manteniéndose idénticas las relaciones fundamentales, y variaciones excluidas por tal esquema. Tendremos, pues, en principio, variantes e invariantes de expresión y de contenido y variantes e invariantes de significante y de significado sintácticos.

La expresión y sus unidades

Las variantes e invariantes de expresión son aquellas relativas a los fonemas o a los significantes fonológicos exclusivamente. En este sentido llamaremos invariantes a las magnitudes de orden fónico susceptibles de función diferencial en el plano del contenido. Será invariante, pues, un fonema, un elemento suprasegmental con valor fonológico, como el acento de intensidad en español, o un significante, es decir, una secuencia fónica estable representativa de una o de varias diferencias de contenido. La condición esencial es que las diferencias semánticas establecidas por este procedimiento sean delimitativas de contenidos bien diferenciados, es decir, no identificables como variaciones de un mismo y único contenido fundamental. Desde que las diferencias de contenido en cuestión no sean más que meras variaciones que se identifican como ejemplares de una única entidad semántica, las diferencias de expresión correlativas habrán de ser consideradas necesariamente como meras variantes. Así, la diferencia entre [b] y [ƀ], puede denotar diferencias expresivas (entonación normal/entonación enfática; entonación normal de un hispanohablante/entonación característica de un hablante extranjero que no conozca las variantes fricativas del fonema), pero nunca será capaz de establecer por sí sola una diferencia de contenido: [kábo] y [kábo], aunque difieran físicamente; y en cuanto al «matiz» de la comunicación, no acarrearán las diferencias naturales de invariante a invariante. De la misma manera, los significantes *perro* y *can* no distinguen entre magnitudes semánticas diferentes, sino entre matices diferentes de la misma magnitud, de acuerdo con los usos normales de ambas variantes: 'intensidad débil'/'intensidad fuerte'. Igual ocurre, por último, con magnitudes de expresión, como los adjetivos latinos, tantas veces comentados, *senex*, *vetus*, *vetulus*, o los verbos alemanes *essen* y *fressen*. Las diferencias de contenido correlativas, sin duda existentes, como para *perro* y *can*, o para [ƀ] y [b], se identifican semánticamente entre sí, de suerte que sólo pueden considerarse como variaciones de un solo elemento, en cada caso.

Está claro, pues, que las invariantes de expresión no se corresponden más que con invariantes de contenido, es decir, con magnitudes semánticas bien delimitadas entre sí; en cambio, las variantes de expresión sólo se corresponden con variantes de contenido, es decir, con magnitudes semánticas identificables entre sí, como ejemplares de una misma forma. Todo esto puede introducir un poco de confusión, ya que tanto a las variantes como a las invariantes de expresión corresponden en el plano del contenido diferencias: la clave está en saber distinguir, en el plano del contenido, lo que es una magnitud plenamente delimitada de lo que no son más que manifestaciones particulares de una misma entidad[1]. Por eso no puede afirmarse que son invariantes de expresión todas aquellas magnitudes a las que corresponda una diferencia de contenido, porque ésta puede ser sólo una mera variación, sino que, por el contrario, son invariantes de expresión todas aquellas magnitudes a las que correspondan, en el plano del contenido, unidades plenamente delimitadas, es decir, contenidos distintos y no identificables como variaciones de una sola entidad, dependientes «lógicamente» de cada contexto particular.

Las invariantes de expresión o fonológicas son, pues, únicamente los fonemas (/p/, /b/, etc.) y las unidades suprasegmentales con valor fonológico, de una parte, y las combinaciones de fonemas que llamamos «significantes», de otra. Pero así como los fonemas y las unidades suprasegmentales se definen por sus rasgos distintivos «físicos», los significantes no poseen en rigor rasgos distintivos definidores: la diferencia fonológica y pertinente entre dos significantes viene dada por su diferencia global, no por rasgos concretos determinables (salvando, quizá, el caso de los significantes estrictamente gramaticales). Así como un fonema se define, un significante no se define, se indica: «este es el significante de tal o cual signo».

Las invariantes de expresión se reducen, pues, a lo siguiente:

1. Fonemas y unidades suprasegmentales con valor fonológico. Estas son las invariantes de expresión genuinas, que pue-

---

[1] Sobre los rasgos de clase y específicos, quizá sea imprescindible recurrir siempre a la noción de núcleo semántico irreductible.

den definirse a partir del mismo plano de la expresión y que poseen sus reglas de combinación específicas.

2. Significantes o secuencias de fonemas que aluden a magnitudes semánticas bien diferenciadas —no identificables entre sí—. Estas magnitudes sólo deben al plano de la expresión el estar formadas de acuerdo con las reglas fonológicas de combinación, válidas para cada lengua, pero no pueden definirse con relación al plano de la expresión, sino al del contenido. Sólo serán invariantes si se corresponden con invariantes de contenido. Estos significantes pueden ser de dos tipos: gramaticales y léxicos. Serán gramaticales aquellos que: a) representen signos o formas de contenido gramaticales, es decir, relacionados con la estructura interna del sistema lingüístico y con la estructuración de los enunciados, b) que constituyan paradigmas cerrados, c) que posean la propiedad del isomorfismo, es decir, de la relación constante y regular entre forma del significante y forma del significado, y d) que puedan ser analizados separadamente, al menos en alguna posición, como componentes diferenciados dentro del significante: así el signo /-n/ del plural verbal, podrá siempre ser analizado separadamente, como responsable de una propiedad semántica constante, de valor relacional en la estructura de los enunciados. (En cambio, por ejemplo, el componente 'humano' que hemos descubierto en *cabello*, no podrá ser nunca analizado en este significante como componente «separable» de él.) Serán léxicos, por el contrario, todos los demás, esto es, a) los que representan formas de contenido léxicas, es decir, no relacionadas de manera directa con la estructura propiamente dicha de los enunciados, b) los que constituyen paradigmas abiertos, en relación con la estructura de los enunciados, como, por ejemplo, todos los sustantivos que puedan registrarse en una lengua (esto no quiere decir que los signos léxicos no tengan propiedades gramaticales —el ser sustantivos es una propiedad gramatical—, *sino que no son ellos mismos propiedades gramaticales*), c) que no sean isomórficos, es decir, que las regularidades semánticas estructurales no se correspondan con otras tantas regularidades en el plano fónico, y d) que sus componentes no puedan ser analizados separadamente como componentes parciales del significante.

Las invariantes de expresión gramaticales son todos aquellos significantes de este tipo que correspondan exclusivamente a una forma de contenido gramatical perfectamente deslindada, como, por ejemplo, el significante /-a/ del femenino en español. Las invariantes de expresión léxicas son todos aquellos significantes de ese tipo, que se correspondan con una forma de contenido perfectamente delimitada: así *pelo* es una invariante de expresión que se corresponde con una forma de contenido perfectamente deslindada frente a *cabello*, por ejemplo.

Sin embargo, los significantes de invariantes tanto gramaticales como léxicos, pueden ser significantes de invariantes distintas de contenido. Así, *dar* o *de* (preposición) pueden ser significantes de signos bien diferentes *(dar un libro/, dar frutos; viene de Madrid/la casa de madera)*, pero en estos casos no dejan por ello de ser invariantes de expresión ya que siguen poseyendo su propiedad delimitativa, al ser susceptibles solamente de un número limitado de signos. Y no hay duda de que mientras los significantes sean capaces de representar magnitudes semánticas diferenciadas, aun cuando éstas sean más de una, habrá que considerarlos, desde el punto de vista de la expresión, como invariantes. Lo que ocurrirá, en definitiva, será que los distintos signos representados por una misma invariante de expresión, se distinguirán luego por factores semántico-sintácticos. Pero esto ya no afecta al plano de la expresión, sino al del contenido: *despierto* es, por ejemplo, una sola invariante de expresión, como muestran sus conmutaciones posibles —frente a *dormido* o frente a *inteligente*—, al revés, pongamos por caso, que *perro* y *can*. Sólo serán invariantes distintas desde el punto de vista del contenido, y en este caso estarán en distribución complementaria. Lo único característico de las invariantes de expresión de este tipo exclusivamente significante es su función diferencial con respecto a invariantes de contenido, pero no, desde luego, los valores específicos de los contenidos diferenciados, que aquí sólo pueden servir de «medio» o procedimiento para su determinación. Por eso podemos decir, con respecto al ejemplo, ya comentado, de *canto* ('acción de cantar') y *canto* ('guijarro'), que la explicación que da Alarcos (cfr. arriba) es correcta, pero sólo si se habla de invariantes de expresión. En efecto, como invariante de expresión, *canto* es una sola, es decir, un significante capaz por sí solo de diferenciar contenidos diversos. Ninguno de sus sentidos, no diferenciados por el significante podrá ser considerado desde este punto de vista como una magnitud diferente. La confusión que puede producirse consiste en pensar que *canto* es, tal como lo ve Alarcos, una magnitud de contenido. Bien mirado, se trata de una magnitud de expresión, y en tal caso de una invariante, desde el punto de vista fonológico, como lo son también /p/ y /b/, a la que corresponden diversas magnitudes de contenido, las cuales pueden considerarse como variantes si el punto de vista adoptado es puramente fonológico; pero no si se adopta un criterio semántico: los significantes no aparecerán como *formas* en sí mismas, sino como indicativos de formas de contenido, diferenciables con frecuencia por procedimientos no fonológicos. El apego excesivo al significante, propio de toda una etapa de la lingüística actual, debe ser dejado de lado, al menos mientras sólo se entiendan por significante las meras secuencias fonémicas sin más. Este es un camino cerrado a la investigación del contenido y sólo capaz de establecer invariantes de expresión. Estas deben establecerse indudablemente como etapa previa en la investigación lingüística, pero el análisis no puede terminar ahí, ni creerse que ha delimitado por ese procedimiento «fonológico» las invariantes de contenido correspondientes. No ha de olvidar que el conjunto de las invariantes de expresión, incluidos los significantes, no son con respecto al plano del contenido más que un «procedimiento» funcional distintivo, un mecanismo sin finalidad en sí mismo, pero nunca la esencia de las estructuras de contenido.

Y pasemos a las variantes de expresión propiamente dichas. Diremos que dos magnitudes de expresión son variantes de una misma invariante cuando a su diferencia no corresponda nunca una diferencia funcional en el plano del contenido. Las variantes de expresión podrán serlo, tanto de fonemas o de magnitudes suprasegmentales, como de significantes, sean éstos gramaticales o léxicos. En uno y otro caso, además, podrán ser libres o combinatorias, esto es, condicionadas por determinados contornos. Las veremos separadamente:

a) Variantes de fonemas. Si varias magnitudes de expresión no poseen capacidad diferencial recíproca con respecto a magnitudes de contenido invariantes, es decir, no identificables entre sí como variaciones imputables lógicamente al contexto, habrán de ser consideradas como variantes de un mismo y único fonema. Su diferencia podrá aportar diferencias semánticas, pero éstas tendrán que ser necesariamente variaciones de una misma magnitud semántica. Ya vimos que, por ejemplo, [b] y [b] podían en ciertos casos ser indicio de hechos distintos, pero nunca responsables de diferencias entre magnitudes semánticas delimitadas. Las variantes fonológicas pueden ser libres —todas las infinitas variaciones concretas que pueda revestir la realización de un determinado fonema— y combinatorias —las variaciones de un mismo fonema automáticamente determinadas por el contorno fónico—. Las primeras pueden ser incluso «intencionales», es decir, venir dadas por especiales circunstancias de tipo expresivo. Se habla también de variantes fundamentales y accesorias. Fundamental será, siguiendo la definición de Fernando Lázaro[2], la «que depende menos de los fonemas que le rodean y que es realizada en un lenguaje desprovisto de matiz emocional y en la posición de diferenciación máxima», y accesorias, todas las demás, exceptuando a la fundamental.

b) Variantes de significantes. Si varios significantes, o mejor dicho, la relación entre ellos, no posee capacidad diferencial con respecto a invariantes de contenido, es decir, a magnitudes semánticas no identificables entre sí, habrán de ser considerados como variantes. Dos magnitudes serán variantes de una misma invariante de expresión cuando a su diferencia no corresponda una diferencia en el plano del contenido que se pueda considerar como una diferencia de magnitudes semánticas distintas, es decir, no identificables entre sí, o, lo que es lo mismo, no imputables lógicamente al contorno semántico en que aparecen. Sin embargo, siempre hay un problema: ¿cuál de los significantes es la invariante y cuáles son sus alomorfos? ¿Cuál es la invariante en el caso de /-s/, /-es/, /ø/, significantes del plural nominal en español? Realmente no hay tal invariante de expresión: la invariante es de contenido. Se trata de un solo signo con variabilidad de expresión.

No olvidemos, por otra parte, que a la variante de expresión de un signo corresponde normalmente una variante de contenido, ya que los contextos no son iguales: de la misma manera que [b] y [b̃], puedan resultar indicativas de ciertas variaciones «expresivas», *perro* y *can*, pueden igualmente resultar indicativas de matices semánticos distintos, que adopta una misma magnitud de contenido. Para que podamos, pues, hablar de variantes de significante, es necesario que la diferencia semántica a que remitan no sea más que la variación o variaciones identificables como manifestaciones distintas de una misma unidad semántica. Por eso podemos decir que *perro* y *can* son variantes de expresión, siendo *perro* la variante fundamental, pues siempre remiten a contenidos identificables entre sí (con excepción, claro está, de los

---

[2] Vid. *Diccionario de términos filológicos*, ya citado.

casos en que *perro* funciona como adjetivo), mientras que *pelo* y *cabello* habrán de ser consideradas como invariantes de expresión, porque los contenidos a que remiten no son identificables entre sí, aunque guarden una estrecha relación sustancial, como ocurre, por ejemplo, con /p/ y/b/. Tanto en un caso como en el otro lo que aglutina los elementos en una unidad superior, bien sean estos variantes de una invariante, bien sean miembros diferenciados dentro de un campo semántico, es el núcleo semántico irreductible, igual para las variantes *perro ~ can* y para las invariantes *pelo/cabello*.

Las variantes de significante pueden ser gramaticales o léxicas, según se trate de significantes de formas de contenido gramatical o no. Las variantes de significante gramatical se caracterizan por ser representantes fonológicos distintos de la misma forma de contenido y las hay estrictamente combinatorias, es decir, de fonética sintáctica, o bien «históricas»[3], justificables sólo desde ese punto de vista, no por su relación natural con el contexto. Estrictamente combinatorias son, por ejemplo, las variantes de expresión que representan a la forma de contenido 'plural' cuando se aplica a elementos nominales: {-s}, {-es} o {ø}, son significantes condicionados por el contexto fónico. Diacrónicamente determinadas son, por ejemplo, las variantes de expresión que representan a la forma de contenido 'pretérito imperfecto de indicativo', {-ba-} e {-ía-}, dependientes de factores vocálicos que determinan la pertenencia a las llamadas conjugaciones. Gramaticalmente, incluso, puede haber variantes «cero», siempre que una misma magnitud invariante se manifiesta tanto por un significante positivo como por la ausencia de todo significante, como ocurre con el significante de «plural» en los paroxítonos y proparoxítonos terminados en -s, o en el caso, ya estudiado por nosotros[4], de la relación semántico-sintáctica que une un verbo transitivo con su objeto directo y que en español tiene dos expresiones diferentes, {a} y {ø}, de acuerdo con el valor semántico de los contextos específicos en que se dé. En este caso particular, como es bien sabido, la variante fundamental es {ø}; ahora bien, *a*, por ejemplo, es una sola invariante desde el punto de vista de la expresión —en oposición a *de, hasta, por*, etc.—, aunque desde el punto de vista del contenido sea el significante de in-

---
[3] Es lo que corresponde al concepto de «norma» magistralmente desarrollado por Coseriu. (Vid. *Sistema, norma y habla*, ya citado.)
[4] Vid. «Notas para un estudio de las preposiciones españolas», ya citado.

...antes distintas como muestran las diferentes relaciones sintácticas que es capaz de establecer, y que no pueden considerarse de ninguna manera como variantes de contenido: así *ve a Juan* → *lo ve; va a Madrid* → *va allá; da el libro a Juan* → *le da el libro*, etcétera: signos y funciones son claramente distintos. Todo esto, de la misma manera que, como habíamos visto, *por* no es el mismo signo en *fue castigado por vago* que en *fue castigado por el profesor*, donde la presencia del artículo ante el término actúa como factor diferencial, de acuerdo con el contraste 'individualizado —ser (ente)'/'no individualizado— estar (cualidad)', que este morfema puede introducir[5].

---

[5] Vid. A. Alonso, «Gramática y estilística del artículo», en *Estudios lingüísticos. Temas españoles*», Madrid, 1967, y E. Alarcos, «El artículo en español», en *Gramática funcional del español*, Madrid, 1970.

El contenido y sus unidades

Y veamos ahora todo lo referente a las variantes e invariantes de contenido. Para entrar en estas consideraciones hemos de tener en cuenta primordialmente un hecho fundamental que se olvida con frecuencia: el criterio para determinar las unidades del contenido, sean de un tipo o de otro, ha de consistir en *tomar el plano del contenido como objeto de análisis en sí mismo*, de suerte que la expresión en cuanto tal sólo sirve de «medio» para deslindar las unidades semánticas que se analizan, aunque no hay que olvidar, por otra parte, que los mecanismos significantes diferenciales no sólo están constituidos por figuras de expresión. Así como en la determinación de las unidades de expresión —variantes o invariantes— el contenido sólo sirve de «referencia» a secas, pero no interesa en cuanto a sus cualidades específicas, en la determinación de las unidades de contenido, por el contrario, *la expresión sólo podrá servir igualmente de referencia, sin que hagan al caso sus cualidades sustanciales propias*. En efecto, en la determinación de los fonemas /p/ y /b/, por ejemplo, sólo interesa el contenido en su aspecto diferencial, pero no en sí mismo: la diferencia semántica entre 'cebo' y 'cepo' no importa en absoluto a la fonología; lo único que le interesa es que sean distintos a secas, o, mejor dicho, invariantes semánticas distintas. Este análisis se aprovecha, pues, sólo de las diferencias semánticas, *pero no se interesa en absoluto por la cualidad misma de éstas*. En la investigación del contenido, si queremos ser congruentes, habremos de proceder de la misma manera: *el objeto serán los contenidos en cuanto tales*. El nivel significante nos servirá sólo de prueba —una de las pruebas posibles, no la única— para comprobar una magnitud de contenido y sus límites frente a otras. No hay que olvidar, por último, que los elementos de contenido son siempre signos, unidades de dos caras, lo cual hace que el análisis sea más complejo que el de la expresión, ya que comprenderá no sólo el de los signos individuales o concretos, sino también el de los signos sintácticos, cuyos significantes, como sabemos, no son más que magnitudes semánticas en un cierto orden relacional. No existen, a pesar de Chomsky, estructuras terminales: ninguna oración concreta es una estructura, sino un ejemplar —entre los infinitos posibles— de una estructura sintáctica. Estudiaremos primero lo relativo a los signos individuales y dejaremos para el final lo que se refiere a los signos sintácticos.

¿Qué es una invariante de contenido? Podemos considerar como tal a toda magnitud semántica perfectamente delimitada frente a otras por la presencia de figuras de contenido internas. Toda invariante semántica se diferenciará por poseer rasgos de contenido que le son propios e inherentes, pero nunca por rasgos de contenido que procedan del contorno en que se hallen. De la misma manera que no podemos delimitar, en español, el fonema /b/ utilizando, por ejemplo, el rasgo /oclusivo/, porque éste resulta sólo de ciertos contextos en que el fonema puede aparecer, tampoco podremos definir, en latín, la forma de contenido /'viejo'/, por el rasgo semántico 'para personas', porque, igualmente, éste depende sólo de ciertos contextos en que la magnitud puede aparecer: únicamente podremos decir, a lo sumo, que ese es el rasgo contextual que determina automáticamente la aparición de la variante de expresión *senex*.

Una invariante de contenido se caracteriza por la unidad de sus rasgos definidores: todo rasgo que sea lógicamente imputable al contexto, aunque parezca formar parte de la magnitud semántica en cuestión, ha de ser necesariamente considerado como variación de la invariante. Habrá, pues, dos invariantes de contenido perfectamente delimitadas, cuando la diferencia no sea lógicamente imputable al contexto, ni resulte de la influencia de éste o de las circunstancias de la situación. Las invariantes de contenido no se corresponden en ninguna lengua con las invariantes de expresión: una sola invariante de expresión, como ya hemos visto, puede representar a distintas invariantes de contenido, es decir, a distintas magnitudes que no se identifican entre sí. Sabemos, por ejemplo, que *dar* puede representar diversas invariantes de contenido a pesar de ser una sola invariante de expresión; pero sabemos también que esas invariantes lo son sólo a condición de no depender «lógicamente» del contexto y de entrar, en consecuencia, en relaciones semánticas diferentes. Toda invariante de contenido se descubre en el conjunto de sus variaciones posibles, siempre que éstas sean identificables como manifestaciones de una sola constante semántica y, por tanto, debidas a la influencia de los distintos contextos lingüísticos o de las distintas situaciones de habla. Por eso podemos afirmar que *canto* ('acción de cantar') y *canto* ('guijarro'), a pesar de ser una sola invariante de expresión, representa distintas invariantes semánticas, ya que su diferencia no puede considerarse como la mera variación de una misma magnitud de contenido, imputable al contexto, sino como magnitudes distintas no identificables entre sí, como muestran sus combinaciones o sus conmutaciones posibles, independientemente de que el criterio de los núcleos semánticos irreductibles resulta aquí más que suficiente para eliminar toda posible identificación. Dos unidades semánticas sólo se pueden diferenciar bien por referirse a núcleos semánticos distintos, con lo que su distancia mutua es grande, bien por oponerse como miembros diferentes relacionados con un mismo núcleo: en ese caso contraen oposiciones inmediatas y entran en el mismo campo semántico. Pero, sin ir tan allá, los factores relacionales, resuelven fácilmente el problema. Mientras *canto* ('acción de cantar') puede, por ejemplo, construirse con un «genitivo subjetivo» que expresa las mismas relaciones semánticas que se establecen entre *cantar* y sus posibles sujetos ('los pájaros cantan' → *el canto de los pájaros)*, *canto* ('guijarro') no admite tal tipo de ·construcción, ni tales equivalencias. De la misma manera, *canto* ('acción de cantar') forma oposiciones inmediatas con *canción*, *salmodia*, etc., mientras que *canto* ('guijarro') las forma con *piedra*, *roca*, etc.: uno y otro elemento semántico —no significante— entran en paradigmas distintos, es decir, en relación paradigmática con sinónimos «aproximados», cada uno por su parte. La condición, pues, de las invariantes semánticas es la de mantener los límites dentro de los que pueden justificarse todas sus variaciones posibles, como resultado de la influencia de los contornos en que se hallen insertas. Sólo puede considerarse invariante de contenido a aquella magnitud que se mantenga constante y que pueda definirse siempre como la misma; es decir, siempre que las diferencias observables dependan de la influencia del contorno y, por tanto, pueda hacerse abstracción de él. Por eso debemos considerar a los contenidos de *despierto*, /'no dormido'/ e /'inteligente'/ como invariantes semánticas, ya que la diferencia no es imputable a los contextos que las «muestran» (recordemos que la diferencia *es/está despierto* no es proporcional a la de *es/está alto;*

en el primer caso, la diversidad no depende del contexto, sino que es «mostrada» por él —son invariantes—; en el segundo, depende del contexto —son, pues, variantes de 'alto'—). Las propiedades semánticas que definen a cada invariante de contenido son, pues, como decíamos, «internas»: están en la invariante misma y no resultan de la influencia semántica externa. Sin embargo, debe quedar claro que, cuando hablamos de influencia «externa», nos referimos a la combinación motivada, no a la inmotivada, de suerte que podemos decir que hay influencia motivada en nuestro ejemplo *razonamiento inteligente*, porque el componente semántico 'abstracto' determina una variación en el contenido de *inteligente*, sin que éste deje de ser lo que es, es decir, de mantener sus rasgos semánticos fundamentales; pero, en cambio, hay influencia inmotivada en la combinación *la tierra da frutos* en oposición a *el niño da el libro*, porque no se puede considerar como lógicamente responsable de la diferencia a la alteración de rasgos semánticos en los dos sujetos del verbo. En el caso de *dar* hay dos invariantes de contenido, «mostradas» por dos mecanismos diferenciales distintos y arbitrarios con respecto a la diferencia introducida; en el caso de *inteligente*, lo que hay son variantes de contenido, no ya «mostradas» por mecanismos arbitrarios, sino «demostradas» por la influencia semántica de los signos vecinos: en todo caso mantiene su identidad sustancial y sus relaciones paradigmáticas *(razonamiento inteligente/ agudo/ ingenioso*, etc.).

Parece claro que la determinación de una invariante semántica ha de tener por base primordial la sustancia semántica conformada: todos los objetos semánticos que hayan de identificarse como una sola invariante deben de tener la misma base sustancial común, esto es, el mismo núcleo semántico irreductible. Por eso hemos considerado como invariantes semánticas a los sentidos distintos de *canto:* sus núcleos semánticos son completamente distintos. El propio Alarcos nos dice, al tratar de la identificación de los fonemas que «las sustancias fonéticas, y no la sola distribución, debe ser el criterio que decida la agrupación de variantes bajo un mismo fonema»[1], criterio que, aunque en fonología puede dar lugar a dudas —recuérdese que en ciertas hablas dialectales nuestras [-s] y [-h] se identifican como variantes de un solo fonema, a pesar de su absoluta diferencia sustancial—, *en semántica es el*

---

[1] Vid. *Fonología española*, ya citado, pág. 45.

único aplicable. No podremos considerar como manifestaciones de una misma invariante a todo aquello que no sea realmente variación de una misma realidad sustancial o núcleo irreductible, esto es, no definible por propiedades lingüísticas. Bien es verdad que cuando hablamos aquí de «realidad sustancial» nos referimos a la sustancia lingüísticamente conformada, pues lo que pueden ser variaciones en un caso, pueden no serlo en otro. Es lo que ocurre, por ejemplo, con la diferencia 'mate'/'brillante', que en español no es más que una variación que puede sufrir el contenido /'negro'/, mientras que en latín sirve de marca distintiva de dos invariantes distintas, 'negro mate' *(ater)* y 'negro brillante' *(niger)*[2]. Al hablar de sustancia común, lingüísticamente conformada, nos referimos en este caso primordialmente a la «comunidad» sustancial, es decir, al hecho de existir una base «referencial» común.

La «comunidad» sustancial, es decir, la existencia de un solo núcleo irreductible, no será una prueba indiscutible de la identificación de varios contenidos como variantes de una invariante: dentro de esa comunidad nuclear habrá diferencias que unas veces no serán más que variaciones, y otras, «marcas» de distintas invariantes que conformen esa misma sustancia básica o núcleo. La clave para discernir entre unas y otras será, como hemos visto, la de considerar como variaciones a todas las diferencias que resulten de la influencia «motivada» del contexto en que se halle la unidad, y, como invariantes, a todas las diferencias que no dependan del contexto, sino que, por el contrario, sean aportadas por la unidad en cuestión, en oposición a otras que conformen sustancias o núcleos análogos, en el caso de los miembros de un mismo campo, o heterogéneas, en el caso de elementos que no contraigan relaciones semánticamente inmediatas. Es decir, que si la diferencia es externa, se tratará de variantes, mientras que si es interna, de invariantes. Si *niger* y *ater* eran en latín dos invariantes, mientras sus contenidos no son en español más que variantes, es porque la diferencia semántica aportada por ellas *dependía de ellas mismas* y no de sus contextos: su diferencia era interna, al revés que la de *senex, vetus* o *vetulus,* donde las diferencias semánticas venían dadas desde fuera.

---

[2] Vid. E. Coseriu: «Pour une sémantique diachronique structurale», en *Tra. Li. Li.*, II, 1, págs. 139-186.

Las técnicas de diferenciación

Toda invariante semántica necesita un significante diferencial. Por ejemplo, para 'mate' y 'brillante' había en latín dos significantes fonológicos distintos, *ater* y *niger*. Sin embargo, esto no nos debe llevar a la conclusión de que toda diferencia semántica representada por significantes fonológicos distintos corresponda a una invariante distinta. *La invariante semántica se define independientemente del carácter de su significante.* Si dos sentidos o matices dependen del contorno lingüístico o de la situación no podrán ser considerados como invariantes, aunque estén representados por significantes distintos: así, en latín es el contorno semántico el que determina la aparición de los significantes *senex*, *vetus* y *vetulus*, de la misma manera que en español es la «situación» en que se emite el mensaje, lo que determina la aparición de *perro* o *can*. Puede, además, ocurrir, por el contrario, que no haya significante fonológico diferencial y en ese caso la función significante distintiva quede encomendada a factores semántico-sintácticos, como ya hemos señalado *(el niño da un libro/la tierra da frutos; pobre hombre/hombre pobre; está vivo/es vivo,* etcétera). *Pero ha de entenderse que siempre habrá un procedimiento significante diferencial, que actuará con mayor o menor eficacia, pero que siempre estará presente, al menos, en situaciones desprovistas de ambigüedad*[1]. Si no hubiese un mecanismo significante diferencial, no podría hablarse nunca de invariantes. Por ello, nosotros vamos a considerar como significante, no sólo a la mera secuencia fonológica, sino también a cualquier otro recurso, generalmente de tipo semántico-sintáctico, capaz de establecer la diferencia, al menos en los casos límite.

---

[1] La ambigüedad no pertenece a la lengua: es un recurso del sujeto hablante, cuando lo desea emplear. Su estudio pertenece a la lingüística de la *performance*, aún en pañales.

A veces puede parecer que dos contenidos diferentes —no identificables— no son más que variaciones, más o menos metafóricas, de una misma realidad semántica. Nos referimos a todos los casos de afinidad «ideológica» que puedan guardar entre sí las distintas «acepciones» de una determinada palabra. Así, por ejemplo, no es difícil encontrar afinidad ideológica entre los sentidos 'que tiene vida' y 'listo', que presenta, entre otros, el significante *vivo:* se comprende fácilmente cómo ha podido pasarse de un sentido al otro. Este es uno de los temas favoritos de la semántica tradicional con sus famosos cambios de significado y con sus complicados e inútiles análisis de causas. Pero éste es, realmente, un problema ajeno a la semántica: tan natural puede parecer el cambio semántico señalado, como el cambio sufrido por una sorda intervocálica al sonorizarse. Un cambio así parece «lógico» y fácil de explicar, pero tales explicaciones no tienen valor ninguno para la lingüística, puesto que pertenecen a las infinitas contingencias de la actuación verbal humana. Todo es pura casuística. Los hechos deben explicarse desde la funcionalidad misma del lenguaje: ¿por qué determinadas sordas se sonorizaron, mientras otras sonoras se ensordecieron? O en el caso de *vivo:* no se trata de saber qué circunstancias físicas o mentales provocaron el cambio, sino el sentido mismo del cambio, como hecho funcional. La afinidad entre los mencionados sentidos de *vivo* no es un hecho lingüístico, sino de otro orden, y pertenece al campo de la experiencia extralingüística. Los dos sentidos no pueden considerarse como variaciones de la misma realidad sustancial (inteligencia y vida), ni como variaciones imputables al contexto, ni como significantes iguales, ya que intervienen factores semántico-sintácticos diferenciales *(es/está vivo)*, donde la variación no se puede achacar a la diferencia que existe entre *ser* y *estar*, como ocurriría en el caso de *es/está alto*, ni como magnitudes pertenecientes al mismo paradigma semántico, ya que mientras un sentido contrae oposiciones inmediatas con *muerto, moribundo,* etc., el otro lo hace con unidades completamente diferentes, como *inteligente, ingenioso,* etc. Está claro, pues, que dos invariantes homófonas no pueden pertenecer al mismo paradigma semántico —una única sustancia común conformada—, sino, a lo sumo, al mismo paradigma gramatical (si son ambos, por ejemplo, adjetivos, sustantivos, etc.).

Las invariantes de contenido, por último, pueden ser tanto gramaticales como léxicas, de acuerdo con estos dos tipos de significación a que ya hemos aludido más arriba. En el plano gramatical puede parecer que hay invariantes *cero*, pero esto sólo atañe al significante, no al significado. Así, una forma de contenido gramatical como 'singular' posee un significante *cero* (que sería una invariante *cero* de expresión), pero un sentido definido, aunque su expresión sea la ausencia del significante de la forma de contenido 'plural'.

Hemos dicho, y debiera ya ser cosa bien sabida, *que no puede hablarse de invariantes semánticas si no les corresponde un procedimiento de diferenciación en el plano del significante*[2]. Lo que ocurre es que este procedimiento puede revestir aspectos muy diferentes según los casos. Hay dos totalmente distintos: a) que la diferenciación se realice mediante significantes fonológicos distintos *(ver/mirar)*, procedimiento, al parecer, más general en el terreno de los signos individuales o concretos, aunque no hay que olvidar, sin embargo, que también dos variantes de contenido pueden tener expresión distinta y que, por tanto, este procedimiento no es exclusivo; b) que la diferencia no se realice por medio de significantes fonológicos distintos, es decir, que un solo significante fonológico represente a varios signos diferentes. En el primer caso no hay problema, siempre que sepamos distinguir cuándo dos significantes representan dos invariantes distintas y cuándo representan la misma y no son, por tanto, más que meras variantes de expresión. Más complicado parece el segundo caso, ya que el significante fonológico no resulta suficiente por sí mismo para reconocer la diferencia: entran entonces en juego factores semántico-sintácticos que asumen exactamente el mismo papel que los significantes fonológicos, es decir, el de marcar y señalar las diferencias. Naturalmente, a estos factores no hay más remedio que considerarlos como significantes ya que ésa es su única función. Por esta razón preferimos hablar de «plano del significante» y «plano del significado», en lugar de «plano de la expresión» y «plano del contenido», pues muchos componentes

---

[2] Este es uno de los principios de mayor alcance que se derivan de la doctrina estructuralista: lo que no está codificado *expresamente* no existe en una lengua. Nada se «presupone» o, mejor dicho, sí se presupone, pero eso no tiene nada que ver con la lingüística de una lengua. Vuelven los aficionados a confundir *lengua* y *habla* o, si se quiere, *competence* y *performance*. Al fin y al cabo, el maestro Saussure decía con más sencillez, pero con mayor profundidad, que «un sistema lingüístico es una serie de diferencias de sonidos combinados con una serie de diferencias de ideas» (*Curso*, Parte II, Cap. IV, párr. 4).

del significante, o son semánticos, o son estrictamente sintácticos. Los procedimientos de diferenciación de signos individuales con significantes homófonos pueden agruparse en varios apartados:
1. Diferencia de posición sintáctica (dentro de una misma función gramatical). Así, por ejemplo, las dos posiciones posibles para la mayoría de los adjetivos calificativos en español, y que se corresponden normalmente con una mera variación semántica, o cambio de matiz, sin que se altere la identidad del adjetivo[3], pueden ser utilizados en ciertos casos como procedimiento significante diferencial. Piénsese en secuencias opuestas como, por ejemplo, *hombre pobre/pobre hombre*, *empleado simple/simple empleado*, etc., en las que, aparte de las diferencias de matiz de que antes hablábamos, cambia la identidad de los adjetivos *pobre* y *simple*, de suerte que representan signos distintos según ocupen una u otra posición. No podemos aquí hablar de variantes combinatorias de contenido, como podríamos hacerlo en el caso de *verde hierba/hierba verde*, sino de invariantes de contenido (combinatorias en este caso), ya que la identidad de los signos ha cambiado y la diferencia no es «lógicamente» imputable al contexto. La diferencia distribucional o contextual opera aquí «inmotivadamente», como un significante cualquiera con respecto a su significado. Se trata de la distribución que hemos llamado «mostrativa»: no nos dice nada de lo que el signo es, sino dónde está y cómo podemos reconocerlo, en relación con un significante fonológico que admite varios signos o formas de contenido. El significante es aquí el simple cambio de posición sintáctica de un mismo elemento léxico.
2. Relación sintagmática con signos diferentes. Ya hemos visto que, por ejemplo, el significante *vivo* cambia de identidad semántica según se una a *ser* o a *estar*, sin que el cambio pueda tampoco atribuirse lógicamente a la influencia semántica de éstos, al revés de lo que pasa con *ser/estar alto*, donde, como hemos dicho, las diferencias semánticas sufridas por *alto* son identificables entre sí, como provenientes «lógicamente» de la influencia semántica de ambos verbos. En *ser/estar vivo*, aparte de que se conserven tales diferencias semánticas, se produce un cambio de identidad en *vivo:* los dos valores «mostrados» por estas distribuciones no son variantes, sino invariantes combinatorias,

---

[3] Así, *verde hierba/hierba verde*, donde *verde* no cambia de identidad, aunque sí de matiz: hay dos variantes de contenido.

mientras que con respecto a los matices de *alto* se trataría únicamente de variantes combinatorias. Por otra parte, las relaciones paradigmáticas que contraen los dos significados son enteramente diferentes.

3. Cambio de factores semánticos en un mismo esquema de distribución, es decir, alteración de los rasgos semánticos que operan en el contexto. Tampoco aquí se trata de una relación motivada, de suerte que los cambios puedan atribuirse lógicamente a la influencia de tales factores. Se trata también de hechos mostrativos, arbitrarios. Recordemos nuestro ejemplo de *dar*, el cual, según cambiara la naturaleza semántica del sujeto en un mismo esquema sintáctico, representaba signos distintos, en absoluto imputables a dichas diferencias contextuales. Este verbo cambia su identidad —entra en distintos paradigmas semánticos y conforma sustancias de contenido diferentes— en *el niño da libros* y *la tierra da frutos*, sin que podamos decir que ambos significados 'entregar' y 'producir' sean consecuencia natural de la presencia de los contenidos 'animado (personas)' e 'inanimado'. La alteración de estos componentes semánticos en el sujeto funciona exactamente con el mismo valor arbitrario diferencial que una diferencia fonológica: son, pues, en este caso, componentes del significante estos dos rasgos semánticos.

4. Distribuciones gramaticales diferentes. Este es quizá el caso más evidente: un mismo significante en funciones gramaticales distintas corresponde por lo general a distintos signos. Compárese *un hombre bajo* con *un hombre bajo la cama*, en que a pesar de las afinidades «ideológicas», *bajo* representa identidades distintas, como muestran sus relaciones opositivas: *bajo/alto*, etcétera, frente a *bajo/sobre*, etc. Bien es verdad que, en los ejemplos propuestos, los significantes no son iguales, pues uno es tónico y el otro átono. Pero si queremos identidad absoluta en los significantes, tampoco faltan los ejemplos: pensemos en el significante *lo*, que representa signos diferentes según dependa de un verbo *(lo conozco)* o de un sintagma de valor nominal *(lo hermoso)*. Hay que tener en cuenta, sin embargo, que el simple hecho de cambio en la función gramatical no entraña siempre un cambio de identidad, sino simplemente una variación, en este caso una variante de función gramatical. El significante /más/ es adverbio en *más alto* o *corre más* y adjetivo en *más pan* o *más dinero;* sin embargo, no por ello ha cambiado su identidad semántica: en todo caso, la variación sufrida es imputable al contexto, y los

cambios de sentido —variantes semánticas combinatorias gramaticales— no entran en relaciones funcionales distintas: *corre más/bastante/mucho, más/bastante/mucho pan*. De la misma manera, por ejemplo, los demostrativos, que no son, por naturaleza, ni nombres ni adjetivos, sólo se presentan bajo la forma de variantes sustantivas o adjetivas. Igualmente, si decimos que *canto* es una cosa en *canto todas las tardes* y otra en *el canto de los pájaros*, es evidente que no hablamos de «cosas» diferentes, sino de variantes gramaticales de la misma cosa, ya que el cambio del valor semántico del lexema *cant-* se debe aquí exclusivamente a la influencia natural del valor semántico de las categorías gramaticales bajo las cuales se presenta. Sin embargo, no siempre es así. Como hemos dicho, el cambio de función gramatical puede ser significante de un cambio de función semántica: *sello*, por ejemplo, no conserva su identidad en *sello la carta* y *el sello de la carta* (la identidad se mantendría, no obstante, con *sellado*, como forma nominal de *sellar*): no hay aquí sólo variación de función, sino variación de identidad.

5. Puede ocurrir, por último, que dos signos distintos con significantes homófonos carezcan de procedimientos significantes claros, al revés de lo que hemos visto en los casos anteriores. Pero aun así hemos de admitir que se trata de invariantes distintas, si bien no reguladas de una manera precisa por ningún tipo especial de comportamiento distribucional: son invariantes «libres», frente al carácter combinatorio de las que hemos examinado. Pensemos en significantes polisémicos como *cabo*, u homófonos como *vaca* y *baca*, con respecto a los cuales no existen procedimientos distribucionales específicos para «mostrar» un signo —forma de contenido— frente a otros. En estos casos, al menos teóricamente, las posibilidades de ambigüedad semántica serían mucho mayores, aunque de hecho, en las situaciones concretas de habla, no se producen, más que, como es lógico, cuando se quiere. Si no podemos establecer para cada caso un mecanismo diferencial bien delimitado, podemos, sin embargo, comprobar que en ciertos contextos-límite las diferencias se hacen patentes, bien por la actuación de clasemas distintos *(un cabo respetuoso/ un cabo de madera; una vaca de leche/ una baca de aluminio)*, bien por las situaciones de experiencia en que los signos se manifiestan. De todas formas, todo depende en gran medida de un conocimiento previo y de una identificación en relación con las posibles situaciones. Sin embargo, no puede decirse que la diferencia no

sea lingüística por el hecho de que no existan procedimientos específicos para marcar a cada signo de una manera inequívoca, es decir, por no corresponderse la diferencia con esquemas significantes semántico-sintácticos bien delimitados. En todo caso, las posibilidades-límite de combinación «concreta» señalan diferencias, para las cuales no hay establecidos procedimientos significantes indiscutibles. Cada uno de estos signos, al aplicarse la prueba de la combinación, mostrará diferencias sensibles: los núcleos semánticos actúan, es decir, que la identidad sustancial difiere, lo cual, como ya hemos visto, es un requisito indispensable. Y, por último, la conmutación nos da la pista final: mientras un significado de *cabo* entra en oposiciones inmediatas con 'hombre', 'muchacho', etc., otro contrae oposiciones del mismo tipo con 'mango', 'asidero', etc., o, lo que es lo mismo, mientras un sentido puede ser un sinónimo aproximado —la misma sustancia semántica común— de *hombre* o *muchacho*, el otro sólo puede entrar en una relación «sinonímica» con *mango* o *asidero*. No podemos considerar, pues, a los distintos significados de *cabo* o de /báka/ como meras variantes de contenido, aun cuando no tengan correlatos significantes bien delimitados, ya que es la naturaleza misma de los núcleos irreductibles, la que por su propia virtud «interna», los separa, al tiempo que favorece ciertas combinaciones, con exclusión de otras, o ciertas relaciones paradigmáticas, también con exclusión de otras. Considerar estas diferencias como variaciones semánticas supone ignorar la diferencia que hay entre forma y sustancia de contenido y seguir un procedimiento de análisis demasiado apegado al significante fonológico, procedimiento que, como hemos señalado ya, sólo es válido para la determinación de las invariantes de expresión, pero no para las de contenido. En efecto, desde el punto de vista de la expresión *cabo* es una sola invariante, que se delimita por su diferencia fonológica con respecto a otros significantes que remiten a contenidos diferentes *(cabo/palo/puerta,* etc.). Pero ya hemos dicho y demostrado que a una invariante de expresión pueden corresponder varias invariantes de contenido. Todo depende del punto de vista del análisis: como nosotros sólo intentamos sentar las bases para un posible análisis semántico, nuestro punto de vista será el del contenido; la expresión, el significante, repetimos, sólo nos servirá de medio o de prueba para nuestras indagaciones.

Si comparamos todos los casos que hemos expuesto, veremos

que siempre hay un mismo denominador común: las invariantes de contenido se agruparán, cada una, si pertenecen a un mismo significante, en distintos paradigmas léxicos, o, lo que es lo mismo, contraerán diferentes tipos de oposiciones particulares o inmediatas.

Y pasemos ahora a examinar las diversas clases de variantes de contenido, es decir, aquellas que, conservando una misma sustancia básica conformada, resultan de la influencia lógica o natural del contexto en que se hallan situadas. Las variantes de contenido pueden dividirse en dos grandes grupos *según posean o no significantes específicos*, y pueden ser, además, combinatorias y libres. Veamos una posible clasificación:

a) Variantes de contenido sin diferencia significante, esto es, que no entrañen variantes de expresión correlativas. Son éstas, por supuesto, las más frecuentes y las que suponen un estatuto lingüístico más elemental, ya que las otras entran en un nivel de conformación superior, sin dejar, por ello, de ser variantes. Se trata de las variaciones que admite una magnitud semántica, ya identificada y sin dejar de ser lo que es, o, lo que es lo mismo, sin cambiar de identidad, a causa de sus relaciones con los elementos del contexto en que se halle situada, o, incluso, por su relación con la situación en que el mensaje se emite, siempre que no exista un significante diferenciado para cada variación o para alguna de ellas. Es el caso de los ejemplos, ya puestos, del tipo *niño inteligente - razonamiento inteligente*, donde *inteligente* varía, como hemos visto, sin perder su identidad semántica, ni alterar sus relaciones en el sistema; o el caso de *es alto - está alto*, donde también varía 'alto', sin dejar de ser lo que es. En uno y otro caso, las variaciones son exclusivamente imputables a la influencia semántica directa del contexto. Estas variantes serán combinatorias siempre que dependan de los signos vecinos, y libres en el caso contrario, es decir, cuando vienen forzadas por circunstancias ajenas a la propia estructura semántica de los signos vecinos. Así, serán combinatorias las dos variantes de *alto*, en los ejemplos que hemos puesto, pues dependen automáticamente de la influencia semántica de los verbos *ser* y *estar*. Serán también del mismo tipo los sentidos que deriven de las dos posiciones admitidas por el adjetivo español con respecto al sustantivo —siempre que no sean empleadas como procedimientos mostrativos arbitrarios—: así, las variaciones semánticas de *las tardes hermosas del verano* y *las hermosas tardes del verano*. Cada tipo de combinación establecerá un tipo correlativo de variación ('sentido restrictivo' frente a 'sentido no restrictivo', para los adjetivos de los últimos ejemplos, y 'sentido resultativo' frente a 'sentido no resultativo' para los ejemplos de *alto)*.

Las variantes libres dependen de la situación y de la visión subjetiva de cada hablante. Puede ocurrir que una persona no asocie a *oscuro* las mismas vivencias en *la noche oscura* y en *la ropa oscura*. La diferencia entre variantes combinatorias y libres es análoga a la de las variantes fonéticas: el número de variantes combinatorias es siempre limitado para una unidad; el de variantes libres es infinito.

b) Variantes de contenido con diferencia significante, es decir, con significantes fonológicos diferentes, que, en tal caso, son naturalmente variantes de expresión, ya que no distinguen magnitudes semánticas invariantes, sino magnitudes semánticas diferentes sólo por sus circunstancias contextuales o externas. Es el caso de nuestros ejemplos del tipo *senex, vetus, vetulus* o *de, desde*, o *perro, can*, etc. Ya hemos dicho que en todos estos casos se trata de variantes de contenido determinadas, bien automáticamente por el contexto, sin variar su identidad semántica, pues las diferencias son «externas» a ellas mismas y carecen, por tanto, de conmutación, bien discrecionalmente por los hablantes, en función de la situación concreta de habla. Estas variantes son idénticas semánticamente a las del párrafo anterior: sólo difieren en su mayor grado de formalización, al estar avaladas correlativamente por significantes distintos. La única diferencia, ya que no tienen conmutación, sino sustitución, consiste en que ésta puede servir a intenciones expresivas diversas, imposibles para las otras: toda variante de contenido con significante propio aporta en la sustitución la connotación hacia los rasgos contextuales en que aparece normalmente. Las variantes de contenido con significante propio pueden ser tanto combinatorias como libres. Combinatorias son aquellas que resultan automáticamente determinadas por componentes semánticos del contexto en que aparecen: así, *senex* vendrá condicionado por el rasgo contextual 'persona'; *vetus*, por el rasgo contextual 'cosas', y *vetulus* por el rasgo contextual 'animales o plantas'; de la misma manera que *desde* por el rasgo contextual 'extensión' y *de* por el rasgo contextual 'no extensión' (siempre en relación con el valor 'procedencia', ya que otros sentidos que admite *de* corresponden a signos diferentes):

sólo podrán sustituirse —nunca conmutarse— estas variantes en los contextos donde ambos rasgos sean indiferentes, pero entonces no aportan ninguna diferencia discreta de contenido sino una indefinida diferencia de matiz, proveniente de sus contextos privativos, como ocurría cuando *vetus* se aplicaba a personas. Las variantes de contenido con significante serán libres cuando no estén automáticamente determinadas por el contexto, es decir, por la influencia de los signos vecinos, sino cuando dependan de la libre elección del hablante, de acuerdo con sus necesidades expresivas en cada situación concreta de habla. Variantes de este tipo son *perro* y *can*, *retrete* y *excusado*, etc. La elección viene determinada por circunstancias ajenas al contorno estrictamente lingüístico: son variantes de «estilo».

Sobre las oposiciones graduales

Un problema teórico importante, ya planteado por nosotros dentro de este tipo de variantes que venimos examinando, es el de determinar si las variaciones «graduales» con diferencia significante son realmente unidades distintas y delimitadas, puesto que en el plano de la expresión no cabe la menor duda a este respecto. En efecto, en fonología se habla de oposiciones graduales, que son las que «se establecen entre dos miembros caracterizados cada uno por un grado diferente de la misma propiedad»[1] Pero no olvidemos un hecho importante, en el que no suele repararse: la diferencia gradual es física y puede ser fonológica o no. Una cosa es el diferente grado «real» de una misma propiedad y otra la diferencia lingüística discreta entre dos grados que son captados como magnitudes diferentes y no como grados distintos de la misma magnitud. En español abundan las diferencias de grado de abertura en las realizaciones de /e/, aunque siempre se captan como la misma cosa; pero ningún hispanohablante «sentirá» jamás el fonema /i/ como una [e] muy cerrada, ni el fonema /e/ como una [i̢] muy abierta. Las diferencias, aunque graduales en la sustancia, en el mundo de los hechos físicos, no lo son en el mundo de los hechos lingüísticos, donde nadie pensará que /i/ es «menos» /e/, o /e/ más /i/: ambas magnitudes son comprendidas como realidades enteramente diferentes, es decir que, para un hablante dado, /i/ será tan distinta de /e/ como de /u/. Porque una cosa es que, en la realidad física, dos cualidades puedan considerarse como distintos grados de lo mismo, y otra muy distinta, que en la realidad lingüística se comporten como tales grados. Ello no obsta, en este plano, para que, por causas físicas, se dé una mayor facilidad para la neutralización entre magnitudes cuya sustancia sea vecina gradualmente. Pero éste es un problema mecánico y, seguramente, de carácter universal. Dos aberturas distintas, en español, para /e/ son evidentemente

---

[1] Cfr. E. Alarcos, *Fonología española*, pág. 48.

sentidas por los hablantes como diferentes grados de la misma realidad, pero nadie considerará a /i/ como un grado distinto de /e/. Lo mismo pasa en semántica con los adjetivos de color, por ejemplo, donde las diferencias entre *rojo*, *amarillo* y *verde* pueden considerarse como graduales sólo desde el punto de vista físico —la longitud de onda varía gradualmente a medida que se pasa de uno a otro—, pero no, desde luego, desde el punto de vista lingüístico, ya que nadie entenderá por *rojo* un grado diferente de la misma cualidad que se manifiesta en *amarillo*, pues, por otra parte, la distinción *rojo/amarillo* es captada como perteneciente al mismo tipo que la de *rojo/canelo*, donde *canelo* es físicamente una mezcla de verde y rojo, y, por tanto, la diferencia no es siquiera «objetivamente» gradual. Por lo tanto, si decimos que la oposición *verde/amarillo* es gradual, desconocemos la realidad lingüística y nos atenemos sólo a una realidad física de la que no tenemos ni experiencia directa. La oposición es semejante a las llamadas equipolentes por la fonología, es decir, de aquellas que «se establecen entre dos miembros lógicamente equivalentes; esto es: que no representan dos grados de la misma propiedad ni la afirmación o la negación de una propiedad»[2]: en efecto, *verde* y *amarillo* son dos miembros «lógicamente equivalentes», en cuanto que ambos son lingüísticamente 'color', paralelos en su estructura: 'color' + 'verde'/'color' + 'amarillo'[3], de la misma manera que en español /p/ y /t/ son 'consonante oclusiva sorda' + 'labial'/'consonante oclusiva sorda' + 'dental'.

Por todo lo dicho, pensamos que no hay oposiciones graduales más que si se mira la cosa desde el punto de vista físico de las sustancias, no de las formas. Desde el punto de vista de las formas, las diferencias e/i, o *verde/amarillo*, no son graduales. Como hemos dicho antes, sólo se percibe una diferencia de grado cuando se trata de *variantes* graduales de una misma forma: como gradual, percibirá cualquier hispanohablante la diferencia entre [ę] y [e] o entre *rojo* y *carmesí*. Hay que distinguir, pues, entre la diferencia

---

[2] Cfr. E. Alarcos, *op. cit.*, pág. 49.
[3] Claro es que lo mismo ocurre aun cuando no haya tales «equivalencias» físicas, ya que la oposición *amarillo/canelo* es exactamente igual, y por ello, proporcional a las otras: 'color' + 'amarillo'/'color' + 'canelo'. Los rasgos como 'canelo' son «irreductibles», en el sentido en que hemos establecido este término: no se pueden descomponer en rasgos lingüísticamente más pequeños. La descomposición, si se hace, atañe a campos del saber ajenos al nuestro: para nosotros, son elementos *irreductibles*.

física de grado y la diferencia lingüística de grado. Una cosa, sin embargo, es evidente: en fonología no existen diferencias lingüísticas de grado, como diferencias entre invariantes, sino entre variantes. Y si en fonología no existen lingüísticamente tales diferencias en la captación de invariantes, cabe dudar de que puedan existir en semántica. Mantener el nombre de oposiciones graduales para los casos en que la diferencia es sólo físicamente de grado, contradice la noción misma de *oposición*. Por eso, ¿podremos mantenerla en semántica? ¿No se tratará simplemente de algo semejante o igual a las variantes de contenido con diferencia significante, en que las magnitudes semánticas se identifican entre sí y los distintos significantes sólo expresan variaciones de una misma magnitud fundamental? Lo único que sí parece característico de estas variantes es su carácter libre, no combinatorio, lo que significa que siempre son elegidas por el hablante, y en eso se asemejan a las invariantes en oposición paradigmática. Esto ocurre con todas las variantes libres, que en el fondo son *invariantes expresivas*. Los contrastes son siempre los mismos, sean cuales fueren los términos: 'expresividad cero'/'expresividad débil'/'expresividad fuerte'/ y afectan tanto a distinciones graduales *(grande/gigantesco)*, como de otro tipo *(perro/can)*. Es evidente, pues, que dos magnitudes como *grande* y *gigantesco*, que sólo difieren en el diverso grado de una misma cualidad, no aparecen condicionadas por la influencia semántica del contexto lingüístico: está claro que no es éste lógicamente responsable de la variación semántica y de su correlativa fonológica. Es el matiz expresivo del enunciado lo que nos lleva a «sustituir» dos variantes como *perro* o *can*. De la misma manera, obedece a necesidades expresivas la «sustitución» entre *grande* y *gigantesco*. Porque una cosa está clara: no se trata de magnitudes diferentes como /e/ o /i/, *verde* o *amarillo*, sino de grados semánticos de una misma magnitud, fenómeno que, como hemos visto, no ocurre en fonología más que en el campo de las variantes; nunca en el de las invariantes. El significado del enunciado cambia en *una pared verde* frente a *una pared amarilla*, pero no, al menos de la misma manera, en *una pared grande* frente a *una pared gigantesca*, donde sólo parece haber una diferencia de matiz. Podría argüirse en contra que lo mismo pasaría en una *pared grande* frente a *una pared pequeña* ya que en el fondo alude a una misma sustancia de contenido y a una diferencia de grado. Pero no es igual: los primeros ejemplos son *en cierta medida* sinónimos; los segundos, no lo son en absoluto. La diferencia *grande/pequeño* es discreta y lingüísticamente no gradual (aunque lo sea en el terreno de la realidad extralingüística): cada término puede ser inequívocamente definido por rasgos absolutos ('presencia de la cualidad'/'ausencia de la cualidad'); en cambio, la diferencia *grande/gigantesco* no es discreta, sino de tipo indefinidamente gradual: ninguno de los términos puede ser inequívocamente definido por rasgos absolutos. *Gigantesco* no puede siquiera definirse como 'muy grande' o 'extremadamente grande', sino como el resultado de una cierta valoración subjetiva del contenido 'grande' ('expresividad fuerte'). Se elige *gigantesco* en función de matices «estilísticos», pero no para comunicar un contenido diferente. Falta aquí el carácter discreto que diferencia netamente a las invariantes, sin confusos términos medios, como ocurre con las variaciones graduales de la misma unidad (e/i, *verde/amarillo*, *grande/pequeño*, etc.). Cuando dos magnitudes se presentan como variaciones graduales de una misma cosa, se identifican también como una sola forma lingüística, aunque difieran los matices contextuales. Las diferencias no son entonces discretas, como no lo son las que existen entre [e] y [e] o entre ciertos tipos de entonación. Toda distinción discreta aporta un cambio tajante y perfectamente delimitable entre dos magnitudes, aunque éstas tengan una parte de sustancia común, al mismo tiempo que *pertenece a las unidades mismas*, no a la influencia contextual. Así, por ejemplo, podemos decir que la diferencia entre *dar* y *entregar* es discreta, porque puede ser delimitada con precisión en el comportamiento paradigmático y sintagmático de estos signos: mientras *dar* implica sólo la transmisión de algo, *entregar* supone la transmisión de la posesión de algo. Hay una diferencia mensurable —independientemente de que ambos verbos puedan resultar sinónimos en algún contexto (neutralización)— que no depende de sus contextos peculiares ni de necesidades expresivas. La diferencia no discreta, por el contrario, no aporta ningún cambio tajante y claramente delimitable y depende en gran medida de factores contextuales o situacionales.

Las variantes graduales, al igual que todas las demás del contenido, pueden tener significantes propios o depender simplemente del contorno semántico. Así, *grande-gigantesco* frente a *inteligente-muy inteligente-inteligentísimo*. Sin embargo, debe de quedar claro que no se pueden equiparar los dos tipos: la variación *grande-muy grande* no es proporcional a la de *grande-gigantesco*, porque la primera es combinatoria y la segunda, libre. O lo que es lo mismo, la primera es contextual, por lo que no ha de implicar necesariamente una valoración subjetiva *(muy grande puede tener un sentido tan objetivo como grande)*; la segunda no es contextual, y, por tanto, únicamente dependiente de la valoración del que la elija.

En el plano gramatical, por último, pueden darse variantes de expresión no correlativas de ningún tipo de variación semántica. Se trata en este caso exclusivamente de variantes de expresión sin correlato en el contenido. Así, por ejemplo, los dos significantes existentes en español para el signo 'pretérito imperfecto de indicativo', {-ba-} e {-ía-}, cuyo grado de automatismo queda al margen de toda variación semántica. Otras veces, en el plano gramatical las variantes pueden reflejar diferencias de matiz, como ocurre con las realizaciones cero de expresión correspondientes a ciertos morfemas. Recordemos el caso de las variantes ø-*a*, como signos del objeto directo, y de las variantes *de*-ø, como signos de la dependencia nominal[4]. En el primer caso, la variación está determinada, principalmente, por el factor contextual 'persona determinada' o, por su ausencia, en el objeto directo; en el segundo, por el sentido o valor semántico implicado en el tipo de referencia que establece el complemento: si ésta es externa, es decir, no contenida en el elemento determinado, resulta exigida la variante *de (el libro de lectura)*; si, por el contrario, no hay referencia, sino mera ampliación semántica del elemento determinado *(el rey soldado)*, o la referencia es interna, es decir, mera repetición del contenido del elemento determinado *(el tío Luis)*, resulta exigida la variante ø, que, en ocasiones fijadas por la norma lingüística, puede alternar con la variante *de (teatro Calderón - teatro de Calderón)*.

---

[4] Cfr. «Notas para el estudio de las preposiciones españolas», ya citado.

Las unidades semántico-sintácticas

Si queremos tratar completamente el problema de la unidad y de la variación, no nos quedará más remedio que considerar, por último, otra clase de signos, acaso los más importantes. Me refiero a la oración. Supuesto que sean signos, ¿de qué clase son? ¿Son entes concretos e infinitos, siempre variables, o seres abstractos de número limitado y, por tanto, invariantes? Porque es evidente que sólo conocemos oraciones concretas, siempre diferentes; pero no es menos evidente que las entendemos a pesar de su diversidad, lo cual hace suponer, incluso para los más «confusos», que tras la aparente heterogeneidad subyacen reglas, patrones o esquemas constantes, que nos permiten la interpretación de las infinitas oraciones posibles. Saussure relegaba la oración al terreno del habla, pero, contradictoriamente, pensaba al mismo tiempo que las oraciones y grupos de palabras se comprenden por estar referidos a patrones regulares. «Combinaciones como *la tierra gira, ¿qué te ha dicho?* —afirma—, responden a tipos generales que a su vez tienen su base en la lengua en forma de recuerdos concretos»[1]. Es evidente que Saussure considera la oración concreta, cada oración efectivamente pronunciada, como hecho de *parole*, pero sabe perfectamente que la oración, como modelo abstracto, pertenece a la *langue*, pues habla de «tipos generales» que tienen su base en la lengua. Es evidente que en el terreno sintáctico cabe también hablar de variantes e invariantes, es decir, que es también tarea fundamental descubrir cuáles son aquí las magnitudes constantes: aquellas en que se identifican todas sus variaciones, y determinar los límites de la variabilidad de cada una.

La posibilidad de una sintaxis como tal no está clara en el estructuralismo europeo.

---
[1] Vid. *Curso*, Parte II, cap. V.

Hjelmslev no se interesa por posibles invariantes sintácticas. En el terreno de la sintaxis no se muestran más que variantes de signos fundamentales, que se combinan de acuerdo con sus posibilidades funcionales, cosa que sólo es cierta en parte: sin invariantes concretas no hay sintaxis, evidentemente; pero sin sintaxis, esto es, sin invariantes sintácticas, tampoco son posibles las invariantes individuales o concretas, puesto que éstas se presentan siempre como funciones dentro de un esquema sintáctico. No quiere decir esto que confundamos las categorías gramaticales o morfosintácticas con las funciones oracionales que puedan desempeñar, sino que las categorías se delimitan en gran medida por las funciones en que son admitidas y por las funciones en que son rechazadas. Afirma Hjelmslev que «las entidades normalmente registradas por la sintaxis convencional —oración principal y oración secundaria, miembros de la oración, como sujeto, predicado, complemento, etc.— son variantes [...] La sintaxis convencional (entendida como el estudio de las conexiones entre palabras) es, en su mayor parte, un estudio de variedades del plano del contenido de la lengua, aunque, como tal, no exhaustivo. Puesto que cada desmembración de las variantes presupone unas invariantes registradas, la sintaxis no puede mantenerse como disciplina autónoma»[2]. Está claro que no puede hablarse de la sintaxis de una lengua antes de que esté terminado el inventario de las invariantes que la componen, y que éste, si está bien hecho, será *igual a la sintaxis*. Toda elaboración apriorística de la sintaxis es falsa y tropieza con tantas excepciones como invariantes tenga la lengua. Pero ello no impide que podamos descubrir un «orden sintáctico», o inventario de todos los esquemas abstractos de relación posibles en una lengua, de las invariantes sintácticas de significante y significado, de las relaciones entre ellas, e, incluso de las variantes posibles para cada ordenación. Está fuera de toda duda que, con respecto a las unidades invariantes de una lengua, las funciones de sujeto, objeto, etc., no son más que variantes. Sin embargo, me parece exagerado considerar a las funciones sintácticas meramente como «posiciones», porque, aunque esto fuera cierto, en cada lengua hay agrupaciones y «disposiciones» de funciones que se delimitan unas frente a las otras, dando lugar a auténticas invariantes sintácticas, cuyo significado es también únicamente sintáctico. Y lo curioso es que en el orden

---

[2] *Prolegómenos*, XVI.

de los signos sintácticos nos encontramos con muchos problemas similares a los que ya hemos visto para los signos concretos. Ocurre, por ejemplo, que un significante sintáctico es polisémico, pero que ciertos componentes son capaces de decidir si la forma de contenido es ésta o aquélla (recordemos los esquemas de la oración atributiva y de la pasiva, y cómo, entre otros rasgos, la naturaleza verbo-transitivo o no del adjetivo era suficiente para decidir si se trataba de una cosa o de la otra).

En el terreno del signo concreto está claro que una misma invariante puede desempeñar distintas funciones, dentro de las cuales se mostrará bajo la forma de variantes: así, una magnitud 'sustantivo' puede presentar variantes 'sujeto', 'objeto directo', 'determinante de otro sustantivo', etc., pero estas variantes lo serán sólo con respecto a la magnitud 'sustantivo'. Esto no impide considerar a las magnitudes funcionales 'sujeto', 'objeto directo', etc., como invariantes de otro tipo, o acaso como figuras sintácticas o invariantes funcionales abstractas. Es decir, como invariantes sintácticas independientes de los signos concretos o de las categorías concretas que pueden representarlas en cada caso. «Hay que distinguir claramente —afirma Chomsky— las nociones funcionales como "Sujeto", "Predicado", de las nociones categoriales como "Frase nominal", "Verbo", distinción que no debe ser oscurecida por el uso ocasional del mismo término para nociones de ambas clases.»[3] Hay, sin duda, diversas clases de invariantes. Hemos dedicado un largo espacio a las invariantes individuales, o, por decirlo así, concretas. Vamos a tratar ahora de las invariantes abstractas de la sintaxis, que pueden ser de tres tipos: a) invariantes categoriales ('sustantivo', 'adjetivo', 'verbo', etcétera), b) invariantes funcionales ('sujeto', 'predicado', 'complemento', etc.), y c) invariantes oracionales ('oración atributiva', 'oración activa transitiva', etc.). No podemos estar de acuerdo con Hjelmslev cuando afirma, por ejemplo, que «la suerte que aquí corren dos de los pilares básicos de la sintaxis convencional —la oración principal y la oración secundaria, que de este modo se reducen a meras variantes— la correrán de modo correspondiente otros varios de sus restantes pilares básicos. En las estructuras lingüísticas conocidas, el sujeto y el predicado serán variantes de un mismo nombre...»[4]. Y añade: «la distribución de los

---

[3] Vid. *Aspectos de la teoría de la sintaxis*, cap. 2, párr. 2.2.
[4] Vid. *Prolegómenos*, XIV.

funtivos en dos clases —variantes e invariantes— elimina la tradicional bifurcación de la lingüística en morfología y sintaxis» (ibíd.). Estas afirmaciones sólo pueden aceptarse si se adopta un punto de vista parcial, que toma como criterio básico de análisis el de las invariantes individuales de contenido con sus figuras y sus propiedades relacionales. En efecto, un signo dado puede tener tantas variantes propias como funciones pueda desempeñar y esas variantes podrán ser tanto de función —el ser sujeto o complemento, por ejemplo— como de categoría —el ser adjetivo o sustantivo, como ocurre con los demostrativos—; de la misma manera que una oración podrá tener también tantas variantes como funciones pueda desempeñar: así, la oración de relativo *que compré* de *el perro que compré es blanco* no es más que una variante de *compré el perro:* las relaciones funcionales internas no han variado, sino la función misma que desempeña esa oración en cada caso. Pero todo esto no obsta para que consideremos a las entidades abstractas sintácticas, como *categoría* y *función*, no como meras condiciones «externas» o variables que determinan la distribución de las variantes de tal o cual signo, sino como entidades «objetivas» que indican el valor en que ha de tomarse un signo y el tipo de valor de las distintas clases de relación semántico-sintáctica que puede establecerse entre ellas. En realidad, todas las confusiones en este terreno provienen de considerar como una misma cosa a la oración concreta, efectivamente emitida, y al modelo abstracto del cual no es más que realización. Si queremos entrar en el estudio de las variantes e invariantes sintácticas, tendremos que hacer abstracción de los signos concretos. Una cosa son las oraciones concretas, cuyo número es infinito, y otra muy distinta los modelos abstractos que permiten su interpretación. El número de entidades abstractas de este tipo es, naturalmente, muy limitado.

Tratemos, pues, de las entidades abstractas de una lengua, que no son otras que las que resultan de la sintaxis. La distinción entre entidades abstractas y concretas tiene un sentido muy claro, ya que todas las entidades que el análisis puede descubrir a primera vista son concretas: al identificar y diferenciar, aparecen los elementos abstractos como entes funcionales. Todo depende del punto de vista que se siga. Si examinamos cada unidad que se pueda aislar, descomponiéndola en todos los elementos semánticos que contenga, sin olvidar ninguno, habremos adoptado el punto de vista de las entidades concretas, pues, aunque en éstas descubramos componentes muy generales que están relacionados con las funciones sintácticas, encontraremos también componentes muy particulares que no tienen nada que ver con tales funciones, aunque sí —y esto es inevitable— con la «sintaxis» particular de esos elementos mismos (es decir, lo que se puede llamar «combinación privativa» de un elemento concreto). Sin embargo, la sintaxis particular de un elemento concreto no tiene nada que ver con la verdadera sintaxis más que por estar incluida dentro de ella y constituir, en el fondo, una limitación a las reglas sintácticas más generales. La sintaxis particular de un signo depende de sus propiedades concretas como tal signo individual, es decir, de las propiedades que lo vinculan a un núcleo semántico determinado y único (campo semántico): no son, pues, «marcas» de categoría ni de función gramatical, sino marcas de restricciones semánticas, tanto específicas como generales. Así, por ejemplo, el componente semántico 'de la cabeza' que habíamos determinado para *cabello* es un componente concreto, exclusivo, y no una marca de categoría o de función gramatical, ya que sólo sirve para aislar a un signo dado dentro de una categoría y relacionarlo con otro signo concreto, también aislado dentro de la misma categoría gramatical. Las marcas semánticas se dividen, pues, en concretas o léxicas —sólo identifican un elemento léxico dentro de los demás de su misma categoría— y en abstractas o gramaticales —sólo identifican a un *conjunto* de elementos como pertenecientes a la misma categoría gramatical—. La categoría se define como un complejo de rasgos semánticos susceptible de un cierto número de funciones perfectamente delimitadas, y que, al mismo tiempo, excluye también un cierto número de funciones igualmente bien delimitadas. Así, puede hablarse de la categoría del sustantivo, por ejemplo, como de un conjunto indefinido de miembros que poseen ciertas propiedades semánticas en común, gracias a las cuales son susceptibles de entrar en un cierto número de combinaciones generales y de desempeñar también un cierto número de funciones sintácticas igualmente generales (combinarse con artículo, con morfemas de género masculino o femenino, con morfemas de número, con morfemas preposicionales, y rechazar al mismo tiempo la combinación con 'neutro', con *-ísimo*, etc.). Todas estas posibilidades sintagmáticas generales que caracterizan a una categoría son «externas», en cuanto características de la categoría como entidad real, pero son al mismo tiempo «internas» en cuanto que determinan la pertenencia de un elemento concreto a tal o cual categoría. Es decir, que la categoría existe como modelo abstracto, «reconocible» en sus funciones, ya que éstas no representan más que las variaciones de que es susceptible, es decir, sus límites funcionales. Por eso no se puede definir al sustantivo, por ejemplo, como la clase constituida por los elementos que pueden ser sujeto, objeto directo, etc., porque esto supondría volver a la definición por distribución «mostrativa», error que suele cometerse con frecuencia. Una cosa es definir al sustantivo y otra muy distinta «mostrar» sus posiciones funcionales. Estas «posiciones» no definen al sustantivo, porque pueden estar ocupadas por elementos que no lo son verdadera, sino ocasionalmente. Por eso una cosa es la categoría del sustantivo y otra las funciones que puede desempeñar. Tanto categoría como función tienen carácter invariante en cada lengua, independientemente de que unas y otras puedan acomodarse *aproximadamente* dentro de categorías universales, que lo son del pensamiento, no de esta o aquella lengua. Categoría y función tienen diferente naturaleza: la función no define a la categoría, sino que muestra sus variedades posibles, ni la categoría define a la función. La categoría se define, como los elementos concretos, por sus rasgos semánticos, mientras que la función se define en relación con las estructuras sintácticas. Por ejemplo, la categoría (o subcategoría) de los pronombres demostrativos no puede definirse, como suele hacerse, por sus funciones, pues éstas son las mismas del sustantivo y del adjetivo: no hay adjetivos demostrativos, a pesar de las Gramáticas, sino funciones adjetivas de estos pronombres, que, categorialmente, no son ni sustantivos ni adjetivos, sino otra cosa. Si queremos definirlos tendremos que aislar sus rasgos semánticos en oposición a otras clases pronominales y a otras categorialmente, no son ni sustantivos ni adjetivos, sino otra propiedades semánticas específicas, sí podemos «mostrar» sus posiciones funcionales habituales, pero nunca pretender que estas funciones definen a tales elementos: son sólo los contextos en que se muestran las variaciones que pueden adoptar. Tratar de establecer categorías basadas en la función, o posición sintáctica, es tan absurdo como tratar de definir la naturaleza de un fonema por su distribución: nos encontraremos siempre, además, que elementos categorialmente diferentes —esto es, de naturaleza semántica distinta— pueden ocupar las mismas posiciones y desempeñar las mismas funciones. Categoría y función no se identifican: son cosas de naturaleza diferente, *ya que la función con respecto a la categoría representa las circunstancias de una variante, de misma manera que la categoría con respecto a la función*. Por eso puede decirse que 'sujeto' u 'objeto directo' son variantes de la categoría 'sustantivo', o, a la inversa, que 'sustantivo' u 'oración sustantiva' son variantes de la función 'sujeto'. Ahora bien, cada categoría abstracta es una invariante con respecto a las demás categorías ya que es una unidad superior, caracterizada por rasgo semánticos exclusivos que la delimitan frente a otras. Así, por ejemplo, pese a que morfológicamente 'sustantivo' y 'adjetivo no se diferencian en nada (sabemos que *gato* es sustantivo y *bueno* adjetivo gracias al contenido semántico de ambas unidades, pero no gracias a su naturaleza significante o de expresión, pues sus variaciones, incluso, son las mismas: *gato, gata, gatos, gatas* como *bueno, buena, buenos, buenas*), sus propiedades semánticas los oponen: mientras uno es sensible al género —posee un género necesariamente—, el otro no lo es *(lo bueno)*; mientras uno posee una referencia «ontológica» en su base semántica, el otro sólo entraña una modificación de dichas referencias, por lo cual es naturalmente susceptible de gradación *(buenísimo)* e incompatible con otros elementos de su misma naturaleza *(*bueno tranquilo)*. Además, esas categorías ('sustantivo' y 'adjetivo') no se confunden por el hecho de que los elementos concretos que las puedan representar, desempeñen en el habla sus funciones propias. Ciertos sustantivos funcionan a veces como adjetivos y es normal que los adjetivos desempeñen las funciones de la categoría sustantiva. Muchos signos concretos poseen rasgos semánticos que les permiten entrar en diversas categorías, al menos ocasionalmente. Gran parte de los sustantivos que poseen variación genérica, por ejemplo, son susceptibles, por su naturaleza semántica, de entrar en combinaciones típicamente adjetivas: *es muy niño. lo niño que es*, etc., pero, sin embargo, aun en estos casos, la coincidencia no es absoluta, pues con un adjetivo se puede usar tanto el *lo* neutro, como el «ponderativo» *(gusta lo blanco/lo blanco que es*, pero únicamente *lo niño que es)*, lo que demuestra en todo caso la no identidad de los signos categoriales.

Las categorías no se confunden, pues, con los elementos concretos que las representan: son entidades semánticas abstractas compuestas por un número dado de rasgos. Pero estos rasgos no se definen por las funciones que desempeñe la categoría, ni dependen de ellas, sino que, por el contrario, son determinantes de tales funciones. Es el valor semántico de una categoría lo que determina sus funciones, no a la inversa. No puede decirse, por ejemplo, que *que lo diga* pertenece a la categoría sustantiva porque pueda desempeñar las mismas funciones de un sustantivo: es sólo una variante funcional, es decir, que la categoría abstracta puede realizarse por medio de una oración —o de otros elementos—, lo cual nos permite, además, comprobar que determinadas variantes sintácticas pueden ser variantes categoriales. Una oración como *lo dice* presenta la variante *que lo diga* para funcionar como una categoría.

Las categorías inventariables en una lengua se definen por sus rasgos diferenciales frente a otras categorías, de modo que una categoría es tal, esto es, una invariante, cuando los rasgos semánticos comunes a todos sus miembros la delimitan indiscutiblemente. Pero insistamos en que no son las diferencias de función sintáctica las que determinan a una categoría, porque entonces *que lo diga* sería un miembro concreto de la categoría sustantivo, sino las diferencias semánticas «internas» capaces de admitir o rechazar tales o cuales combinaciones sintácticas. Si entre dos pretendidas categorías no hay diferencias semánticas responsables por sí mismas de distintos comportamientos sintagmáticos, habrá que considerarlas como una sola, o como variantes de ella. Si, por ejemplo, en español, la diferencia sustantivo/adjetivo sólo fuese del tipo que encontramos en el terreno de los pronombres demostrativos, no podría hablarse de una diferencia categorial, sino de variantes funcionales de una sola categoría, ya que los rasgos 'adjetivo' y 'sustantivo' sólo serían contextuales, nunca inherentes. Si podemos mantener esta diferencia categorial que en el caso de los demostrativos es mera variación combinatoria, se debe a dos tipos de naturaleza semántica que entrañan, a su vez, dos tipos bien diferenciados de comportamiento sintáctico: tanto la prueba de la conmutación como la de la combinación nos muestran bien a las claras su diferencia funcional. Se trata de una diferencia entre invariantes, porque, en español, la categoría —o los miembros que la componen— del adjetivo no se «identifica» con la del sustantivo: no podemos igualar categorialmente *niño* y *bueno*, aunque *bueno* puede desempeñar ocasionalmente las funciones de *niño*, porque sus componentes semánticos más generales prescriben estructuras de relación y combinación totalmente diferentes y perfectamente diferenciadas en el seno de las funciones sintácticas.

Puede hablarse, por tanto, de categorías invariantes o invariantes categoriales, siempre que la diferencia semántica de la totalidad de los miembros de la categoría se oponga funcionalmente a la totalidad de los miembros de otra categoría. Y cabe también hablar de variantes de categoría, por ejemplo, cuando la característica categorial no funciona como distintiva, sino que, por el contrario, razones contextuales producen la confusión, puesto que las «posiciones», las funciones, como hemos dicho, no determinarán a las categorías: dos funciones distintas pueden ser desempeñadas por una misma categoría, como vimos que ocurría con los usos adjetivos y sustantivos de los demostrativos, que, sin embargo, son unidades que no se identifican como pertenecientes a una u otra categoría. De ahí el curioso error de Bello al considerar, por ejemplo, al artículo como adjetivo o al pronombre como nombre: Bello intentaba identificar los miembros de una categoría sobre la base de la función.[5] Más acertada en esto ha andado la gramática tradicional al intentar definiciones semánticas de las categorías: sus fallos no provienen de este procedimiento, que no es desacertado, sino de la falta de criterios claros para el descubrimiento de los límites funcionales de cada una. El reproche de la gramática generativa es justo: las definiciones no son explícitas; implican el conocimiento previo de la lengua y sólo pueden servir, por ello, a lo sumo, como orientadoras del «buen uso».

---

[5] Vid. *Gramática de la Lengua Castellana*, párr. 229 y ss. y 266 y ss.

Categorías y funciones

Dado por supuesto que existen categorías invariantes abstractas, éstas presentarán naturalmente variantes en su realización. Tales variantes podrán agruparse en varios tipos:

a) Variantes funcionales. Así, la categoría 'sustantivo' presenta las variantes 'sujeto', 'objeto directo', 'determinante de un nombre', etc.

b) Variantes «categoriales». Un elemento que no pertenece a una categoría dada puede asumir su mismo valor categorial. Así, los demostrativos, que pertenecen a una categoría particular, se presentan como variantes categoriales, sustantivas o adjetivas; o una oración como *Juan compra el perro*, puede presentarse como variante categorial sustantiva en *es necesario que Juan compre el perro* o como variante adjetiva en *el perro que compra Juan es blanco*. Ni *que Juan compre el perro*, ni *que compra Juan*, son magnitudes que pertenezcan a la categoría sustantiva o adjetiva, como no pertenecen tampoco a ella *este, ese* o *aquel*.

c) Por último, puede considerarse que todos los elementos que pertenecen a una categoría son variantes concretas e individuales de ella, es decir, las constantes que sustituyen a la variable. Así, *perro, casa, hidrógeno, lunes*, etc., son variantes de la categoría 'sustantivo', que es la variable que engloba a estas constantes.

Si miramos a una categoría desde el punto de vista de sus miembros concretos, descubriremos inmediatamente que, aparte de las combinaciones generales en que pueden entrar todos ellos, sus posibilidades de combinación disminuyen a medida que aplicamos la prueba de la combinación, cada vez más restrictivamente. Surgen así, dentro de cada categoría, clases y subclases, que vienen determinadas por restricciones combinatorias dentro de un mismo esquema sintáctico. Habrá verbos, por ejemplo, que no admitan sujeto —*llover, nevar*— o que no admitan objeto directo —*ir, viajar*—; o sustantivos que no puedan ser reproducidos pronominalmente por *quién*, como *libro*, que no puede aparecer referido en la frase *¿quién has traído?* Podrá, pues, hablarse de una «clase» de verbos 'intransitivos' o de una «clase» de sustantivos 'inanimados', etc. Podríamos, incluso, preguntarnos por qué estas clases no son también categorías, ya que poseen rasgos semánticos específicos diferenciales en cuanto a sus aptitudes semánticas y combinatorias. Sin embargo, la cosa está clara: las categorías se corresponden con *formas* del pensamiento (categorías no estrictamente lingüísticas), mientras que las subclases o clases son siempre matizaciones y subdivisiones de las primeras. De hecho, una categoría se divide en clases más restringidas, y éstas, a su vez, en otras, y así sucesivamente, hasta llegar a conjuntos finitos, caracterizados por propiedades combinatorias idénticas.

Estas inclusiones sucesivas pueden conducir a un tipo de análisis que es, en síntesis, el que sugiere J. Apresjan[1], al tratar de ir desde la categoría gramatical, por determinación sucesiva de subclases particulares de combinación, hasta conjuntos finitos, definidos por la misma distribución, la cual asume, para él, el valor semántico del campo o conjunto delimitado: la etapa final consistiría en el análisis de series sinonímicas cuyas diferencias específicas habría que determinar. Esta clase de análisis conduce a «campos» formados por una o varias fórmulas de distribución, que poseen carácter diferencial frente a otras. Cada forma de distribución o conjunto de fórmulas coincidentes tendrá un sentido específico, que será el valor del campo: todos los elementos que entren en una misma fórmula tendrán una base semántica común y la tarea final de la investigación consistirá en delimitar las diferencias específicas entre ellos. Sin embargo, esto presenta dos dificultades importantes. La primera consiste en saber cómo, una vez que dos elementos han sido aislados en una misma distribución, se puede averiguar su diferencia por procedimientos distribucionales, o si, faltando tal posibilidad, habrá que recurrir a la introspección o a las designaciones concretas en cada situación de habla o a las diferencias, provenientes de la mayor o menor frecuencia de los sinónimos. En el fondo, pensamos que parte de estas dificultades se resuelven con el empleo de pruebas de conmutación y combinación, ya que, además, este último método no es más que un

---

[1] Vid. *Analyse distributionnelle des significations et champs sémantiques structurés*, ya citado.

procedimiento reductivo, desde la categoría a la clase, de la clase a la subclase, etc., con una diferencia esencial con respecto al método de Apresjan: sólo se toman en cuenta las distribuciones motivadas o combinaciones, tratando de evitar siempre la distribución arbitraria o mostrativa, que es el escollo en el método propuesto por el investigador ruso, independientemente de que un método exclusivamente distribucional en semántica lleva a inconsecuencias catastróficas, como, por ejemplo, ignorar las relaciones entre elementos, semánticamente afines, pero distribucionalmente diferentes. La segunda dificultad consiste en deslindar la distribución como significante —la que hemos llamado mostrativa o arbitraria— de la distribución motivada, es decir, la distribución en cuanto definidora de valores. No podemos atribuir a la distribución sin más, propiedades semánticas específicas, porque ¿qué tienen que ver los sentidos 'entregar' y 'producir' del verbo *dar*, con la distribución de los componentes 'persona' o 'cosa'? ¿Es que esta diferencia es paralela y tiene una base común con todos los casos de verbos en cuyos sujetos se da tal cambio semántico? ¿Pueden equipararse ejemplos como *el niño da el libro* y *la tierra da frutos* a otros como *el niño se come el pan* y *el sol se come el color de las cortinas*? ¿La diferencia 'entregar'/'producir' guarda aquí alguna relación con la diferencia 'comer'/'destruir'? Es evidente que la combinación motivada sí tiene relación estructural con la significación, pero no puede afirmarse lo mismo de la distribución mostrativa. Con la misma distribución puede haber elementos semánticos lejanos, como *carbono* y *piedra*, por ejemplo, sin que por esto hayamos de establecer entre ellos más relación que la que resulta de pertenecer ambos a la misma categoría gramatical, o a la misma clase léxica de distribución. De la misma manera, con distintas distribuciones, puede haber elementos semánticos muy próximos: *inteligente*, *listo*, *talentoso*. Los hechos distribucionales considerados en bloque no conducen a ninguna parte, porque son de naturaleza heterogénea: una cosa es la distribución como significante, y otra, la combinación de signos de acuerdo con ciertas propiedades semánticas que les son propias. Bien es verdad que como no conocemos las propiedades semánticas específicas de ningún signo, no nos quedará más remedio que investigarlas, utilizando sus comportamientos, pero no debemos caer en el error característico de los distribucionalistas a ultranza, considerando a la significación como el resultado de los contornos de un morfema. Una cosa es el punto de vista del lingüista, que sólo comprueba relaciones y contornos, y otro el del hablante, para el que sólo hay valores que determinan los contornos posibles y excluyen los imposibles. Describiendo los puntos de vista del análisis distribucional, nos dice J. Dubois que conocemos «ciertas cadenas arbitrarias de sonidos y se les asocia una significación a partir de los tipos de combinaciones en los cuales entran estas cadenas. En esta teoría, los diferentes sentidos de los morfemas no son más que diferencias de contorno. Si un elemento A figura en el contorno x y el elemento B en el contorno y, la diferencia de sentido entre A y B es la de la gama de contornos X de A e Y de B. *Esto permite no atribuir un sentido inherente a A y a B*»[2]. Estamos de acuerdo en que, para la investigación, no hay más remedio que recurrir a los contornos, aunque haya que diferenciar, como hemos hecho ya, entre contornos arbitrarios, que no definen sentidos, sino que sólo muestran las circunstancias combinatorias del significante en que tales sentidos aparecen, frente a aquellos otros contornos no arbitrarios, que sí permiten acercarnos a la definición de los significados. No estamos, en cambio, de acuerdo con que los sentidos no sean inherentes, sino funciones de tal o cual distribución. Insistimos en que aquí no hay más que una confusión metodológica: una cosa es que reconozcamos dos sentidos diferentes para *listo* en *es listo* y *está listo*, donde la diferencia semántica no es paralela, por ejemplo, a la de *despierto* en *es despierto* y *está despierto*, y otra, que haya, en cada caso, magnitudes semánticas con existencia propia, responsables de combinaciones «motivadas» diferentes para cada sentido y de relaciones paradigmáticas también diferentes. Si la lingüística no es capaz de determinar un significado «inherente» para cada signo, su misión habrá terminado una vez que descubra los procedimientos diferenciales que utiliza el *plano significante*[3] de una lengua: el contenido sólo será pura materia o sustancia extralingüística, en la que se mezclarán indiscriminadamente todos los datos provenientes del mundo. Aprendemos el valor de cada signo a través de los contornos en que lo observamos, pero esto

---

[2] Vid. J. Dubois y Fr. Dubois-Charlier: «Principes et méthode de l'analyse distributionnelle», 2.3, en *Langages*, 20 (1970). El subrayado es nuestro.

[3] Seguimos insistiendo en la insuficiencia de la dicotomía *expresión-contenido*. Preferimos, como ya hemos señalado, hablar de *plano del significante* y *plano del significado*, dado que no todo lo que tiene misión *significante* es elemento de *expresión:* ya hemos visto cómo una diferencia sintáctica o una distinción semántica cumplen funciones idénticas a una oposición de fonemas.

no significa en absoluto que los signos no tengan un sentido propio, independiente de los matices particulares de cada situación de *parole*. Esto plantea una pregunta en cierto modo tonta: ¿Qué es primero, el sentido o las combinaciones en que el sentido aparece? El problema del huevo y la gallina. Realmente, nada es primero (no nos interesan prioridades lógicas, que aquí no hacen al caso), sino manifestaciones distintas de la misma cosa. Examinamos dos aspectos de una misma cosa: bien desde el punto de vista de la *langue*, bien de la *parole*. Metodológicamente sólo podremos partir de los efectos, es decir, del habla; sería un grave error no intentar ahondar en los principios, sino sólo hacer un inventario de los efectos, atribuyéndoles la responsabilidad de la comunicación y analizando sólo sus propiedades fenomenológicas. No olvidemos que el lenguaje, como fenómeno «externo», no es más que un «mecanismo» que puede estudiarse separadamente; pero que también puede examinarse, yendo más allá del mero análisis de los procedimientos significantes.

Hemos visto que una categoría está compuesta por una serie de rasgos semánticos diferenciales que muestran su poder operativo a través de un conjunto determinado de posibilidades de combinación, en oposición a otro conjunto de posibilidades sintácticas que le están vedadas. La relación entre categoría y función es evidente, pero, como hemos visto, la categoría no se define por la función o funciones, que no son más que el conjunto de circunstancias distribucionales en que la categoría se muestra. En cuanto a las subclases de una categoría, no son, a su vez, categorías, porque éstas se definen por propiedades semánticas que *admiten la totalidad de sus posiciones funcionales*. Así, la categoría 'sustantivo' admite la «posición» funcional 'objeto directo'; pero, por ejemplo, no todo sustantivo 'concreto' de una lengua puede ser en todo caso objeto directo *(*leo una cabra)*, ni la categoría 'verbo' admite combinarse siempre con un sujeto 'concreto' *(*el árbol lo ha pensado)*. La categoría está, pues, basada en las posibilidades abstractas de combinación, independientemente de que signos concretos, pertenecientes a ella, a causa de sus contenidos específicos, impliquen restricciones secundarias a las posibilidades generales. La función categorial se liga a la estricta gramaticalidad, de suerte que, por ejemplo, en este orden de cosas, todo sustantivo puede ser, en abstracto, objeto directo de cualquier verbo. Así, la secuencia **Juan viaja el país* es, desde este punto de vista, tan gramatical como *Juan recorre el país*. La incompatibilidad en la primera secuencia no se debe a las propiedades de la categoría 'verbo', sino al peculiar valor semántico del verbo *viajar*. En efecto, los elementos concretos que constituyen una categoría pueden imponer restricciones al funcionamiento de tal categoría como entidad abstracta y estas restricciones pueden, a su vez, ser de tipo general, esto es, abarcar un número elevado de elementos, o de tipo particular, es decir, referirse sólo a algunos elementos aislados, que tienen, por decirlo así, su propia «sintaxis». De ahí los diversos grados de gramaticalidad estudiados por la gramática generativa, los cuales van desde la agramaticalidad absoluta (una categoría está, por ejemplo, fuera de su función: *el niño perro el día) hasta diversas formas de enunciado más o menos aceptables. Estas últimas son fundamentalmente de dos tipos: a) violación de las restricciones semánticas de una clase, dentro de una categoría, como en el ejemplo de Chomsky, *the boy may frighten sincerity*[4], o, b) simplemente, violación de las «reglas» de la experiencia (con otro ejemplo de Chomsky —*ibíd.*—, *oculist are generally better trained than eye-doctor*). Es evidente que la diferencia entre una categoría y sus miembros concretos está clara: la categoría asume las funciones esenciales de la gramaticalidad, mientras que las propiedades semánticas de sus miembros no afectan a la estricta gramaticalidad, sino a la «congruencia» semántica entre los elementos concretos y la función que desempeñan, o entre esos elementos y la «realidad». Una categoría, en una lengua, es libre en cuanto a sus posiciones en los esquemas sintácticos; las restricciones que afectan a los elementos concretos atribuibles a una categoría pueden tener dos tipos de consecuencias: a) suprimir algunas posiciones posibles en general (la posición 'sujeto' no puede ocuparse en un enunciado cuyo predicado esté formado por el verbo *nevar*), b) alterar el sentido de la función semántica de la categoría en ese esquema: así, por ejemplo, en el complemento nominal con *de*, que siempre es desde el punto de vista del esquema abstracto, o significante, un complemento determinativo (restringe el alcance semántico del elemento regido), el sentido de la relación puede cambiar, de acuerdo con las peculiaridades semánticas del regente (no son iguales las relaciones que aparecen representadas en *la casa de Juan* y *la llegada de Juan;* son iguales, sin embargo, las funciones en el esquema, pero la estructura semántica o forma de contenido es distinta

---

[4] Vid. *Aspectos de la teoría de la sintaxis*, cap. 2, párr. 2.3.1.

aunque el significante sintáctico sea el mismo. El cambio de *casa* por *llegada* no afecta a la categoría, pero sí implica la presencia de dos elementos que pertenecen a dos clases distintas dentro de la categoría y, consecuentemente, relaciones sintácticas diferentes desde el punto de vista semántico. Estos cambios de relaciones semánticas, si bien pueden considerarse como «variantes», en relación con la categoría abstracta, no pueden concebirse más que como invariantes desde el punto de vista del contenido, pues su diferencia viene fijada por una diferencia correlativa de factores lingüísticos con valor funcional, susceptibles de introducir por sí mismos cambios de rección: mientras *llegada* puede combinarse con adjetivos que implican 'dinamicidad temporal' —*llegada rápida, instantánea, diferida*, etc.—, *casa* no puede hacerlo. Hay que distinguir, pues, entre las funciones de una categoría que atañen a las relaciones en el esquema abstracto, independientemente de las relaciones semántico-sintácticas que puedan «subyacer», y, por tanto, propias del nivel «significante» de dicho esquema[5], y las funciones de los miembros de una clase, dentro de una categoría, que afectan tanto a las posibilidades combinatorias, al restringirlas, como al sentido mismo de las funciones de la categoría. Recordemos a este propósito el ejemplo de Alarcos, ya citado, al considerar como idénticos funcional o estructuralmente a los complementos *por los periódicos* y *por ciertos indicios* de las frases *la noticia es divulgada por los periódicos* y *la noticia es falsa por ciertos indicios*[6]. Efectivamente son idénticos desde el punto de vista del esquema significante: se trata de elementos categoriales idénticos, entre los cuales se establece el mismo tipo de relación abstracta. *Por los periódicos* es un complemento restrictivo de *divulgada*, cuyo sentido queda así precisado, y *por ciertos indicios* es igualmente un complemento restrictivo de *falsa*. Mirada la cosa desde el punto de vista de las categorías abstractas y de sus funciones abstractas en el esquema, no hay la menor diferencia. Pero si entramos en la sintaxis «particular» de los elementos concretos, posibles para las categorías, comprobaremos inmediatamente que las relaciones semánticas establecidas en cada ejemplo son diferentes y que no se trata de diferencias de «sustancia», sino de forma, esto es, dependientes de rasgos semánticos, capaces

---

[5] Son del mismo tipo que las relaciones entre fonemas en una cadena, esto es, independientes de las relaciones semánticas a que puedan servir.
[6] Cfr. «Pasividad y atribución en español», ya citado.

de marcar diferencias de aptitud funcional. En efecto, aunque podamos afirmar que *falsa* y *divulgada* pertenecen a la categoría adjetiva, tenemos que reconocer que *divulgada* posee un rasgo 'transitividad', que, a pesar de ser léxico, tiene alcance gramatical (no olvidemos, por ejemplo, que los verbos que contienen este rasgo pueden regir a los pronombres *lo, la, los, las,* cosa que no ocurre con los verbos que carecen de él), mientras *falsa* no posee tal rasgo. Las consecuencias de esta diferencia, aunque no afectan a la estructura del esquema, sí afectan a la estructura del contenido, pues *divulgada* puede regir un complemento que representa la misma relación de contenido que existe entre *divulgar* y su sujeto, mientras *falsa* no puede regir un complemento con la misma estructura semántica. La diferencia de clase afecta a las relaciones de contenido y es, por tanto, una diferencia estructural: de la misma manera que los significantes fonológicos pueden ser polisémicos, también pueden serlo los significantes sintácticos, es decir, los esquemas oracionales. Contra esto puede argüirse que si una diferencia de contenido no está representada por una diferencia significante, no es más que una variante, un hecho de sustancia. Pero es que en este caso *sí hay diferencia significante*, pues ésta, como hemos dicho, no ha de ser necesariamente fonológica, sino que puede ser también semántica: un componente semántico formal como 'transitividad', cuya relevancia no puede ser puesta en duda, actúa en este caso como «señal significante» de una relación de contenido diferente que permite relacionar *la noticia es divulgada por los periódicos* con la estructura de una oración activa transitiva, *los periódicos divulgan la noticia,* mientras impide que pueda hacerse lo mismo con *la noticia es falsa por ciertos indicios.* La diferencia entre una categoría y las clases en que puede dividirse no es meramente cuantitativa: las propiedades de una categoría afectan sólo a sus posibilidades funcionales en el esquema sintáctico-significante; las propiedades semánticas que definen las clases se relacionan estrechamente con la estructura del contenido semántico-sintáctico, y son susceptibles de dirimir entre dos formas de contenido sintácticas, representadas por un mismo esquema o patrón sintáctico, es decir, de diferenciar entre dos formas de contenido con significantes abstractos idénticos, de la misma manera que hechos de distribución o componentes semánticos determinados pueden actuar como significantes diferenciales en los casos de signos homófonos. Digamos, para aclarar, que el esquema de la oración atributiva y el de la activa transitiva son dos invariantes de significante en cuanto que son susceptibles de marcar relaciones semántico-sintácticas diferentes, pero que no es imposible la neutralización entre ellos, puesto que bajo ciertas condiciones contextuales el esquema atributivo puede comportarse como mera variante de significante —no digamos de expresión— del esquema activo transitivo: manteniéndose igual el contenido, en ciertas condiciones particulares pueden alternar o sustituirse dos significantes, los cuales, al no tener conmutación, han de ser necesariamente considerados como variantes de significante de un mismo signo, en este caso el signo —forma de contenido— 'oración activa transitiva'.

La diferencia entre una categoría y las clases en que se subdivide no es, como hemos dicho, cuantitativa: las categorías son invariantes semánticas del «esquema», es decir, del significante sintáctico, pero se realizan en elementos concretos, cada uno de los cuales no tiene necesariamente que cumplir *todas* las posibilidades distributivas de la entidad abstracta 'categoría'. El hecho de que los elementos concretos que realizan una categoría contengan restricciones sintagmáticas con respecto a sus propiedades generales, nos permite subdividirlas en clases. Cada clase está formada por todos aquellos elementos que posean en común un rasgo restrictivo sintagmático que iguala a todos los elementos comprendidos en ella en cuanto a sus posibilidades combinatorias. Una clase puede, a su vez, dividirse en subclases: así, la clase de los 'sustantivos concretos' puede subdividirse en 'concretos animados' y 'concretos inanimados', y siempre de la misma manera. Las clases y subclases son también invariantes abstractas de contenido, como las categorías. La naturaleza de las clases es, en principio, independiente del esquema o significante sintáctico, como lo es cualquier signo concreto que entre en tal o cual oración: se relaciona directamente con la estructura interna de las relaciones semántico-sintácticas, por lo cual pueden ser decisivas en la interpretación de oraciones concretas, al revelar formas de contenido distintas, representadas por un mismo significante sintáctico polisémico: ya hemos visto que esto era lo que ocurría con el esquema atributivo en relación con su posibilidad de actuar como significante de la estructura semántico-sintáctica de la oración activa transitiva.

Es evidente que las clases son subconjuntos de categorías, caracterizados por rasgos que determinan, para todos sus miembros, las mismas posibilidades combinatorias generales. Sin embargo, hay que hacer dos precisiones en el concepto de clase (o de subclase, que lo mismo da):

a) Cada clase estará constituida por un rasgo semántico, al menos, que restrinja la categoría a que pertenece. Ahora bien, estos rasgos de clase o clasemas [7] han de ser lingüísticos, es decir, determinantes de relaciones sintagmáticas formales, y conviene no confundirlos con toda suerte de clasificadores extralingüísticos que puedan establecerse para el conocimiento de las realidades concretas significadas. Así, podemos decir, por ejemplo, que 'humano' es un rasgo de clase, porque es capaz de determinar por sí solo la combinación sintagmática de ciertos elementos: *talentoso* sólo admite esta combinación; el interrogativo *quién* entrará en la misma clase por igual razón: sólo puede ser referente de humano. 'Humano' es, pues, un rasgo lingüístico de clase, porque caracteriza la combinación de elementos lingüísticos diversos en las estructuras formales de la sintaxis de una lengua. En cambio, por ejemplo, 'mamífero' no es más que un clasificador extralingüístico, porque su valor semántico no es capaz de constituir una clase de combinación, formalmente diferenciada, es decir, que no puede establecer diferencias de combinación especializadas. La confusión entre rasgos de clase y meros clasificadores lógicos ha llevado a cometer muchos errores en semántica. Recordemos, entre otros, el ejemplo de G. Mounin, cuando analiza un campo semántico sobre la sustancia 'animales domésticos'[8] y termina planteándose problemas de diferenciación entre 'doméstico' y 'nocivo', etc., sin percatarse de que tales notas no son más que clasificadores técnicos destinados a diferenciar realidades extralingüísticas. Idéntico problema se planteaba el mismo autor con el léxico de la habitación[9], al pensar que un determinado subconjunto —el caracterizado por el rasgo 'edificación para vivienda'— podía entrar en relaciones lingüísticas heterogéneas, según el criterio de clasificación que se adoptase: así, por ejemplo, el rasgo 'edificación pública' podría englobar tanto *hospital* como *estación*, o el rasgo 'destino religioso' podría englobar tanto *monasterio* como *catedral*, con lo cual resultarían

---

[7] A los rasgos de clase o clasificadores léxicos se les ha llamado con frecuencia «clasemas», término que no nos agrada por su carácter escolar y pedante.

[8] Vid. «Un champ sémantique: la dénomination des animaux domestiques», en *La linguistique*, 1 (1965).

[9] Vid. «Essai sur la structuration du lexique de l'habitation», en *Cahiers de Lexicologie*, VI (1965).

una serie de cruces de campos que impedirían una clasificación adecuada y, lo que es peor, se confirmaría la creencia de que un mismo elemento semántico pueda pertenecer simultáneamente a estructuras léxicas diferentes, cuando lo que realmente ocurre en estos casos es que un mismo objeto «real» puede ser encuadrado en diversas listas por medio de clasificadores extralingüísticos también diversos, de acuerdo con la realidad misma. Se ha confundido así, con frecuencia, estructura lingüística con clasificación técnica, o, lo que es lo mismo, conceptos explícitamente definidos en virtud de una convención previa, con conceptos no definidos explícitamente [10]. Los rasgos semánticos de una clase, por último, *no tienen nada que ver con el significado concreto de los signos que la componen, es decir, que no resultan de la oposición y diferenciación entre los elementos de esa clase, sino de la oposición y diferenciación de la clase en cuestión con otras clases.*

b) En consecuencia, sólo podremos hablar de *clases* cuando sus rasgos determinantes afecten a los elementos semánticamente heterogéneos, o, lo que es lo mismo, con núcleos irreductibles diferentes, pero con propiedades combinatorias idénticas. No serán rasgos de clase los que resulten de la oposición concreta de dos o más miembros determinados de una clase o de clases diferentes. Los rasgos específicos que derivan de la oposición de elementos concretos atañen a la estructura semántica particular de la sustancia designada por ellos y no poseen propiedades generales, sino particulares: agrupan signos que pueden pertenecer a clases diferentes, en subconjuntos de estructura cualitativamente diferente de la de los que llamamos *clases*, pues mientras éstas son abiertas, tales subconjuntos son cerrados. A estos últimos los llamaremos campos semánticos y tienen su fundamento en los núcleos semánticos irreductibles, ya definidos más arriba (véase página 121). Así, por ejemplo, el rasgo 'de la cabeza', que habíamos señalado para *cabello*, resulta de su oposición concreta con *pelo* y ambos pertenecen a clases diferentes, pues mientras *cabello* pertenece a la clase 'humano', *pelo* es indiferente a tal distinción. 'De la cabeza' no será, pues, un rasgo de clase, sino un rasgo particular y concreto, incapaz de agrupar un subconjunto abierto: sólo funciona como rasgo semántico formal en el seno de un subconjunto cerrado. El hecho, sin embargo, de que también

---

[10] Vid. R. Trujillo, «El lenguaje de la técnica», en *Doce ensayos sobre el lenguaje*, Madrid, F. March, 1974.

estos rasgos semánticos particulares afecten a la combinación, no quiere decir que sean rasgos de clase. Las clases tienen que ver con las propiedades sintácticas generales; los rasgos semánticos particulares sólo tienen que ver con lo que podríamos llamar la sintaxis individual de cada signo, es decir, lo que más arriba hemos llamado combinación. Es rasgo semántico particular 'de la cabeza', pues no afecta a las estructuras sintácticas propiamente dichas, sino a las combinaciones específicas del signo *cabello:* es la razón por la que resulta «anómala» una frase como **el cabello de sus brazos*.

Las unidades sintácticas

El problema de las variantes e invariantes de función es quizá más complicado. Nos referimos aquí a las funciones sintácticas y no en general a las relaciones entre funtivos. Ya hemos visto que todos los elementos que tienen las mismas funciones generales constituyen una categoría de funtivos, que puede, a su vez, dividirse en clases. De todos modos, la función de un elemento puede verse desde ángulos diferentes. Así, por ejemplo, el número en español aparece en una función semántica representada por la oposición de dos miembros conmutables 'singular'/'plural'; posee función, además, como elemento determinado, en el caso del verbo, cuyo número es regido por el del sujeto y tiene, por último, una función exclusivamente *significante*, como representante de un tipo de relación entre dos magnitudes diferentes, como *sustantivo* y *adjetivo*. La función semántica es aquí independiente de la función sintáctica o *significante*, ya que, por ejemplo, en *casa blanca*, la función del género consiste sólo en mostrar que se ha establecido una relación funcional determinada. La función del género en tales casos consiste sólo en servir de significante arbitrario de una relación semántico-sintáctica. Pero hay que distinguir entre las funciones de los elementos particulares de una lengua —el género y el número lo son—, y las funciones generales. Las primeras son semánticas y sintagmáticas; las otras sólo son sintácticas. Desde el punto de vista sintáctico, por ejemplo, el género no es más que un instrumento al servicio de una función, con respecto a la cual es arbitrario, es decir, un instrumento significante: sirve sólo como «expresión» de la 'determinación del sustantivo'. En ese nivel el valor semántico es irrelevante. Igual ocurre si tomamos unidades como *el, un, este*, etc., que desde el punto de vista de la función sintáctica son iguales: de ahí que las distinciones que se establecen entre estos subgrupos sean puramente semánticas. Recordemos que los agudísimos esfuerzos de Amado Alonso y de Emilio Alarcos para distinguir entre *el* y *un*, como entidades paradigmáticas diferentes, tienen su base primordial en consideraciones semánticas aunque se apoyen también en otros factores, semánticamente *el* y *un* pertenecen a dos sistemas de oposición diferentes, a paradigmas distintos —*el/ø*, *un/alguno*, etc.—, pero sintácticamente, esto es, haciendo abstracción de sus valores semánticos concretos y atendiendo a las funciones oracionales generales, desempeñan la misma función. Por eso, al hablar ahora de funciones, nos vamos a referir sólo a las del esquema sintáctico y no a las estrictamente semánticas que pueden subyacer: es la técnica de la llamada *gramática sintagmática*, que el propio Alarcos aplica cuando trata de identificar la oración atributiva con la variante de esquema (o de «significante») atributivo de la oración activa transitiva: opera con esquemas y funciones del esquema y no con funciones semánticas.

Es muy posible que las funciones sintácticas más abstractas no sean más que «imperativos» sintácticos, es decir, tipos de relación general posibles que no dependen de la estructura particular de ninguna lengua en concreto, sino de la conformación misma de la mente humana. Así, funciones como 'sujeto', 'predicado', 'determinante', etc., son universales, como los fonemas y monemas en la famosa distinción de Martinet. Las diferencias de una lengua a otra estriban en el valor concreto de los elementos que realizan a las categorías y en el de sus funciones peculiares. Entra, además, en juego, la diversidad de esquemas sintácticos mediante los cuales se formalizan esos «imperativos» funcionales. La lingüística no tiene por qué entrar en el estudio de las condiciones de la mente humana ni en el de las propiedades de los juicios, sino partir de tales condiciones, como hecho dado, y examinar los procedimientos mediante los cuales se explicitan las funciones generales. El concepto de estructura profunda, procedente de la gramática generativa, en oposición a estructura superficial, sólo tiene sentido si consideramos que distintas relaciones estructurales de contenido pueden ser representadas, bajo ciertas condiciones, por el mismo esquema significante o viceversa. Pero en este caso nos encontramos ante casos de variaciones de (esquema) significante, los cuales pueden ser tratados de la misma manera que los de variaciones fonológicas de los signos concretos. Las circunstancias que permiten el reconocimiento son, en ambos casos, las mismas, y dependen de estructuras diferenciadas en el sistema de una lengua, las cuales, bajo ciertas circunstancias contextuales, pueden resultar confundidas por significantes semejantes o iguales, es decir, neutralizada su diferencia.

Las funciones sintácticas generales son naturalmente invariantes: sus variantes, las realizaciones concretas a través de las cuales se manifiestan: *árbol* puede ser una variante de la función 'sujeto'. Las variantes de una función general pueden incluso aparecer representadas por esquemas sintácticos diferentes y aun por categorías también diferentes. Así, las funciones 'sujeto' y 'predicado' de *el niño* y *llegar* (que pueden contraer entre sí tal función) se manifiestan tanto en *el niño llega* como en *la llegada del niño*, a pesar de que en la estructura del esquema *el niño* es sujeto en el primer ejemplo y determinante en el segundo. La función semántico-sintáctica en los dos casos es la misma, al menos desde el punto de vista de la denotación: lo que varía es la función categorial de ambos segmentos: uno es una oración y el otro un sintagma nominal. Si las relaciones semánticas de los dos elementos entre sí son las mismas, no lo son, en cambio, las de los dos segmentos en cuestión, puesto que, como veremos, la estructura de los esquemas imprime diferentes valores a la misma relación de contenido. Con lo cual llegamos a una conclusión fundamental: las llamadas estructuras «superficiales» no lo son tanto, pues consisten normalmente en significantes distintos de formas semánticas también distintas: sólo la simpleza de algunos puede identificar en estos casos las «estructuras profundas», porque confunde las cosas designadas con el significado, que es una magnitud lingüística como los fonemas. Como en las variantes de expresión de signos concretos hay también aquí diferencias adicionales, sin contar que en muchos casos hay invariantes sintácticas distintas, a pesar de la coincidencia en la denotación. Igualar los ejemplos puestos más arriba representa una simplificación pueril, pues los esquemas superficiales son expresivos también de formas de contenido bien delimitadas, a pesar de las neutralizaciones o confusiones posibles. No se puede afirmar, pues, que ambos segmentos sean variantes de una misma forma de contenido, es decir, que coincidan en la estructura de éste, ya que, como veremos en seguida, hay una forma de contenido «profunda» que se comporta como sustancia en relación con la estructura «superficial» de los esquemas sintácticos. Si éstos se consideran como variantes de aquéllas, hemos de aceptar, sin embargo, que tales variantes poseen valor funcional, cosa que no parece congruente con el concepto de variante ni con el de «estructura profunda», que presupone la identidad del conjunto de las manifestaciones. Las funciones más generales son, sin duda, invariantes abstractas, vinculadas, aunque no idénticas a las condiciones «a priori» de la organización de los lenguajes, de la misma manera que las dos articulaciones tradicionales, fonemas y monemas. Las relaciones entre estos tipos de funtivos son también universales como condiciones generales: consonante y vocal, sujeto y predicado, determinado y determinante, etc. Pero todo esto entra en los presupuestos generales para que exista una lengua: su estudio corresponde evidentemente a la lingüística, sin que sea su objeto exclusivo. En la conformación de estos elementos entran, en cada caso, una serie de condicionamientos particulares, dotados de valor lingüístico por sí mismos y que no pueden reducirse a una mera simplificación que considere a las lenguas particulares como simples realizaciones de una estructura universal, de la que las lenguas concretas no serían más que meros trasuntos. El estudio de las equivalencias entre las lenguas es, sin duda, interesante y práctico; pero termina allí donde comienzan las lenguas auténticas. No interesa a nuestra concepción de la lingüística tal aspecto, aunque sí, quizá, a investigadores de otras disciplinas próximas. Está bien claro que tales trasuntos concretos de esa inexistente Gramática universal poseen personalidad propia, y no podrán considerarse nunca en el sentido de variaciones. No hay que confundir los universales lingüísticos con la estructura peculiar de cada lengua. Los universales son condiciones indispensables, pero sobre ellos se teje la estructura particular de cada lengua, con la agregación de propiedades específicas no equiparables entre sistemas distintos, más que a riesgo de simplificaciones abusivas. Los universales fonológicos, semánticos o sintácticos —los «componentes» de la gramática generativa— se comportan como sustancias en relación con la estructura global de una lengua determinada: una cosa es que haya que tenerlos en cuenta y otra muy distinta que la lingüística no sea principalmente más que la ciencia de esos universales y de las «técnicas» transformativas, por decirlo así, mediante las cuales esos universales se «reparten» en cada lengua. Desde el momento en que tales «técnicas» tengan un valor específico suplementario sobre las condiciones universales, habrán de ser objeto directo del análisis lingüístico, tendrán entidad propia y no refleja, y no nos podremos conformar con la reducción de todo a relaciones subyacentes: hay condiciones «sobreyacentes» que poseen una personalidad tan fuerte como aquellas que les sirven de base.

La oración como forma de contenido

Y llegamos así al último tipo de estructuras abstractas que resultan del nivel sintáctico: las oraciones. Las oraciones son signos en dos sentidos, como todos los demás: como ocurrencias concretas o realizaciones de una forma abstracta y como formas abstractas en cuanto tales. De hecho, sólo conocemos oraciones concretas, que implican una designación determinada en relación con una situación concreta de experiencia, de la misma manera que sólo nos enfrentamos con realizaciones concretas de signos individuales, que se manifiestan como las variaciones de formas. En todas las variaciones con que un mismo signo se nos muestra —sin dejar de ser el mismo— lo reconocemos como una constante abstracta y gracias a esto lo identificamos: responde a un modelo abstracto. Igualmente, en todas las oraciones que oímos, aun siendo teóricamente infinitas, reconocemos modelos abstractos que nos permiten identificar, en una sucesión de signos concretos, cierta relación semántico-sintáctica formalizada y no otra. La oración concreta es signo de una experiencia, pero sólo puede ser interpretada e identificada como perteneciente a un modelo estructural *cuyas relaciones internas están perfectamente establecidas y delimitadas en el plano significante.* Y que conste que esto no está en contradicción con los casos, *siempre concretos,* de ambigüedad sintáctica, resultante de la posibilidad de que un significante oracional pueda, en algunas ocasiones y a causa del valor concreto de los signos que entran en juego, confundirse con modelos abstractos diferentes. Naturalmente, las oraciones, como signos, sólo nos interesan en cuanto modelos abstractos invariantes, no en cuanto realizaciones concretas, donde cabe incluso la famosa ambigüedad[1], porque los modelos aplicables

---

[1] En todo caso, la ambigüedad, que no es más que un hecho de *parole,* permitido por las reglas de «deslizamiento» semántico-sintáctico, es uno de los recursos más productivos de una lengua natural.

puedan ser más de uno: ésta es una cuestión que corresponde a la lingüística del «habla» —a la *performance*— y que requiere siempre un análisis particular en relación con el contexto y la situación en que se emite el mensaje. Recordemos una vez más el caso del esquema atributivo, empleado en el sentido llamado «pasivo» y que no es más que un tipo de realización de la forma de contenido sintáctica 'oración activa transitiva': en cada caso concreto habrá que recurrir a la interpretación del modelo estructural que realiza, valiéndose de factores semánticos de los signos concretos empleados. Así, *es leído* se interpreta de una forma si *leído* se usa como variante de la categoría 'adjetivo', y de otra, si se usa como variante de la categoría 'verbo', y dentro de la clase 'verbo transitivo'. Pero éstos no son más que hechos de interpretación —de *performance*— que depende de circunstancias ajenas a los modelos sintácticos abstractos, esto es, de las formas de contenido sintácticas. Una teoría lingüística que pretenda dar cuenta de las invariantes sintácticas no tiene por qué detenerse en los problemas que plantean las oraciones concretas efectivamente emitidas, ya que todas éstas, de una forma o de otra, dependen siempre de un modelo estructural, de una forma que nunca es igual que sus realizaciones concretas, sino que sólo sirve a su interpretación o a su codificación, como segmentos aceptables. La aceptabilidad o no aceptabilidad, que no son cosas paralelas a «bien» o «mal formado», depende de la capacidad y posibilidad individuales de atribuir a un segmento dado un sentido, de acuerdo con un modelo sintáctico abstracto, del que tal segmento se «reconoce» como realización.

En el plano de la oración o del sintagma podemos distinguir dos niveles diferentes:

a) Lo que podríamos llamar estructuras universales y que no son más que supuestos interlingüísticos, sobre los que descansa la estructuración de cada lengua particular. Me refiero a entidades como 'sujeto' o 'predicado', etc. El tipo de relaciones que este nivel entraña es universal y, mal comprendido su cometido, puede llevarnos a la ingenua creencia de que todas las lenguas son, en este nivel «profundo», idénticas. Se trata de principios universales, como, por ejemplo, también la doble articulación y otros, a los que, sin embargo, no puede reducirse todo. Frente a la opinión de los simplistas, la cosa no resulta, sin embargo, tan clara, desde el momento en que comprobamos que, al menos para los lenguajes naturales, que son los que nos interesan, la conformación de los supuestos universales —tanto sintácticos como de otro tipo— posee también un valor formal determinado para cada lengua y aun para cada dialecto de una lengua. No hay identidad funcional entre todas las lenguas, más que en el nivel de los supuestos «a priori» de todo lenguaje: establecer equivalencias sobre tales supuestos implica la amputación de todo lo que en una lengua no sean puros *designata*. Volvemos a quedarnos en las cosas, o en sus trasuntos mentales, los conceptos y en los juicios lógicos que se establecen entre conceptos y que siempre resultan «implicados» en las frases reales. La idea de «estructura profunda» no es más que el resultado de la creencia de que toda lengua natural se reduce sólo a esto. Al lingüista tocará establecer los puentes entre una cosa y la otra. Sin embargo, estos intentos de ingeniería lingüística no resultan posibles: basta con pensar, por ejemplo, en las diferencias de las magnitudes semánticas que en distintas lenguas conforman un mismo campo de sentido de maneras diferentes y que, por tanto, resultan intraducibles de una a otra, hecho general si salvamos el terreno de las nomenclaturas técnicas, que no son signos como los otros[2], sino significantes de definiciones previamente establecidas. Igual ocurre con el nivel fonológico y con las combinaciones en significantes a que da lugar: no es sólo cosa de que tal o cual matriz semántica pueda representarse «superficialmente» en distintas lenguas, acudiendo a un inventario fonológico, sino que también la contextura fónica posee un valor determinado, que forma parte indiscutible del valor total del mensaje. Y no hablo sólo de la poesía: nunca da igual una secuencia fónica que otra, lo que es lo mismo, las propiedades fónicas resultan significativas y, por tanto, no universales, ni, por supuesto, traducibles. El terreno de los universales sintácticos no constituye un nivel de invariantes, aunque no pueda ignorarlo la lingüística, cuyo cometido principal es el análisis de los otros niveles de invariantes sintácticas, que se sustentan sobre estos universales como toda forma sobre una sustancia. Tales «formas sintácticas universales» no son, a lo sumo, más que un dato, en el supuesto de que existan.

Las invariantes pueden escalonarse en grados: un nivel de invariantes puede ser realizado por otro nivel también de invariantes, y así sucesivamente. No debe pensarse que el único nivel funcional es el primero: la realización de un sistema básico puede

---

[2] Cfr. R. Trujillo, *El lenguaje de la técnica*, ya citado.

constituir un sistema también. Hay que tener cuidado con interpretaciones defectuosas de los conceptos precisados por Coseriu sobre *sistema* y *norma*[3], en el sentido de que la realización normal de un sistema constituye un nivel no funcional: es evidente que carecen de valor funcional las variantes «normales» del fonema /e/ en español, pero ¿podría afirmarse lo mismo de los distintos valores conformados por el llamado pretérito perfecto en el español de Castilla y en el de Canarias[4], aunque ambos resulten del mismo sistema de oposiciones básicas? Evidentemente, parece que no. Si hablamos de normas diferentes para las realizaciones del fonema /e/ en distintas regiones y hablamos también de normas diferentes para el caso citado del pretérito perfecto, es evidente que estamos aplicando el término «norma» a cosas distintas: en el primer caso se trata de una misma invariante de expresión, definida por los mismos rasgos; en el segundo, se trata de distintas invariantes semánticas, representadas por el mismo sistema morfológico[5]. No puede pensarse, pues, que la realización de un sistema de invariantes sea siempre un conjunto de variantes sin más. Un sistema de invariantes puede sustentar a otro, y éste, a su vez, a otro, y así sucesivamente. Viendo así las cosas, caben dos puntos de vista: 1) que dando por buenas las «invariantes sintácticas universales» o formas del juicio, se estudien las formas sintácticas de cada lengua refiriéndolas a ellas; teniendo en cuenta que son la sustancia sobre la que se estructuran, siempre será una labor metodológicamente provechosa determinar todos los matices que cada lengua establece sobre esos universales, que, al fin y al cabo, no son más que «naturaleza»; o 2) que se estudien las invariantes sintácticas sin tener en cuenta los universales correspondientes. Este es el punto de vista de todas las teorías inmanentistas. Nosotros creemos, sin embargo, que el primer punto de vista tiene enorme interés, si no se olvida el principio de inmanencia (ya que esto supondría dejar de lado todo lo que en una lengua es estructura peculiar y no traducible a principios universales), ya que nos mantiene alertas contra toda posible confusión entre la estructura del *significante sintáctico* y la estructura del *significado sintáctico*. No olvidemos que algo

---

[3] Vid. *Sistema, norma y habla*, ya citado.
[4] Vid. Diego Catalán, «El español en Canarias», en *Presente y futuro de la lengua española*, I, págs. 239-280.
[5] Los dos sistemas de invariantes son distintos, desde el momento en que los rasgos que definen a cada uno son también distintos.

de esto le ocurre a Hjelmslev cuando afirma que dos secuencias como *I do not know* y *je ne sais pas* corresponden a dos formas de contenido diferentes, relativas a una misma sustancia 'yo no sé'[6]. Tal tipo de confusión sólo puede provenir de no haber tenido en cuenta las relaciones semánticas que ligan los signos: no se puede afirmar que estas dos secuencias constituyan formas de contenido diferentes, en el sentido sintáctico; si hay diferencias de forma, en este caso, sólo podrán provenir de la no coincidencia estructural en las formas de contenido concretas, representadas por los signos *know* y *sais*, los cuales, aunque referidos a la misma sustancia semántica, pudieran tener en ambas lenguas diversa estructura interna, esto es, distintas relaciones paradigmáticas y distintas posibilidades de combinación.

b) Lo que podríamos llamar estructuras particulares, en una lengua dada, ateniéndonos al nivel del significante sintáctico[7], que, como hemos dicho, está formado por magnitudes semánticas abstractas ('sustantivo', 'verbo', 'adjetivo', etc.) en un orden relacional determinado. Para nosotros, los esquemas sintácticos en cuanto tales, a pesar de estar formados por magnitudes semánticas —categorías y relaciones entre ellas: sujeto-verbo, determinado-preposición-determinante, etc.— no son formas de contenido, sino formas de significante que representan y delimitan formas de contenido. Hemos llegado a esta conclusión, pese a la opinión de Hjelmslev, patentizada en el ejemplo antes citado *(I do not know, je ne sais pas)*, donde los diferentes «aspectos» oracionales representan *una única relación semántico-sintáctica* fundamental, porque las relaciones sintácticas en el seno de un esquema dado son en cierto modo arbitrarias con respecto a las relaciones de contenido que pueden representar.

Ante el dilema de la existencia de dos planos sintácticos —de *significante* y de *contenido*—, cabe plantear dos soluciones: a) se toman como invariantes todos los tipos de relación semántico-sintáctica para los que existan en el plano significante formas especializadas que los delimiten, mientras que se considerarán variantes a todos aquellos tipos de relación para los que no exista mecanismo sintáctico diferencial específico. Esta posibilidad, que es, creo, la interesante, permitiría diferenciar una estructura semántica de la oración —su forma de contenido, como signo—

---

[6] Vid. *Prolegómenos*, XIII.

[7] Naturalmente, dentro de este nivel hay que considerar un aspecto semántico. De éste trataremos en el capítulo siguiente (pág. 230).

de la estructura significante —forma del significante—, que ha sido el objeto constante de la sintaxis y el único seriamente estudiado hasta hoy, sin contar con que lo que no está codificado en el significante, sea éste de la naturaleza que sea, no tiene otra existencia que la contextual: no está en el sistema que manejan los hablantes. Los aspectos «profundos» de la sintaxis, en muchos teóricos actuales de la lingüística, no pasan de ser (con excepciones notables, entre los que pueden contarse, por ejemplo, los esfuerzos de Fillmore[8] por tipificar las distintas clases de relación semántico-sintáctica) una balbuciente muestra de incapacidad para resolver los problemas complejos de la sintaxis: un torpe y vano intento de simplificación que no conduce a ninguna parte. La búsqueda de principios estructurales en las oraciones concretas se ha reducido, en gran medida, a pesar de la aparente diversidad, a buscar bien equivalentes rudimentarios, bien «presuposiciones» (lo que sobreentiende el oyente en cada caso), bien curiosas representaciones de la descomposición sintáctica del léxico. Se ha podido llegar, así, a disparates como las «descomposiciones» del tipo «Juan compró la casa» → «Juan *causó* que *sucediera* la compra de la casa», etc. Con tonterías de este calibre, provenientes de personas sin auténtica formación lingüística, se han llenado muchos volúmenes en los últimos años; b) se toman sólo las invariantes de «expresión», o, para ser exactos, de significante, independientemente de las relaciones de contenido, y haciendo abstracción de las posibilidades polisémicas de toda unidad significante. En este último caso las invariantes sintácticas vienen delimitadas, naturalmente, por diferencias en el valor semántico fundamental de cada una. Así, corresponden a tipos invariantes distintos *Juan es alto* y *Juan come pan*, aunque la primera es *igual* a *Juan es bajo* y la segunda, a *Juan compra juguetes*, etc.

Nosotros nos resistimos, sin embargo, a considerar estas relaciones como formas de contenido[9] porque cada uno de estos moldes abstractos (*oración atributiva, determinado-determinante*, etcétera) puede implicar, separadamente y en cada caso, *distintos tipos de relación semántica interna*, identificables como formas de contenido diferentes, desde el momento en que sean interpreta-

---

[8] Vid. «The Case for Case», en *Universals in Linguistic Theory*, Nueva York, 1968, págs. 1-88.

[9] Es decir, a considerar diferentes, *como formas de contenido*, los mencionados ejemplos hjelmslevianos *I do not know, je ne sais pas*, etc., al menos, desde el punto de vista sintáctico.

bles, de acuerdo con los principios del código, con modelos significantes distintos, bien en otras posiciones del discurso, bien de acuerdo con el valor semántico-sintáctico de los signos o clases de signos en los que estos modelos abstractos se realizan. Si consideramos sólo como forma el esquema abstracto, tendremos que considerar, consecuentemente, como variantes de significado a la totalidad de los sentidos de que sea susceptible: de esta manera, serían variantes semánticas de significante o esquema sintáctico, por ejemplo, *Juan fue estudioso* y *Juan fue castigado*, *el libro de Juan* y *la llegada de Juan*. Sin embargo, parece claro que, *aun siendo iguales las funciones en el esquema en los ejemplos que hemos citado* —relación atributiva y relación determinado-determinante—, *las diferencias de relación semántica interna no pueden ser consideradas como meras variantes —como no lo eran tampoco en nuestros ejemplos del verbo dar— por la simple razón de que las relaciones implicadas pueden tener expresión diferenciada en otras posiciones, mediante esquemas abstractos también diferenciados* o por la presencia de rasgos específicos semánticos o de marcas distribucionales: así, mientras *Juan fue castigado* manifiesta una relación que tiene expresión diferenciada en el plano de los esquemas —*castigaron a Juan*— no ocurre lo mismo con *Juan fue estudioso*, que sólo es admitido por el esquema atributivo; o, por otra parte, si *la llegada de Juan* implica una relación que puede aparecer representada por un esquema diferenciado —*Juan llegó*—, *el libro de Juan* no admite tal equivalencia sintáctica. Aunque contra todo esto se argumente que en estos casos la diferencia no está en el esquema sintáctico, sino en el valor semántico de los elementos empleados o insertados en el esquema, no debe olvidarse que lo que puede ser mera variante con relación al esquema —todo signo concreto, por ejemplo— es o puede ser invariante, no ya sólo como signo individual diferenciado, sino como signo de relaciones sintácticas particulares, también diferenciadas, aunque admitidas por el mismo esquema: en tal caso, lo diferencial no es el esquema, sino las clases semánticas a que pertenecen los signos que se insertan en él. La sintaxis tiene dos planos: el de los esquemas abstractos y sus funciones y el de las distintas estructuras sintáctico-semánticas, que pueden confundirse ocasionalmente, a pesar de las técnicas de diferenciación sintáctica, bajo un mismo esquema o patrón sintáctico: esto es, un conjunto de patrones semántico-sintácticos, no necesariamente idénticos a la conformación de los elementos oracionales y sus relaciones. La validez, en este sentido, del concepto de «estructura superficial» es indiscutible. Existe y tiene su sintaxis propia, que es, poco más o menos la que se conoce hasta el momento. Donde falló la G. G. T. fue en el concepto de estructura profunda, que quedó como una vaga entelequia que se confunde con la designación concreta unas veces, y con la forma de los juicios implicados en todo mensaje, otras. Si el concepto de «estructura profunda» se hubiera llevado por el camino de la búsqueda de una *forma* del significado sintáctico, en el mismo sentido que se ha entendido en el léxico, habría resultado un instrumento útil y no un confuso ente metafísico.

Hay dos tipos de invariantes en sintaxis. Están las invariantes de esquema y las invariantes sintáctico-semánticas, que, aun siendo diferentes, pueden ser admitidas por un mismo esquema, actuando entonces como significante diferencial alguna propiedad semántica de clase, que ocupe una determinada posición de ese esquema. Esto no quiere decir, sin embargo, que *todos* los sentidos que pueden ser admitidos por un esquema dado sean invariantes: lo serán sólo aquellos que estén lingüísticamente diferenciados, codificados, es decir, que les correspondan formas también diferenciadas, en alguna posición, y que se revelen a través de rasgos pertinentes. Así, están diferenciados por rasgos lingüísticos *la llegada de Juan* y *el libro de Juan*; pero no *la casa de Juan* y *la casa de madera*, ya que la diferencia 'posesión'/'materia de que algo está hecho' no se corresponde con ninguna relación estructural diferenciada en el plano del significante sintáctico, sino, a lo sumo, con frases más o menos equivalentes en la designación *(la casa que pertenece a Juan/la casa que está hecha de madera):* la diferencia entre ambos tipos de relación semántica resulta sólo del valor concreto (no de clase) de los signos empleados y de la situación en que el mensaje se emite. Está claro que su interpretación no depende de una determinada relación con modelos estructurales abstractos. Así, mientras la diferencia entre *la llegada de Juan* y *el libro de Juan* está basada en la «clase» de *llegada* frente a la de *libro* y en que la primera se corresponde con el esquema de la oración activa intransitiva, mientras que la segunda no, la diferencia entre *la casa de Juan* y *la casa de madera* no está basada en ningún hecho formal, aunque la «clase» de los complementos sea distinta: sólo hay una diferencia basada en el «referente», al poder ser *Juan*, como ser real, por ejemplo, propietario o poseedor, mientras que *madera* sólo es capaz de designar una sustancia física, con la que pueden construirse casas. Los dos ejemplos son, pues, estructuralmente idénticos, y las diferencias semánticas son únicamente variantes de contenido de la invariante 'determinación preposicional'. *Si en este caso se pretendiera hablar de estructuras subyacentes o profundas diferentes (por ejemplo, 'la casa que posee Juan' y 'la casa que está construida con madera') nos situaríamos en un nivel que cae fuera de las delimitaciones formales o estructurales que establece el sistema de la lengua:* hablaríamos de cosas que no están en el código, y que sólo se deducen de la situación y del contexto. *De Juan* y *de madera* son simples determinaciones preposicionales y, dentro de éstas, del tipo 'referente externo', del que ya hemos hablado. Los sentidos 'propiedad', 'posesión' y 'materia' no son más que variantes normales de una única forma de contenido referida a un significante único, el esquema sintáctico 'sustantivo' —*de*— 'sustantivo', puesto que a su diferencia no corresponde en el sistema ninguna diferencia significante correlativa. En el caso, sin embargo, de *la llegada de Juan,* a la función determinante que introduce el esquema sintáctico y que es la primordial porque nunca se suspende, se superpone en un orden distinto, otra función, representada en el plano del significante sintáctico —magnitudes semánticas abstractas— por un rasgo pertinente de contenido, 'valor verbal', que introduce, entre determinado y determinante la misma relación semántica que entre sujeto y verbo predicado: el nexo entre ambas formas de contenido se expresa en un caso mediante el esquema preposicional determinativo y en otro mediante la concordancia morfológica de número y persona. Desde el punto de vista de las relaciones semánticas, *la llegada de Juan* y *Juan llegó* son semejantes; desde el punto de vista de los esquemas sintácticos funcionales, no lo son. Se trata, pues, desde el ángulo semántico, de variantes de significante, para los casos en que los elementos y el sentido de la relación se mantienen, aun cuando sufran las naturales diferencias provenientes del cambio de contexto sintáctico, y, desde el ángulo sintáctico, de invariantes de significante, puesto que a cada esquema pueden corresponder funciones semántico-sintácticas diferentes. Concederle sólo importancia funcional a las invariantes sintácticas o de esquema y considerar únicamente las relaciones semánticas «subyacentes» como meras variantes sin valor funcional es falsear la realidad de los hechos lingüísticos, ya que en la interpretación de una oración entran dos factores: a) reconocimiento del esquema y de sus funciones, y b) reconocimiento de relaciones semánticas dentro del esquema, marcadas por alguna propiedad lingüística de los elementos insertados en tal esquema. Así, por ejemplo, en *Juan fue castigado* se reconoce primero el esquema atributivo y luego la relación semántica predicativa que introduce la «clase» a que pertenece *castigado*. No pueden desconocerse, pues, los hechos que actúan en la interpretación de un segmento lingüístico, y estos hechos atañen tanto al esquema y sus funciones como a las relaciones semánticas internas que se establecen en la realización de un esquema, siempre que tales relaciones se correspondan con características lingüísticas precisables, y no simplemente con datos externos o de situación.

La forma en sintaxis: plano del esquema y plano semántico

El objeto de este capítulo son los esquemas en cuanto tales y las funciones que los constituyen, independientemente de aquellas otras funciones semánticas particulares que puedan resultar de la inserción de ciertos componentes adicionales (también semánticos). Así, en *Juan fue castigado por el maestro*, sólo nos interesarán, desde este punto de vista, la estructura del esquema a que corresponde y las conexiones funcionales que se establecen entre los constituyentes: en primer lugar habrá un sujeto concertado con un verbo, cuya misión sintáctica es la de relacionar a este sujeto con un elemento adjetivo (o que si no lo es, funciona como tal); seguirá luego el sintagma adjetivo, que expresará su función relacional con respecto al sujeto mediante la concordancia de género y número; y vendrán, por último, otros posibles elementos de tipo facultativo que pueden actuar como complementos, bien referidos a la totalidad del enunciado *(Juan fue castigado en la escuela)*, bien a un elemento particular de la estructura, restringiendo así su extensión semántica, es decir, actuando como determinantes *(por el maestro, por su conducta, etc.)*. Desde este punto de vista serán estructuralmente idénticos *por el maestro* y *por su conducta*, como complementos restrictivos del alcance semántico de *castigado*, de igual manera que serán idénticos *con el látigo*, *a no salir*, etc. No entra aquí en la cuenta el hecho de que la unidad *castigado* tenga unas propiedades de rección diferentes de las de otros posibles predicados que puedan figurar en el mismo esquema sintáctico: ésa sería ya una cuestión diferente que tendría que ver con el problema semántico del número de invariantes de contenido «sensu stricto» que pueden ser representadas por una misma invariante de esquema. Cada esquema es una invariante[1] y las

---

[1] Nos referimos, por supuesto, a los esquemas diferenciales, no a las variaciones que pueda sufrir cada uno. En este sentido, cada esquema se presenta bajo la forma de variantes *(di un libro al niño, le di un libro, se lo di, yo se lo di*, etc.).

funciones a que da lugar, invariantes funcionales del esquema. Para el capítulo siguiente dejamos el problema de que un esquema invariante pueda ser significante de distintas invariantes semántico-sintácticas, o de que las funciones de un esquema puedan ser significantes de distintas funciones semánticas formales. El esquema como tal invariante es una estructura formada por determinadas magnitudes semánticas abstractas y por determinadas funciones, también abstractas, establecidas entre tales magnitudes. Habrá un esquema perfectamente delimitado cuando su estructura se oponga diferencialmente a la de otros esquemas de la misma lengua funcional. Así, el esquema abstracto formado por sujeto, verbo «copulativo» y predicado nominal (al que pueden agregarse otros elementos facultativos, esto es, no definidores del esquema como tal) se opone al esquema formado por sujeto, verbo transitivo y objeto directo (al que pueden agregarse también otros elementos facultativos en iguales condiciones), porque no todas las relaciones semánticas que pueden ser expresadas por uno son susceptibles de ser expresadas por el otro. De esta manera, la relación predicativa que pueda establecerse entre *rosa* y *blanca*, sólo resulta viable mediante las secuencias del tipo *la rosa es blanca, la rosa está blanca, ¡blanca rosa!*, etc., variedades todas del mismo esquema, a las que se agregan diferencias de matiz semántico considerables —ya vimos que esto es natural en las variantes de signo—, provenientes unas del contraste léxico *ser/estar*, otras de la ausencia de cópula, sustituida por la anteposición del adjetivo, que conlleva entonces su valor estimativo y establece un contraste paralelo 'atributivo'/'estimativo'. Es decir, que esta relación semántico-sintáctica no admite otro significante que sujeto-predicado nominal, en las variantes de significante a que acabamos de referirnos. El esquema es, pues, una invariante de significante con variantes posibles, en gran parte condicionadas por los signos concretos que intervienen o de su distribución. La variación semántica correlativa es, como siempre, imputable al contexto. *El carácter invariante de los esquemas viene, pues, dado por la posibilidad de establecer tipos de relación semántico-sintácticos delimitados, esto es, no susceptibles de ser admitidos por otro esquema invariante diferente.* Si dos esquemas aparentemente distintos no son capaces por sí solos de diferenciar, al menos en casos límite, tipos de relación semántico-sintáctica diferente, habrán de ser necesariamente considerados como variantes entre sí, es decir, variantes de una sola invariante. Así, por ejemplo, las oraciones *el perro es blanco* y *el perro que compré es más blanco que el tuyo* no representan esquemas diferentes, sino variantes de un mismo esquema (sujeto-predicado nominal), aunque el segmento *más blanco que el tuyo* responde a un tipo especial de esquema de sintagmas adjetivos. Pero las relaciones semántico-sintácticas fundamentales son las mismas en las dos oraciones y las diferencias son variaciones «normales», es decir, establecidas por reglas concretas, que determinan los posibles tipos de modificación que pueden sufrir los funtivos de un esquema sintáctico. Hay, pues, variantes e invariantes de esquema: serán variantes todas las modificaciones que no alteran en nada las relaciones y magnitudes sintácticas que definen a un esquema en oposición a otros; serán invariantes todos aquellos esquemas abstractos que se delimiten claramente frente a otros por medio del conjunto de sus variantes posibles. Si decimos que, por ejemplo, el esquema de la oración atributiva es una invariante, es porque hay determinados tipos de relación semántico-sintáctica que resultan excluidos por él, y, a su vez, admitidos por otro esquema diferente, que excluye igualmente la relación implicada en el esquema atributivo.

Los esquemas son invariantes de significante en tanto que fijan unos límites a las relaciones semánticas que son susceptibles de admitir, pero no son en sí mismas límites semánticos, sino las condiciones formales para tales delimitaciones. En efecto, un mismo esquema, una misma estructura sintáctica significante[2], puede ser representante de relaciones invariantes diferentes en el plano del contenido, relaciones que no pueden ser consideradas como meras variantes (esto es, como hechos contextuales) si se tiene en cuenta que muchas de ellas resultan de la estructura lingüística de los mismos componentes que pueden aparecer en el esquema. Aunque en ambos casos se trata de relaciones de contenido, hay que distinguir, como hemos señalado repetidamente, las relaciones generales de las particulares. Las generales siempre son significantes de un número perfectamente fijado de relaciones semánticas formales, «marcadas» por determinados componentes que seleccionan las distintas invariantes de contenido semántico-sintácticas, de la misma manera que ocurre con el significante *dar* que puede servir como expresión de varias formas de conte-

---

[2] Es decir, las mismas categorías de magnitudes y las mismas relaciones entre ellas.

nido con la simple agregación, en sus contornos, de ciertas marcas semánticas. Por eso no puede considerarse a la forma significante —la «estructura superficial» de los chomskianos— como la «materialización» de una forma de contenido, sino meramente como un sistema de procedimientos, de técnicas, que sirven de soporte a la diferenciación semántica. Ahora bien, los procedimientos significantes son invariantes[3] en cuanto que suponen una acotación dentro del contenido: así *dar* es una invariante de significante, en cuanto que acota un número perfectamente determinado de invariantes de contenido, con sus respectivas variantes; de la misma manera que el esquema de la oración atributiva —'sujeto'— 'predicado nominal'—, en cuanto que también acota un número determinado de invariantes sintácticas, con sus respectivas variaciones contextuales. El carácter invariante de un esquema —lo mismo que el del significante de un signo concreto— viene dado por el conjunto, necesariamente finito, de invariantes de contenido que es susceptible de aceptar, en oposición al conjunto de invariantes del mismo tipo, que rechaza. Y hablo de conjuntos finitos, porque ningún significante sea fonológico, sea sintáctico, puede admitir infinitos contenidos semánticos delimitados, es decir, invariantes; el número de invariantes semánticas aceptadas por el significante *dar* es necesariamente limitado, aunque sus variaciones sean infinitas, porque, de lo contrario, la generación de frases con este verbo sería imposible. Son, pues, las invariantes semánticas admitidas por un significante las que le dan su carácter invariante y las que, por tanto, posibilitan su empleo. De la misma manera son las invariantes semánticas admitidas por un esquema sintáctico las que determinan su carácter de invariante, en oposición a aquellos esquemas suceptibles de admitir otras diferentes. Así, por ejemplo, en español, el esquema del complemento nominal, sustantivo-determinante, que puede ser realizado de diversas maneras, que no serían más que variantes del esquema abstracto que acabamos de señalar. Variantes de significante de este tipo serían, por ejemplo, sustantivo-adjetivo o sustantivo-preposición-sustantivo, ya que el esquema no varía, sino sólo las categorías insertadas en él, pero sin alterar la función ni la relación semántica fundamental subyacente *(muchacho madrileño-muchacho de Madrid)*. Son, igualmente, variantes de significante los

---

[3] Lo que significa que han de ser determinados exhaustivamente en cada lengua.

casos de determinante-determinado, cuando el determinado es un adjetivo: *fácil de leer, destruido por tu culpa, destruido por el incendio*. En estos ejemplos, *las relaciones significantes* del esquema son las mismas —determinado-determinante—: la diferenciación hay que buscarla en otro nivel del análisis sintáctico: en este caso en el hecho de que *destruido* puede regir sintagmáticamente dos signos distintos, aunque homófonos, 'signo de relación causal' y 'signo de relación de agente con contenido verbal transitivo', representados ambos por el significante *por*. Esto quiere decir que *las invariantes de esquema se establecen sólo por medio de las relaciones estructurales entre categorías abstractas, independientemente del carácter semántico con que puedan realizarse* al insertar en los esquemas signos concretos. Así, en el esquema del complemento nominal, lo esencial es un núcleo sustantivo restringido o ampliado en su alcance semántico por otro elemento, sin importar el sentido específico de esa restricción: su especificación corresponde exclusivamente a la semántica sintáctica. Si podemos afirmar que el esquema del complemento nominal es una invariante, ello se debe a que representa un único tipo de relación, con exclusión de otras que no es capaz de significar: así, la determinación de *casa* por *madera* sólo puede ser expresada a través de un esquema de este tipo *(la casa de madera, la casa que es de madera*, etc.: en todo caso, el mismo esquema, aunque en variantes diferentes), pero nunca por un esquema distinto. El hecho de que, bajo ciertas condiciones, este esquema pueda representar formas de contenido diferentes y, por tanto, diferenciables por medio de otros esquemas, no quiere decir más que tales *formas* presentan variantes nominales. Un sintagma como *la llegada de Juan* es una variante nominal —no hay inconveniente en llamarla «nominalización»— de *Juan llegó* (como lo es *que Juan llegara* en *no me importó que Juan llegara*, en relación con *no me importó la llegada de Juan).* Esto quiere decir que un esquema como el del complemento nominal es susceptible de un cierto número de variantes de contenido. Sin embargo, estas variantes, con respecto al esquema, son de dos clases: una, cuyo número es infinito, y que corresponde a todas las ocurrencias posibles del esquema en el habla; y otra, cuyo número es finito y perfectamente delimitado, y que es, en definitiva, *la que permite la interpretación de todas las ocurrencias posibles*. Estas últimas, que son las que aquí interesan, son sólo variantes con respecto al esquema, pero no con relación al significado, cuya forma delimitan y caracterizan: su calidad es, pues, de invariantes de contenido, de constantes semánticas, que permiten la interpretación adecuada y definitiva de una secuencia. Una invariante significante, es decir, de esquema sintáctico, se mide naturalmente por el número de invariantes semántico-sintácticas que pueda admitir y, en función de éstas, se determinarán sus variantes. Así, por ejemplo, el esquema del complemento nominal se definirá primero por la relación de determinación, y, dentro de ésta, por las relaciones diversas de referente, conectadas con otros esquemas sintácticos (ya hemos aludido a estas diversas formas del significado: recordemos lo dicho a propósito de las preposiciones *a* y *de* con el objeto directo y el complemento nominal, respectivamente, y lo que podría decirse de los adjetivos, cuya capacidad referencial es diferente según los casos —*una fiebre alta/altísima*, pero sólo *una fiebre cerebral*—, sin hablar de los complementos con *de*, con su doble posibilidad subjetivo-objetiva). Una vez definido el esquema, por las formas de contenido o relaciones semánticas invariantes que puede admitir, en oposición a las que rechaza, se establecerán sus variantes de significante, regidos por un estatuto «transformativo», que ha constituido siempre el objeto preferente de los gramáticos. El conjunto de variantes de un esquema lo constituirán la totalidad de sus variedades gramaticales *(dio el libro al niño, le dio el libro, se lo dio,* etc.), así como el de las secuencias «sustitutivas» *(el perro negro, el perro que compré,* etc.). Así, serán variantes del esquema determinante las secuencias 'sustantivo'-'adjetivo', 'artículo'-'sustantivo', 'sustantivo'-'oración adjetiva', 'sustantivo'-'preposición'-'sustantivo', 'sustantivo'-'preposición'-'oración sustantiva', 'sustantivo'-'ø'-'sustantivo', etc.

Hay también lo que podríamos llamar estructuras particulares en una lengua dada, ateniéndonos al nivel del significado sintáctico, independientemente de los esquemas a través de los cuales puedan manifestarse. Llegamos aquí a una noción que podría parecer semejante a la de «estructura profunda» de la gramática generativa, aunque no tiene mucho que ver con ella. La estructura del significado sintáctico, como la del léxico es, para nosotros, un concepto precisable, no una confusa noción, relativa al ser de las cosas o a la estructura lógica de los juicios. Ni siquiera se confunde, en el mejor de los casos, con una idea interesante que late en el pensamiento de los generativistas inteligentes: la hipótesis de una «estructura profunda» entendida como un ente abstracto, común a dos oraciones construidas a partir de reglas diferentes, pero de idéntica estructura semántico-sintáctica.

La forma del significado sintáctico, o forma de contenido, representa a aquellos tipos de relación *para los que existe forma diferenciada*, bien en esquemas específicos, bien mediante rasgos adicionales que se añaden a esos esquemas. Lo que no esté codificado no es forma, ni es nada. Lo que comúnmente se entiende por «estructura profunda» alude a las significaciones de los enunciados concretos y a sus ocasionales relaciones. La noción de codificación —diferenciación significante específica— se ha solido descartar, con lo que todo ha quedado en una oscura metafísica lingüística. Volver a caer en la creencia de que las lenguas son nomenclaturas diferentes mediante las cuales se «traducen» las mismas estructuras universales que subyacen en todos los lenguajes, sería un lamentable retroceso. No hay que confundir los supuestos «naturales» de todo lenguaje, con lo que cada lengua tiene de específico e «intraducible», es decir, con la formalización que cada lengua hace sobre la base de esos supuestos universales. La «traducción» de una lengua natural a sus supuestos «lógicos» no es más que una simplificación irrisoria, y supone la creencia de que el mecanismo, mediante el que se pasa de las estructuras profundas a las relaciones «superficiales», tiene un escaso valor. No deben confundirse las condiciones «a priori» y las condiciones particulares y peculiares de las lenguas. Y no es que la lingüística no deba conocer esas condiciones «a priori», sobre las que descansa todo lenguaje (en gran medida ha sido ésta la tarea de la güística no deba conocer esas condiciones «a priori», sobre las que es confundir las condiciones «a priori» con el ser mismo de los lenguajes. Realmente, el tema central de la lingüística deben ser las estructuras particulares de las lenguas y los principios generales que las rigen —las estructuras «superficiales»—, ya que representan los tipos de formalización de tales condiciones. Las unidades y reglas particulares de una lengua concreta constituyen una realidad independiente; no un mero objeto reflejo: constituyen un mecanismo que puede ser explicado o «reconstruido» sin necesidad de recurrir a los supuestos universales sobre los que se sustenta.

Con Hockett creemos que una lengua natural es un sistema «mal definido», esto es, no computable, un sistema donde los valores que lo constituyen no pueden definirse «explícitamente» sino sólo, a lo sumo, «comprobarse» en su funcionamiento[4]. Un sistema bien definido sería, por ejemplo, el que sólo tuviese signos del tipo *hipotenusa*, *hidrógeno*, etc., y esquemas sintácticos que representasen las formas posibles del juicio lógico y sólo éstas: sería un sistema donde cada magnitud —signo, esquema sintáctico, etc.— fuera el representante de una definición previa, de un axioma, o de un juicio lógico, de manera que todas las combinaciones posibles fueran perfectamente calculables o computables. Pero en un lenguaje natural los signos —individuales o sintácticos— no son magnitudes «bien definidas», si dejamos al margen los tecnicismos (o nombres de definiciones), que son universales y no corresponden al sistema propio de ninguna lengua natural más que como añadidos que se pliegan a las exigencias gramaticales de cada una. Un lingüista debe distinguir siempre entre los supuestos universales, «bien definidos», y los particulares, «mal definidos». A estos últimos sólo podrá «comprobarlos»: las definiciones que construya sobre ellos serán siempre comprobaciones de sus datos. La idea de que las lenguas sólo poseen una estructura «transformada» —lo que puede resultar útil para los lógicos o para los especialistas en traducción, etc.— es primaria en la lingüística de las lenguas naturales, para la que el conocimiento y estudio de los universales es sólo un supuesto, pero no el verdadero objeto. De hecho, el hablante no forma sus frases yendo de estructuras profundas a superficiales. Esto no tiene nada que ver con el quehacer lingüístico normal, no es más que un intento de enlazar dos tipos de hechos entre los cuales no existe más que una conexión pragmática y ocasional: la que puede existir entre un esquema sintáctico dado y las situaciones a que puede ser referido en una realización concreta. Nos parece, sin embargo, válido el concepto de transformación, aplicado a la estructura concreta de una lengua, es decir, para explicar las equivalencias —siempre que sean «formales», esto es, codificadas o representadas en la relación significante-significado— que se dan entre aplicaciones de esquemas distintos *(Juan llegó → la llegada de Juan)*, entre aplicaciones de esquemas iguales *(Juan fue castigado por el maestro → el maestro castigó a Juan)*, o entre un esquema y sus amplicaciones posibles *(el perro es blanco → el perro que compré es más blanco que el tuyo)*. Este tipo de hechos, no bien estudiado por la gramática tradicional, ni por el estructu-

---

[4] Vid. Ch. F. Hockett, *The State of the Art*, Mouton, La Haya.

ralismo, es una fuente preciosa para el conocimiento hondo de la sintaxis, no ya concebida como una ciencia de los significantes sintácticos, sino también como una ciencia de las relaciones semánticas que se establecen entre los signos y clases de signos, dentro de los esquemas sintácticos. Y con esto retomamos la cuestión de este capítulo: las relaciones semántico-sintácticas, al margen de los significantes que pueden representarlas. De igual manera que hay dos formas de contenido diferentes para el significante *dar* en el mismo esquema sintáctico *(el niño da libros a sus amigos/la tierra da frutos a los campesinos)*, puede haber también dos formas de contenido para el significante sintáctico oración atributiva *(la noticia es falsa por ciertos indicios/la noticia es divulgada por los periódicos)*: las relaciones en el sistema son en ambos casos diferentes: el significante *dar* recubre dos signos diferentes y que pertenecen a sistemas de oposición distintos: el significante oración atributiva recubre también dos signos diversos y que pertenecen a sistemas de oposición diferentes. Si nuestro punto de vista es estrictamente el de la semántica, tendremos que averiguar la naturaleza de los tipos de relación de contenido que se esconden bajo significantes iguales y cuáles son las reglas que permiten, a pesar de ello, su diferenciación, ya que si hablamos de tipos de relación diferentes, nos referimos, naturalmente, a hechos invariantes y no a meras variaciones admitidas por un único significante[5]. Sólo podremos hablar de invariantes de relación siempre que haya un elemento lingüístico que asegure su identidad (como en el caso de la presencia del componente 'transitividad' en el predicado nominal de la oración atributiva), o que la muestre a través de una equivalencia relacional con un esquema especializado (así, en *la llegada de Juan*, donde la relación semántica entre los dos funtivos es semejante a la que expresa el esquema de *Juan llegó*, y que está señalada en el esquema del complemento nominal por el componente semántico 'valor verbal'). El hecho de que una y otra secuencia tengan distinto valor sintáctico como conjuntos, no invalida el carácter invariante de la relación interna que se da en ellos y que está funcionalmente patente por la presencia de un componente lingüísticamente pertinente. Está claro que en el significante abstracto, correspondiente a *la llegada de Juan*, se añade a la función «determinante» un com-

---

[5] Las variantes o variaciones no interesan, pues son infinitas. Lo que importa son los límites de la *variabilidad*, esto es, las *invariantes*.

233

ponente semántico, que adquiere valor diferencial, semejante a lo que pasa con *dar*, cuando ciertos componentes semánticos formales, agregados al esquema sintáctico, actúan también como significantes. Habrá, pues, invariantes de relación semántico-sintáctica, desde el momento en que las diferencias que las definen estén aseguradas por rasgos estructurales del plano «significante», bien se manifiesten éstos en la presencia de factores semánticos adicionales, bien en la equivalencia con estructuras sintácticas diferenciadas. Son necesarios, pues, los mecanismos significantes diferenciales, que no se confunden con las llamadas «descripciones estructurales» de la G. G. T. relacionadas con la aplicación de unas reglas sintácticas y la atribución concreta y particular de una forma fonética y un significado a cada frase.

La semántica no puede ser «interpretativa» —un simple diccionario— ni puede ser «referencial», esto es, una teoría de lo designado o de las estructuras universales del juicio y de los conceptos. Una diferencia estructural entre invariantes semántico-sintácticas no puede estar basada en los *designata* y en las diferencias que se dan en ese nivel, sino en las que se dan entre magnitudes lingüísticas formalmente precisables. Por eso decíamos que las diferencias semánticas que se dan en el complemento nominal, del tipo 'propiedad', 'posesión', 'materia', etc., no son más que variantes, sin correspondencia formal con procedimientos distintivos y que por tanto no cabe hablar de «descripciones estructurales» diferentes, sino sólo de diferencias sustanciales dependientes ya del contexto, ya de la situación[6]. Sin embargo, la diferencia 'subjetivo'/'no subjetivo', que puede darse en este tipo de complementos, sí es formal, ya que se corresponde con componentes semánticos con función lingüística específica y con estructuras sintácticas diferenciadas para expresar tal relación. El análisis estructural de las relaciones internas semántico-sintácticas no puede ir más allá, porque se saldría de todo asidero formal: si creyésemos, por ejemplo, que en la «estructura profunda» son distintos los significados 'la casa que pertenece a Juan' y 'la casa que está hecha de madera', correspondiente a *la casa de Juan/madera*, caeríamos en un tipo de ingenuidad que ha superado la lingüística hace ya mucho tiempo: la confusión entre significado, como

---

[6] No comprendemos cómo se puede asignar una «descripción estructural» en cada uno de estos casos, por ejemplo. Formalmente no hay tales diferencias: son hechos subjetivos.

hecho lingüístico formal, y referente, como realidad de experiencia, forma de juicio, etc., expresable por procedimientos lingüísticos, ya que siempre la elaboración lingüística de una experiencia tiene que recurrir a algún tipo de «molde», pero tal experiencia no es en sí misma una entidad lingüística, y, por tanto, tampoco un significado.

Sobre la llamada «polisemia»

Hemos visto ya todos los tipos de magnitudes variantes e invariantes que pueden darse en una lengua. Para terminar esta cuestión, vayan algunas consideraciones sobre la llamada *polisemia*, que no es más que una cuestión conexa con todo lo que llevamos dicho.

Lo curioso es que la llamada *polisemia* ha sido considerada por los ingenuos [1], bien como un defecto, bien como una virtud de las lenguas naturales. Por contraposición con ciertos lenguajes artificiales —sistemas bien definidos—, los lenguajes naturales no resultan unívocos ni en el valor semántico de sus signos ni en el de sus estructuras sintácticas. Y todo esto, simplemente, porque no existe correspondencia entre lenguaje y los valores con respecto a los cuales el lenguaje se mide. Así, la precisión de los lenguajes artificiales deriva de su correspondencia con un sistema de definiciones previamente establecido; la «imprecisión» de los lenguajes naturales proviene de la inexistencia de tales definiciones previas. Los lenguajes naturales no resultan de una convención, dependiente de una «teoría» sobre la realidad: constituyen, por el contrario, ellos mismos, una realidad independiente de las opiniones o teorías que puedan tener los usuarios sobre tal realidad. Lo característico de los lenguajes naturales es que no implican ninguna teoría u opinión: no son una «realidad» derivada, sino una realidad autónoma. La coincidencia lenguaje-realidad es un puro accidente que corresponde a la llamada *performance* (la *parole* de Saussure), y las «imprecisiones» que se derivan de ella no son imprecisiones del lenguaje como tal, sino imprecisiones que se dan en la relación entre una realidad y otra diferente, con la que no guarda ningún lazo específico. El lenguaje sirve para hablar de todo, pero estructuralmente no tiene

---
[1] Entre los que figuran casi todos los «clásicos» de la semántica, claro está.

relación alguna con las experiencias concretas que pueden ser comunicadas por él. La famosa «imprecisión» no es más que un espejismo que se forjan los que piensan que el lenguaje es trasunto de la realidad o de los juicios lógicos que se construyen sobre ella: fuera de la relación lenguaje-realidad, que ya hemos dicho que no es más que un accidente, la imprecisión no existe: *frío* es un valor tan preciso como la *hipotenusa* de los matemáticos; la diferencia está en que *hipotenusa* es un valor «preciso» de acuerdo con una convención conceptual, es decir, preciso en la relación lenguaje-realidad, mientras que *frío* es un valor preciso, indiscutiblemente preciso —de lo contrario no sería un valor y no serviría para nada—, en relación con el sistema lingüístico en que se halla incluido, es decir, preciso en su conexión con *caliente, tibio, fresco*, etc., pero no referido a la realidad exterior al lenguaje (es «preciso» en la relación lenguaje-lenguaje).

La polisemia, que Ullmann estudia en un capítulo dedicado a la ambigüedad[2], y que según él «es un rasgo fundamental del habla humana», es el nombre que se le da al hecho de que los significantes, tomados aisladamente y sin tener en cuenta sus relaciones funcionales internas ni sintágmáticas, puedan tener más de un significado. Claro es que los que han tratado del fenómeno no han solido aclarar, al hablar de significados distintos, si éstos son variantes de una sola invariante semántica o si son invariantes distintas. La polisemia es un pseudo-problema que proviene de tomar, en el fondo, el punto de vista del significante aislado: de hecho, sólo existe en los diccionarios y en la imaginación de algunos lingüistas. Recordemos incluso opiniones más modernas, como las de Baldinger[3] y las de Heger[4]: para el primero, el signo no es, como para Saussure, la unión de un significante (imagen acústica) con un concepto —para nosotros, «forma de contenido»—, sino la unión de un significante con todos los contenidos a que puede estar asociado, de suerte que tales contenidos vienen a formar lo que él llama «campo semasiológico»: «con esto —nos dice— ya nos encontramos con una primera estructura lingüística, la estructura semasiológica. No es la única, pero sí la más patente» *(op. cit.*, pág. 36). Naturalmente, no podemos aceptar esta inter-

---

[2] Vid. *Semántica. Introducción a la ciencia del significado*, Madrid, 1967, cap. 7.
[3] Cfr. *Teoría semántica*, Madrid, 1970.
[4] Vid. «Les bases méthodologiques de l'onomasiologie et du classement par concepts», en *Tra. Li. Li.*, III (1965).

pretación estructural unitaria del signo, ya que lo más frecuente es que los distintos significados a que puede servir un significante no guarden entre sí relación estructural alguna: son generalmente signos diferentes que entran en relaciones estructurales, tanto paradigmáticas como sintagmáticas, también diferentes. La unidad es ilusoria y sólo se da en el ámbito de los diccionarios: los «campos semasiológicos» no tienen existencia real. El propio Baldinger lo reconoce, aunque sin introducir las debidas precisiones: «Si una palabra —nos dice— puede tener varios significados, naturalmente podemos plantearnos en seguida la pregunta siguiente: ¿cómo se da cuenta el interlocutor de cuál de estas significaciones es la pensada en cada caso? Se da cuenta de ello sobre la base de una estructura lingüística más amplia que podemos designar como *estructura sintagmática*. No hablamos con palabras aisladas, sino con frases. La palabra aislada se inserta en una estructura más amplia y a través de ésta se hace la determinación de lo pensado en la palabra aislada; es decir, *el contexto* determina la fijación del significado en la situación lingüística concreta» *(ibíd.)*. Más precisiones introduce Heger, cuya concepción del signo es parecida, aunque más pormenorizada en cuanto a componentes y relaciones. Para él *(op. cit.)*, el significado es también el conjunto de significaciones ligadas a un significante, pero distingue el «semema» como *significación*, entendido como entidad separada dentro del conjunto de las significaciones, conjunto al que llama «significado». Heger parte de una representación trapezoidal del signo:

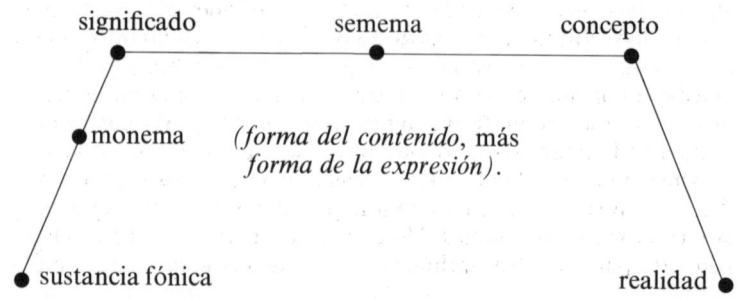

significado — semema — concepto

• monema   *(forma del contenido, más forma de la expresión)*.

• sustancia fónica   realidad •

«El lado izquierdo —afirma Heger *(op. cit.)*— corresponde a lo que depende de la estructura de una lengua dada [...] Los lados izquierdo —dependiente de la estructura de una lengua dada— y derecho —independiente de la estructura de una lengua dada—

238

están unidos por la parte superior, que corresponde al dominio de los conceptos y simboliza así una relación de consubstancialidad cualitativa. Las unidades que comportan no se distinguen más que por la cantidad. Están unidas por relaciones que han sido estudiadas de manera detallada y que nosotros hemos definido como variación combinatoria para el significado y el semema, y como relación de especie y género para el significado y el concepto, así como para el semema y el concepto.» Precisa así Heger las relaciones entre significado (el «campo semasiológico» de Baldinger) y semema (aproximadamente, la forma de contenido, para nosotros, ya que para Heger, apegado al plano de la expresión, la forma de contenido parece relacionarse con la suma de los sememas), entendiendo que hay relaciones lingüísticas de variación combinatoria entre uno y otro. Sin embargo, el problema queda sin resolver, ya que no se distingue entre lo que es mera variante combinatoria de contenido y lo que es invariante combinatoria de contenido, sin entrar además en el hecho de que tanto las invariantes de contenido representadas por un solo significante como las variantes pueden ser libres y no combinatorias. Lo que ocurre es que no se sale del problema de la polisemia: el punto de vista sigue siendo el significante aislado, con respecto al cual todas las diferencias de contenido no son más que variantes: no nos explicamos cómo puede Heger hablar de forma de contenido para referirse al conjunto de los «sememas», que concibe como «variaciones», cuando en este conjunto pueden entrar tanto invariantes perfectamente delimitadas por sus relaciones propias, paradigmática o sintagmática, como simples variantes de contenido. El concepto de forma de contenido entendido como límite semántico que excluye a otras formas o signos[5] está totalmente ausente de esta concepción, en la que se mantiene la idea tradicional de la polisemia, aunque matizada con diversas precisiones. El signo, tanto para Baldinger como para Heger, es polisémico y, por tanto, su forma —aunque no se percaten de ello— radica en la expresión fonológica, que siguen concibiendo como forma de expresión. El «significado» tampoco es forma, sino sustancia, ya que viene dado por el conjunto de variaciones semánticas (combinatorias) que pueden inventariarse en las infinitas ocurrencias concretas de un significante dado, en el habla. Considerar al conjunto de significados —*sememas*, para Heger—

---

[5] Vid. R. Trujillo, «À propos du concept de forme du contenu», ya citado.

como la forma de contenido, equivale a tomar como única invariante de referencia al significante fonológico, es decir, como el elemento constante, el único que no varía dentro de la multiplicidad real. Esta tesis nos parecería aceptable para una teoría de la expresión, cuyo único objeto habría de ser la determinación de magnitudes fonológicas —fonemas o significantes fonológicos— sobre la base de su correspondencia con significados distintos, pero para la que la naturaleza misma de estos significados fuera indiferente, ya que sólo servirían de «medio» para determinar las magnitudes de expresión: así, de la misma manera que /p/ y /b/ son invariantes distintas por ser capaces por sí solas de diferenciar contenidos también distintos, pero sin que estos contenidos en cuanto tales hagan al caso, *silla* y *mesa* pueden ser también considerados como invariantes de expresión distintas, por ser igualmente capaces de establecer diferencias de contenido, independientemente de la naturaleza específica de tales contenidos. La tesis, pues, de una forma de contenido para cada significante no nos parece viable más que para la ciencia fonológica, pero en absoluto para la ciencia semántica, cuyo único objeto son las magnitudes de la significación y las relaciones que contraen entre sí y nunca una mera técnica para interpretar, en cada caso, los diversos sentidos de cada significante, como ocurre con el llamado componente semántico de la G. G. T. El camino de la identidad en el significante no puede servir más que como recurso práctico para confeccionar diccionarios, es decir, para mostrar los significados normales que suelen recubrir y, en el mejor de los casos, las circunstancias en que pueden ser empleados, pero, en todo caso no conduce a una visión exhaustiva de las formas de contenido que funcionan en una lengua. Ya hemos indicado por dónde hay que andar para establecer las magnitudes semánticas invariantes de una lengua y cómo pueden resolverse los problemas que plantea la identificación de magnitudes diferentes —invariantes— cuando hay un solo significado.

Si todas las magnitudes semánticas invariantes pueden ser identificadas por procedimientos formales, basados en recursos que están en el mismo sistema lingüístico, la polisemia no es un hecho real: sólo existe si se miran las cosas desde el punto de vista del significante, o, mejor dicho, del significante aislado. Pero ya hemos dicho que el significante no es sólo una secuencia fonológica determinada, sino esto más otros factores de tipo semántico, distributivo, etc. La polisemia, pues, no existe, y, por tanto no actúa como un factor de ambigüedad o de confusión en el uso de una lengua. Todas las formas de contenido están perfectamente delimitadas gracias a factores significantes, entendiendo éstos en el sentido amplio que hemos propuesto. O, precisando, si la polisemia existe, corresponde a la *performance*, es decir al empleo intencional de la identidad del significante para crear una situación lingüística de ambigüedad, lo cual no es, en el fondo, más que un recurso expresivo o de estilo. Es un recurso «técnico» usado en los chistes, en la propaganda, en la poesía, etcétera, porque establece relaciones asociativas, cruces y deslizamientos semánticos de todo tipo. Si puede hablarse, como hace Baldinger *(op. cit.)*, de estructuras semasiológicas y onomasiológicas, no es desde luego desde el punto de vista del sistema de la lengua, en sentido estricto, sino de las posibilidades asociativas que permiten empleos estilísticos, totalmente intraducibles de una lengua a otra. Son posibilidades que cada sistema brinda al ingenio humano, y que están relacionadas con la estructura peculiar global de cada lengua, aunque de una manera confusa y aún mal estudiada. *No hay que olvidar que la diferencia de lengua a lengua no está sólo en la diversa estructuración de las sustancias*, sino también en la diversa repartición *de los hechos de polisemia:* así, el poder evocativo del francés *bois*, gracias a su disemia 'bosque' (opuesto a 'selva', por ejemplo)/'leña-madera', es distinto del español *madera*, incapaz de evocar 'bosque', porque este signo no es abarcado o expresado por tal significante; en cambio, su poder evocativo puede estar ligado con el valor 'condición innata' que aparece en frases como *madera de héroe*, de donde una posible frase ambigua —intencional, quizá— ¡*qué madera!* ('¡qué madera!' - '¡qué condiciones innatas!'). Estas relaciones asociativas que se establecen a través de la comunidad de significante varían de una lengua a otra, pero no constituyen ningún principio estructural definido y parecen enteramente caprichosas. Atañen, sin embargo, a la fisonomía particular de cada lengua y pueden adquirir valor formal cuando son intencionalmente empleadas con el objeto de motivar signos, es decir, en situaciones donde el significante actualiza virtualmente otro signo distinto: en tal caso, la superposición de ambos crea un nuevo signo, que no es más que el resultado del equilibrio entre dos formas de contenido distintas: entonces, el significante X no lo es de los significados 'y' o 'z', sino del significado 'x', que no existe en el sistema, sino en el discurso, como la forma de la relación 'y-z'. La posibilidad para un significante de representar varios signos, es, además de un principio universal, uno de los pilares sobre los que se sustentan las posibilidades «expresivas» de las lenguas naturales: la posibilidad de que un significante X, representativo de dos signos 'y', 'z', resulte, a su vez, significante de un nuevo signo 'y-z', que no es ni 'y' ni 'z', está vedada a los lenguajes artificiales y sólo es posible en otros tipos de lenguajes artísticos donde la sustancia no es ya un lenguaje natural, sino el mármol, las ondas sonoras, etcétera. También en estos lenguajes artísticos no verbales el significado es el resultado de un equilibrio entre naturalezas diferentes y no un «concepto», sino el *equilibrio* mismo.

La polisemia, pues, no es en sí un hecho estructural de ningún sistema lingüístico, sino una propiedad general de los lenguajes naturales, como la doble articulación, la arbitrariedad del signo, etcétera. Su funcionamiento, es decir, el funcionamiento de un signo como polisémico depende de la intención de los sujetos hablantes: es decir, que sólo hay polisemia a condición de que el hablante quiera que la haya. La polisemia, que no es más que una aplicación del principio de economía, mediante el cual puede disponerse de un número de signos muy elevado, con un inventario de significantes fonológicos mucho más reducido, completado con otro inventario adicional de rasgos semánticos y de fórmulas de distribución, igualmente reducido y fácilmente memorizable, establece las bases características —o parte de ellas— de la fisonomía de cada lengua. Por causa de ella son, en gran medida, diferentes los lenguajes naturales y los artificiales, o los naturales entre sí.

Cabe, por ello, plantearse el problema de la polisemia como un factor estructural existente en todas las lenguas y regulado de manera diferente en cada una: en efecto, lenguas muy próximas estructuralmente en otros aspectos, difieren profundamente entre sí en el terreno de la polisemia, con lo que sus posibilidades de realización vienen a resultar totalmente diferentes. Se trata sin duda de hechos inherentes a las lenguas particulares mismas: si concedemos la máxima importancia al principio de inmanencia, según el cual cada lengua ha de ser considerada en sí misma, independientemente de toda clase de factores externos con los cuales pueda estar implicada, parece difícil que podamos desentendernos del problema de la polisemia, la cual implica una serie de asociaciones potenciales, privativas de cada lengua, y determinantes en gran medida de sus diferencias mutuas. Si la polisemia no existe estructuralmente en las relaciones significante-significado, ya que toda forma de contenido de una lengua dada está perfectamente delimitada por factores adicionales que no resultan del plano de la expresión, parece, sin embargo, tener una importancia indudable desde otro punto de vista: el del habla. Digamos, para aclarar, que no pertenece al aspecto denotativo del lenguaje, pero sí al connotativo, expresivo o sintomático; esto es, que está conectada con una de las funciones indiscutibles del lenguaje humano, la Kundgabe de Bühler[6]. Así como la función primordial, la Darstellung, atañe a los procedimientos de la diferenciación denotativa (con todo su mecanismo de distinciones fonológicas, de significante, y cualesquiera otras, como las distribucionales, etc.). La Kundgabe se funda en todos los procedimientos codificados que sirven a la «expresión» de las experiencias subjetivas de los sujetos hablantes: de la misma manera que diferencias no discretas de entonación pueden ser expresivas, con carácter interlingüístico, de actitudes subjetivas de los hablantes, las relaciones no estructurales entre los diversos signos representados por un mismo significante pueden ser también expresivas de relaciones subjetivas, actualizables por los hablantes, es decir, la expresión de experiencias para las que no existen signos específicos.

En el proceso de la significación deben señalarse dos cosas bien distintas, que podemos llamar «significado-esencia» y «significado-vivencia»: el significado-esencia es el puramente denotativo, la forma de contenido lingüística, que sólo se debe al sistema y en él se halla; el significado-vivencia no es, por el contrario, una forma de contenido que emane del sistema de una lengua, sino una forma de contenido que resulta de una «elaboración» intencional: no es una forma de contenido de la lengua, pero sí la forma de contenido de una construcción lingüística. Su valor, como hemos dicho, no es más que un equilibrio entre formas de contenido lingüísticas «latentes» y aun entre sustancias no lingüísticas, pero no una suma de ellas. Se trata, no de signos «lineales», sino de signos «pluridimensionales», donde todos los valores lingüísticos se mantienen igualmente presentes, sin que su valor pueda interpretarse como la suma de todos ellos, sino como un valor diferente[7]. El significado-vivencia es siempre el resultado (en cierto modo

---

[6] Vid. *Teoría del lenguaje*, Madrid, 1950.

[7] En el significado «pluridimensional», caracterizado frente al «lineal» porque no se agota en una sola ocurrencia, intervienen no sólo las formas lingüísticas, de contenido o de expresión, que se entrecruzan, sino también sustancias diversas, bien experiencias, bien presuposiciones, etc.

dentro del ámbito de la polisemia) de la confluencia de un significado denotativo con otro significado, con una experiencia, con una implicación, que se relacionan, gracias al significante común, esto es, a la identidad significante. Así, en el signo *tic-tac* se asocia un significado denotativo, 'ruido del reloj', a una experiencia acústica que puede resultar actualizada o no en el discurso; de la misma manera, en la disemia de *tronco*, 'tronco de árbol'/'tonto', el segundo significado se asocia a la denotación 'tonto', añadiendo la experiencia semántica ligada al otro significado denotativo: experiencia de lo duro, inflexible, inanimado, etc. De esta manera *tronco* funciona en algunas zonas, o puede funcionar, como variante expresiva de 'tonto': estamos ante un significado-vivencia. La diferencia 'esencia'/'vivencia' se manifiesta constantemente en el discurso y es fuente de la motivación ocasional de los signos: el significado-esencia de *susurro* se transforma en un significado-vivencia en los famosos versos de Garcilaso: *en el silencio sólo se escuchaba/ un susurro de abejas que sonaba*. Y que conste que en este caso no hay polisemia, pero el fenómeno producido es el mismo: un significado se transparenta a través de otro gracias a la conjugación de un significado-esencia con una experiencia concreta, acústica o semántica, en conexión con factores muy diversos. La posibilidad, pues, de construir signos-vivencia depende de muchos factores, todos ellos resultantes de la particular fisonomía fónica de cada lengua y de los diferentes tipos de distribución de los hechos polisémicos, que permiten establecer estas asociaciones «vivenciales» entre signos distintos emparentados en el plano de la expresión, en el plano fónico. Si hemos dicho que, en efecto, existe la Kundgabe como función lingüística indudable, es preciso reconocer que se sustenta en condiciones objetivas de los lenguajes naturales, pues, como hemos visto, no puede hablarse de otras funciones que de aquellas que posean una base objetiva formal en las lenguas concretas: lo que no es función, en este sentido estricto, es manipulación, esto es, manejo ocasional de un lenguaje con fines diversos, para los cuales no tiene recursos especializados, recursos que, aunque descansan en propiedades muy generales, adquieren una manifestación particular y peculiar en cada lengua. A estos recursos, entre otros, pertenece todo lo relativo a la distribución o «repartición» polisémica.

Creo que no constituye un error teórico la posibilidad de hablar de «estructura» polisémica, e, incluso, de aceptar la noción de «campos semasiológicos», apuntada por Baldinger *(op. cit.)*, en el sentido de estructuras o micro-estructuras, siempre que se distinga previamente entre lo que pertenece a las estructuras, como formas de sistemas de denotación, y lo que pertenece a las bases «expresivas» de una lengua, en relación con la Kundgabe. La polisemia sólo «actúa» en el campo de esta función, pero no existe en el campo de la función denotativa. La confusión conceptual, introducida por la semántica tradicional con el concepto de polisemia, queda así eliminada, una vez que hemos establecido el alcance y lugar que corresponde en el conjunto de los hechos lingüísticos a este fenómeno: uno de los presupuestos universales y distintivos de los lenguajes naturales. Pretender que la polisemia pueda reducirse o eliminarse, mediante reglas de «desambiguación» que establezcan la relación precisa entre lo denotado y los significantes fonológicos que deben corresponderle en cada lengua —por la aplicación de un componente fonológico—, implica dos errores: en primer lugar, las formas de contenido denotativas no se corresponden de una lengua a otra (la correspondencia sólo se da en el campo de lo denotado —la cosa o el concepto que lo abarca—, pero no en la «manera» de la denotación); en segundo lugar, tampoco hay correspondencia entre la distribución polisémica de una lengua con la de otra: pretender reducir esta falta de correspondencia equivale a intentar eliminar la función de la Kundgabe, es decir, en gran medida, las posibilidades expresivas de que una lengua dada —y sólo ella— es susceptible. La polisemia no existe, pues, en el nivel de la competencia, porque nunca dos signos coinciden absolutamente en el significante —entendido «ampliamente»—, aunque lo hagan en la escueta y aislada expresión; pero al hablar de la inexistencia de la polisemia, nos referimos, naturalmente, sólo al nivel funcional del sistema, no al de la práctica lingüística, donde los supuestos polisémicos se explotan y actualizan.

El error de la semántica tradicional, desde Bréal, ha consistido en no reconocer el papel exacto de la polisemia, en no delimitar claramente su concepto ni en establecer cuál es su verdadero papel en las lenguas. Sólo se ha preocupado de ella como factor de ambigüedad, sin percatarse de que ésta sólo corresponde al habla, al ejercicio lingüístico cotidiano: «El habla es [...] un acto individual de voluntad y de inteligencia...»[8]. Y la ambigüedad sólo puede surgir de la habilidad o de la torpeza de los que hablan.

---

[8] Vid. F. Saussure, *Curso, Introducción*, cap. III, párr. 2.

No nos interesan aquí, por último, los planteamientos tradicionales sobre la polisemia, sino sólo colocarla en su lugar. Temas como el de las causas de la polisemia o el de la relación con la llamada homonimia, estudiados meticulosamente por los especialistas de la vieja semántica, carecen para nosotros de interés. Las asociaciones en la realidad o en el discurso, que han motivado en general los hechos de polisemia, dentro de cada lengua, y, por supuesto, las alteraciones en la relación significante-significado, son totalmente externas al mecanismo de las lenguas, y aunque hayan sido las causas «reales» la lingüística carece de medios para establecer una relación directa entre ellas y los efectos a que han dado lugar: no basta con establecer las causas; habría que determinar las reglas unívocas y constantes, mediante las cuales se produce un nuevo sentido sobre el antiguo, de suerte que, en todo caso, pudiera saberse qué nuevos sentidos adicionales van a ser generados por la aplicación de tales reglas. *Pero esas reglas no existen:* lo que existe es un inventario anecdótico de casos. No opera ningún principio lingüístico interno, ninguna regla o conjunto de reglas, que expliquen lo pasado y permitan prever lo futuro. El otro problema, el de la homonimia, es también falso. Homonimia —que dos signos distintos confluyan por cualquier razón histórica en un mismo significante— y polisemia —que un significante reúna bajo su expresión a varios signos distintos— son la misma cosa: todo depende del punto de vista —sincrónico o diacrónico—, no de los hechos en cuanto tales. Así, la homonimia de *baca* y *vaca* es la polisemia del significante /báka/, de la misma manera que la polisemia de *dar* es la homonimia del signo *dar* 'entregar' y del signo *dar* 'producir'.

No interesó, sin embargo, a la semántica tradicional la polisemia sintáctica, es decir, el hecho considerado aquí de que un mismo esquema sintáctico pueda corresponder a más de una forma de contenido sintáctico. El interés por este tema, aunque sin mencionar la noción de polisemia, se ha despertado con la llamada gramática generativa. Para esta nueva corriente de la lingüística, una gramática debe dar cuenta de las ambigüedades sintácticas y explicar, por ejemplo, por qué una frase como *he encontrado este libro delicioso* admite dos interpretaciones, según *delicioso* sea mero determinante de *libro*, o sea modificante tanto de *libro* como de *encontrar;* o por qué *conozco la censura de la crítica*, puede significar tanto 'la censura que hace la crítica' como 'la crítica que se hace a la censura'. Estos ejemplos son evidentemente muestras de polisemia sintáctica, y, de la misma manera, pueden considerarse hechos de «homonimia» *sintáctica* —igualdad de esquemas, también— frases como *Juan fue castigado por el maestro* y *Juan fue castigado por su conducta*. Ya hemos hablado largamente de estos casos, al considerar que un mismo esquema o significante sintáctico —igual que los significantes individuales— puede admitir más de una invariante semántica, y de que, precisamente, el carácter invariante de los esquemas sintácticos —las estructuras superficiales de la gramática generativa— venía dado por las invariantes semántico-sintácticas que podían admitir, con exclusión de otras. Habíamos llegado a la conclusión de que la ambigüedad no era realmente formal, ya que, en todo caso, existían componentes semánticos diferenciales capaces de disolverla —como en el caso de las pasivas y las atributivas, al aparecer como atributo un participio de verbo transitivo— y capaces, además, de permitir la diferenciación por la referencia a estructuras sintácticas diferentes. En el primer ejemplo propuesto, la diferencia que produce la ambigüedad no es estrictamente sintáctica, ya que depende del hecho de que el significante *encontrar* recubre dos signos diferentes con capacidades sintácticas también diferentes, gracias a las cuales la ambigüedad puede disolverse desde el momento en que apliquemos las posibilidades de combinación definidoras de cada signo: desde el momento en que *encontrar* se use como reflexivo queda descartada una de las interpretaciones: *me he encontrado este libro delicioso*, de la misma manera que desde el momento en que utilicemos las relaciones estructurales del otro signo recubierto por *encontrar* en su paradigma semántico, queda plenamente diferenciado el otro contenido: *me ha parecido este libro delicioso*. La ambigüedad sólo se da, pues, en este caso, en la frase *he encontrado este libro delicioso*. Las invariantes semánticas diferentes y que aquí, ocasionalmente, se confunden, aparecen plenamente diferenciadas en otras «posiciones», mediante procedimientos estructurales que se hallan en el sistema mismo, es decir, exactamente igual que lo que ocurre con la «ambigüedad» de los signos individuales: *la hay cuando se quiere que la haya*. Pero ésta ya es una cuestión de la *performance*, donde puede jugar bien la intencionalidad del hablante, que desea la ambigüedad, bien el descuido, que la produce sin desearla. Lo mismo exactamente ocurre en los otros ejemplos, *Juan fue castigado por el maestro* y *Juan fue castigado por su conducta*, donde se distingue entre dos invariantes semántico-sintácticas ('relación agente-proceso'/'relación proceso-causa') gracias a la entidad semántica de *maestro* y *conducta*, ya que castigar sólo admite normalmente sujetos que contengan el componente 'animado (persona)'. La homonimia sintáctica es siempre pura apariencia que resulta deshecha por la estructura lingüística de los elementos insertados en el esquema. Lo mismo ocurre en casos más difíciles de ambigüedad, como el propuesto por Alarcos[9]: *el emigrante fue honrado en sus últimos años*, donde todo depende de la disemia de *honrado* ('adjetivo pleno'/'participio de honrar'), y con el que sólo uno de sus sentidos admite la forma activa transitiva *(honraron al emigrante en sus últimos años)*. Pero si recurrimos de nuevo a las relaciones paradigmáticas en el sistema, veremos que el otro sentido, no admitido por el esquema activo transitivo, puede ser expresado por un elemento del paradigma del segundo signo. Así, *el emigrante fue honesto en sus últimos años* sólo admite una interpretación y un esquema, mientras que no puede ser transformado en el esquema activo transitivo. Vuelve a disiparse la ambigüedad, sobre la base de procedimientos y relaciones estrictamente lingüísticos, propios de un sistema particular.

Cuando, por último la ambigüedad resulta de variantes de contenido, es decir, no reguladas por el sistema, no puede hablarse de estructuras diferentes, como ya hemos señalado, porque no existen esquemas diferenciales específicos para dilucidar los sentidos: es entonces la situación o el saber extralingüístico de los hablantes lo que decide sobre la interpretación del matiz de la variante. Recordemos nuestros ejemplos del complemento nominal, con relación a los sentidos 'propiedad', 'posesión', 'materia', etc., donde sólo caben diferencias de matiz semántico, sin expresión sintáctica especializada, en relación con las posibles combinaciones de signos individuales que nos permiten ahondar en su significado (nunca podrá decirse, sin embargo, que estas diferencias se correspondan en alguna posición con estructuras sintácticas significantes diferentes).

Para terminar, debemos considerar aún el concepto de «acepción», que, en el fondo, aunque no se haga, podría incluso aplicarse a la sintaxis. Normalmente suelen englobarse bajo este término todos los sentidos que se registran en el habla para una palabra

---

[9] Vid. «Pasividad y atribución en español», ya citado.

dada, sin distinguir entre variantes e invariantes: «sentido o significación en que se toma una palabra o una frase»[10] F. Lázaro[11] distingue, sin embargo, entre lengua y habla, lo que en el fondo implica la separación entre variantes e invariantes: «significado que una palabra recibe en el habla. Así, *cabo* posee varios significados en la lengua, pero una sola acepción cuando decimos *el cabo de Finisterre*». Ahora bien, si las acepciones corresponden sólo a las ocurrencias concretas, serán siempre variantes de contenido. La dificultad está en que los diccionarios se limitan en general a registrar acepciones, o, mejor dicho, a registrar las acepciones más comunes o las que corresponden a un nivel de habla determinado. «Si se quiere terminar —afirma Coseriu[12]— en una descripción sistemática del léxico, no se puede considerar para cada palabra lo que "podría" ser importante; es necesario investigar en primer lugar "lo que no puede faltar"; la función de base sin la cual el léxico no sería tal y que debe tener la "prioridad". Esta exigencia no implica que se niegue el valor o la validez de los diferentes puntos de vista lexicológicos posibles [...]: se trata de establecer la base y el cuadro de la descripción del léxico como dominio de la lengua.» Ahora bien, la función de base de un elemento léxico no es nunca una acepción, es su significado, es decir, aquello en que tal elemento consiste, y, como ya sabemos, dado que un significante puede recubrir más de una forma de contenido, las funciones de base pueden ser varias. Lo importante, dentro de la descripción lexicográfica, es que se separen antes que nada los distintos signos unidos a un significante y que luego se describan las variantes más normales de cada invariante registrada, empezando por las combinatorias y terminando por las libres. Con esto se evitan las consecuencias caóticas de la aplicación del concepto de *acepción* sin más, ya que éste no tiene cabida en una descripción lingüística, al mezclar indiscriminadamente los signos distintos con sus variantes. La función de base es *lo que puede no faltar* y lo único que la lingüística es capaz de determinar con los medios que posee: las relaciones asociativas, las infinitas variaciones del discurso, etc., serán siempre imprevisibles.

---

[10] Vid. J. Casares, *Diccionario ideológico de la Lengua española*, Barcelona, 1959.
[11] Cfr. *Diccionario de términos filológicos*, ya citado.
[12] Vid. *Structure lexicale et enseignement du vocabulaire*, ya citado.

Conclusión:
Las agrupaciones de unidades

El objeto de este libro ha sido el problema de la segmentación semántica: qué unidades deben establecerse y cómo se puede llegar a esa meta. Curiosamente, la mayoría de las dificultades provienen de la polisemia; del hecho de que a un significante puedan corresponder dos o más sentidos. Poco más arriba hablábamos de «acepciones» como término confuso, que impedía distinguir entre las meras variaciones de una magnitud semántica y las distintas magnitudes que pueden resultar englobadas por un solo significante. Los lingüistas se resisten a considerar, en general, como dos signos distintos a dos significados de una sola palabra, por muy bien delimitada que esté su frontera. El punto de vista favorito sigue siendo el del significante —que suele llamarse impropiamente «formal»—, salvo que haya razones históricas que justifiquen la separación (el caso de *vaca* y *baca*, por ejemplo). Sin embargo, esto complica las cosas en semántica porque da lugar al famoso problema, ya tratado por nosotros, de la intersección de campos; la cuestión de si una palabra puede pertenecer simultáneamente a estructuras semánticas diferentes. Está claro que, desde el punto de vista semántico, esto es un disparate, aunque resulte perfectamente correcto desde el punto de vista de la expresión (por ejemplo, a la expresión A corresponden los significados 'x', 'y', 'z'; pero si se consideran estos significados como entes con existencia real, la proposición tomará la forma siguiente: 'x', 'y', 'z' se corresponden con los significantes X, Y, Z, que en la lengua tal se representan como A en estas o aquellas circunstancias). Adrados analiza el problema de que sean «palabras completas o acepciones de las mismas las que entran en un determinado campo semántico»[1] y se muestra contrario a la idea de que estos campos estén formados en muchos casos por acepciones de palabra y no por palabras completas. Es evidente que

---

[1] Vid. «Subclases de palabras, campos semánticos y acepciones», en *RSEL*, 1, 2 (1971), págs. 335-54.

considerar los conjuntos semánticos como no correspondientes absolutos de significantes determinados no resulta cómodo, y que, desde el punto de vista práctico de la descripción, puede plantear dificultades increíbles. Pero no se trata más que de dos órdenes de estructuración arbitrariamente relacionados: intentar hacer coincidir conjuntos de significantes con conjuntos de significados es empresa quimérica, impensable después de Saussure. El inventario de formas de contenido no es paralelo al de los significantes de una lengua. El establecer las reglas de correspondencia entre uno y otro corresponde a un estudio, aún no iniciado, si exceptuamos los esfuerzos de la G. G. T., de lo que podríamos llamar la «distribución polisémica» de las lenguas. Y aunque este aspecto de la semántica no se ha cultivado aún, es uno de los más prometedores, ya que se refiere a las bases formales de la expresividad lingüística. Nosotros lo dejaremos por ahora, pues hemos decidido limitarnos a los problemas de las unidades semánticas en el seno de la función denotativa del lenguaje.

El hecho de que centremos la semántica en las unidades de significación, dejando en un plano secundario los mal llamados aspectos formales, significa que consideramos como objeto de nuestra ciencia a las formas de contenido únicamente: el que este camino presente dificultades graves no justifica la ignorancia de la estructura semántica de las lenguas. Ya hemos dicho que el puente lo puede establecer esa postulada teoría de la «distribución polisémica» de las lenguas: la solución no está, desde luego, en simplificaciones del tipo del componente semántico (interpretativo) de la G. G. T., como en la teoría de Katz y Fodor, con sus «marcadores» y «distinguidores» semánticos [2] que sólo sirven para decirnos si la palabra A significa 'x', 'y', 'z', en tales o cuales contextos. En el fondo no se trata más que de un proyecto de mecanismo que proporciona los significantes, dados los significados, o los significados, dados los significantes. No es una teoría semántica: sigue padeciendo el vicio que tanto hemos criticado en estas páginas: intentar elaborar una semántica desde la perspectiva del significante, dando por supuesta la existencia universal de los significados. Lo grave es que los significados de una lengua no son universales y toda la semántica que yo llamo del «significante» se derrumba sin remedio. Si es posible un punto de vista generativo en semántica deberá partir del significado; es decir, que dada

---

[2] Vid. «The Structure of a Semantic Theory», en *Language*, 39.

una forma de contenido —un valor o signo—, habría que disponer de unas reglas para sustituirla por un significante en el contexto conveniente. Si no hubiere tal estructura significante, el pretendido significado no sería una forma de contenido de esa lengua (independientemente de que muchos conceptos, ajenos a las lenguas en tanto que tales, reciben significantes apropiados, que llamamos «tecnicismos») y habría que recurrir a procedimientos de *parole* para expresarlos. Una semántica generativa necesitaría, para empezar, un inventario previo de las formas de contenido existentes en una lengua dada: luego vendrían las reglas mecánicas de sustitución por significantes y entraría en juego todo el complejo problema que suscitan las agrupaciones arbitrarias resultantes de la «distribución polisémica».

Descartadas las «acepciones», bien por ser variantes, bien invariantes diferentes, las unidades semánticas se agrupan en conjuntos de acuerdo con sus propiedades[3]. En primer lugar, tenemos las categorías, redefinidas en cada lengua, o clases más generales de distribución, caracterizadas por rasgos semánticos también muy generales. Las categorías son, en principio, abiertas —sustantivos, adjetivos—, aunque parece haber «subcategorías» cerradas —pronombres personales, demostrativos—. Dentro de las categorías abiertas existen diversos grupos, o, mejor dicho, pueden incluirse diversos grupos, que presentan, cada uno, características distribucionales secundarias específicas. A cada uno de éstos se llama *clase*, y, si ésta se divide, *subclase*, y a los rasgos semánticos que las caracterizan, y que pueden ser inherentes o no, suele llamárseles «clasemas», o, para evitar lo pedantesco del término, «rasgos de clase». Las clases también son abiertas, aunque no han faltado los intentos, como el de Apresjan *(op. cit.)*, de reducirlas progresivamente, añadiendo nuevas características semánticas y combinatorias, hasta alcanzar subconjuntos cerrados distribucionalmente. Estos conjuntos son «series sinonímicas», según Apresjan, el cual se muestra escéptico en cuanto a la determinación de las diferencias finales, a las que ya no se puede llegar por mecanismos distributivos. Este concepto de conjunto estructural de unidades semánticas de idéntica distribución resulta muy útil porque permite descubrir los rasgos semánticos generalizados de cada posición. Apresjan llama a estos subconjuntos léxicos «campos semánticos» y, realmente, el criterio empleado, aunque

---

[3] Sobre este tema ya hemos hecho algunas consideraciones.

aparentemente contrario, es semejante, al menos en principio, al que considera a cada campo como un paradigma léxico, puesto que el concepto mismo de paradigma se refiere a objetos de igual distribución. No hay duda de que tanto un criterio como el otro son válidos, dentro de ciertos límites. El distribucional de Apresjan forma conjuntos defectuosos, como hemos indicado en su lugar, al excluir, por razones distribucionales, unidades, entre las que, sin embargo, existen conexiones semánticas indiscutibles y fundamentales —*hablar/decir*—; y un criterio paradigmático a ultranza, correría los mismos riesgos. El propio Coseriu parte de una definición de este tipo: «paradigma constituido por unidades léxicas de contenido ("lexemas"), que se reparten una zona continua de significación común y que se hallan en oposición inmediata unas con respecto a otras»[4], con lo que mantiene el concepto que había propugnado antes[5] Coseriu toma la perspectiva de la sustancia conformada, en cada caso, para evitar el carácter abierto que resulta de considerar categorías o clases de distribución: «Por el contrario, la elección puramente léxica actúa —al menos en lo que concierne al léxico estructurado— en el interior de paradigmas limitados y delimitables, como los de la gramática. Así, si hay que nombrar una determinada temperatura por medio de un adjetivo, se elegiría, por ejemplo, en francés, entre *froid - frais - tiède - chaud...*» (vid. *Vers une typologie des champs lexicaux*, ya citado). Pero, para él, el conjunto llamado campo es una estructura y esto quiere decir «formas de las relaciones internas de un dominio cualquiera» *(ibíd.)*. Efectivamente, en la forma de las relaciones y de las unidades está el campo como instancia superior, dentro de la que aquéllas se definen. Las estructuras lingüísticas complejas tienen indudable existencia, y debe presuponerse, en cada lengua, su conocimiento, ya que, metodológicamente, nos sirven para situar relativamente a cada componente: para definirlo. Nadie puede negar la existencia de relaciones paradigmáticas entre las unidades semánticas de un campo, pero, como vimos, éstas no se dan de una manera constante y uniforme. Puede, incluso, ocurrir que dos unidades que conforman el mismo continuo semántico no sean, siquiera, conmutables. Además, y, por último, cualquier relación entre unidades lingüísticas

---

[4] Vid. «Vers une typologie des champs lexicaux», en *Cah. Lex.*, XXVII, II (1976).

[5] Vid. «Les structures lexématiques», en *Probleme der Semantik* —Zeitschrift für Französische Sprache und Literatur, Beiheft—, Wiesbaden, 1968.

—paradigmáticas o sintagmáticas— sólo nos sirve para compararlas, y ya vimos que, en el caso de las unidades semánticas, eso resultaba imposible, dado su carácter inmaterial, e, incluso, no conceptual, en el sentido de lo lógicamente definible, por oposición a los tecnicismos [6]. Lo más acertado en el fondo, siguiendo el criterio de Coseriu, expuesto más arriba, es atenerse al continuo sustancial: lo que yo he dado en llamar «núcleo semántico irreductible», que representa, de lo transmitido por el signo, aquella parte que no puede ser descrita bajo la forma de propiedades lingüísticas, sino como las notas de una definición lógico-conceptual. Esa «realidad» que sólo se puede analizar o definir como una cosa o clase de cosas, representa siempre la unidad «subyacente» a la que vienen a referirse todos los miembros de un verdadero campo semántico; la base que hace posible la variabilidad que establecen las oposiciones de contenido. Por eso, nosotros definimos el campo semántico como «el conjunto de invariantes que se diferencian sobre la base de un mismo núcleo semántico irreductible». Naturalmente, descartado el núcleo o «definición», queda todo aquello que puede interesar a un estudioso del lenguaje: el conjunto de las distinciones semánticas o rasgos, sean de clase o no, cuyo número, aun pareciendo infinito, no debe ser demasiado extenso, si eliminamos, naturalmente las notas infinitas de las definiciones de las cosas. Es muy probable, y de eso trataremos en otro lugar, que incluso los rasgos distintivos léxicos parezcan más de los que realmente son, debido a las dificultades existentes para ponernos de acuerdo sobre su denominación. Porque, por ejemplo, ¿cómo llamaremos al contraste de rasgos semánticos que separan a *ruido* de *sonido?*; ¿'armónico'/'no armónico', 'ordenado'/'no ordenado', 'agradable'/'no agradable', 'articulado'/'inarticulado', 'neutro'/'cualquiera de las marcas negativas expresadas'? Todos estos matices contrastivos, y muchos más, encontraremos en las ocurrencias de uno u otro signo del mismo campo. Pero ¿pueden diferenciarse dos unidades por un número indefinido de contrastes? Es evidente que no, porque el repertorio no sería manejable. Lo que parece más de acuerdo con la realidad es que esa variabilidad sea sólo aparente: que se trate únicamente de los infinitos matices que pueden adoptar estos signos en la multitud de sus contextos. En efecto, cada uno de

---

[6] Para evitar el conflicto con éstos, los campos conceptuales o técnicos se llamarán «clasificaciones».

estos contrastes vale para algunos casos, mientras que no es aplicable a otros. Parecen, incluso, arbitrarios si contrastamos frases como *el dulce ruido del arroyo* y *el violento sonido de la sirena*, o *por el sonido de los disparos, descubrimos la proximidad de las trincheras* y *por el ruido de los disparos, no pudimos oír lo que decías*: es posible, también, que a muchos parezca ligeramente anómala la frase *por el sonido de los disparos, no pudimos oír lo que decías* (y prefieran *ruido*), mientras que no lo parece la que se refiere a la «localización» de las trincheras. Estas y otras combinaciones nos hacen pensar en que la multiplicidad de rasgos, que antes señalábamos, se reduce, pura y simplemente, al contraste 'definido'/'no definido': lo que se percibe por el oído puede estar definido o localizado, como lo agradable, lo dulce, lo armónico, lo que caracteriza a algún objeto cuyo fin es sonar, lo que sitúa algo, etc.; o indefinido y vago, o no localizado, como lo desagradable, lo inarmónico, lo que no caracteriza o define a algo —en el caso del arroyo, por ejemplo—, lo que no se puede situar espacialmente, etc. Está claro que todos los nombres que se nos han ido ocurriendo para los semas, de acuerdo con los contextos examinados, responden al sentido concreto de frases también concretas. Todos esos matices reflejan sólo las variantes de contenido observadas: la síntesis puede hacerse provisionalmente con la reducción a un solo contraste, 'definido'/'no definido', que parece mantenerse constante en todos los casos, independientemente del carácter neutro de sonido. Sea como fuere, de lo que no hay duda es de que el inventario de los contrastes semánticos resulta mucho más limitado de lo que parece y que la actual idea de complejidad inabarcable del significado léxico procede de una confusión entre lo variable y lo invariante, entre *langue* y *parole*, entre *competence* y *performance*, según se quiera. Sobre este tema de la reducción de los rasgos de las variantes a los de las invariantes hemos hablado ya algo en este libro. Hace tiempo, sin embargo, que trabajamos en un esquema de este tipo de síntesis para el español, porque creemos que no podrá hacerse semántica de verdad, sin partir de las unidades básicas, como hemos dicho repetidamente, y sin determinarlas exhaustivamente; pero esta tarea preliminar es inviable, para cualquier lengua, sin una enumeración de los rasgos semánticos, cuyo número me atrevo a decir que no es ilimitado, y sin un estudio complementario de la naturaleza de las oposiciones y demás relaciones semánticas, hasta la fecha no muy bien conocidas.